U0459643

张旭东 著

牛学生学业挫折感的论与实证研究

国家社会科学基金『十三五』规划2018年度教育学一般课题成果：基于核心素养的青年学生学业挫折感现状、影响机制及应对策略研究（BBA18007

吉林大学出版社
·长春·

图书在版编目（CIP）数据

青年学生学业挫折感的理论与实证研究 / 张旭东著. --
长春 : 吉林大学出版社, 2023.9
ISBN 978-7-5768-1757-7

Ⅰ.①青… Ⅱ.①张… Ⅲ.①大学生 – 挫折(心理学) –
研究 Ⅳ.①G442

中国国家版本馆CIP数据核字(2023)第103386号

书　　名：青年学生学业挫折感的理论与实证研究
QINGNIAN XUESHENG XUEYE CUOZHEGAN DE LILUN YU SHIZHENG YANJIU

作　　者：张旭东
策划编辑：李承章
责任编辑：蔡玉奎
责任校对：张　驰
装帧设计：刘　丹
出版发行：吉林大学出版社
社　　址：长春市人民大街4059号
邮政编码：130021
发行电话：0431–89580028/29/21
网　　址：http://www.jlup.com.cn
电子邮箱：jldxcbs@sina.com
印　　刷：湖南省众鑫印务有限公司
开　　本：787mm×1092mm　　1/16
印　　张：16.75
字　　数：280千字
版　　次：2023年9月　第1版
印　　次：2024年3月　第1次
书　　号：ISBN 978-7-5768-1757-7
定　　价：89.00元

前　言

透视改革开放45年来中国青年学生（含本科生和高职生，高中生和中职生，下同）心理特点变化的轨迹，人们普遍感到：一方面，适应时代要求，积极向上、坚定信念、锐意进取的新思想、新观念已经成为青年学生群体的主导潮流；另一方面，受市场经济的负面影响，相当多的青年学生在遭遇学业挫折情境和学业挫折感后无法承受和调适而导致迷惘、沮丧、抑郁等消极心理状态，其中有的人就此休学、退学，甚至自戕或祸及他人。他们似乎走进了一个"怪圈"，眼前迷雾重重。青年学生们在扪心自问：这是为什么?我们该怎么办呢?

作为有着36年教龄的高等学校教师，面对眼前发生的一切，怎能无动于衷呢? 近25年来，本书负责人紧紧围绕青年学生的"挫折情境""挫折感""应对方式"等问题展开较为深入、系统、全面的研究。通过一系列研究发现，大学生遭遇的挫折情境和挫折感有9种之多，其中学业挫折情境最多、学业挫折感最强。近15年来，本书负责人组织相关专业人员对青年学生的"抗挫折心理能力""心理弹性""生命智慧""积极心理品质""学业情绪""积极与消极生活事件"等问题进行了较为系统的研究发现，上述因素不仅直接影响青年学生的心理健康，而且对他们的学习也会产生不同程度的影响。那么，它们如何影响青年学生学习? 对青年学生的学业挫折情境和学业挫折感是否产生影响? 影响机制如何?

对此，本书负责人以党的十九大报告精神为指导，以"立德树人"和"素质教育"的理论与实践工作成果为依据，带着上述问题，于2018年2月申请了国家社会科学基金"十三五"规划2018年度教育学一般课题"基于核心素养的青年学生学业挫折感现状、影响机制及应对策略研究"，并于同年7月获得批准立项，从此开始了较大范围的调查研究工作。近5年来，本书负责人带领课题组成员对青年学生学业挫折感现状及影响机制等问题开展了更为深入、系统的调查研究、个案访谈。通过一系列研究发现，青年学生的核心素养、抗挫折心理能力、心理弹性、应对方式、生命智慧、心理生活质量、价值观、人生意义感、积极心理品质、自我管理能力、社会支持以及学习倦怠、手机依赖、网络成瘾等因素是影响其学业挫折情境和学业挫折感的重要因素。

本书是围绕着以下三个主题来设计的：第一编"总论"部分包括第一至三章；第二编"青年学生学业挫折感现状分析"部分包括第四章；第三编"青年学生学业挫折感影响机制研究"部分包括第五至七章。具体内容如下：第一章，研究背景。本章阐述了"学生心理健康：立德树人的心理基础；学业挫折预防与调适：心理健康教育的个体需求；核心素养培育：学业挫折预防与调适的有效途径"等三方面问题。第二章，文献综述。本章回答了"学业挫折感的概念以及影响学业挫折的因素"等两个方面问题。第三章，调查工具。本章编制了"青年学生学业挫折感问卷""青年学生核心素养问卷"和"青年学生抗挫折心理能力问卷"等三个信效度较高的问卷。第四章，青年学生学业挫折感现状分析。本章主要分析了"普通高中生学业挫折感现状""中职生学业挫折感现状""大学生学业挫折感现状"和"高职生学业挫折感现状"。第五章，高中生学业挫折感的影响机制研究。本章揭示了"高中生心理弹性对学业挫折感的影响机制"和"中职生手机依赖对学业挫折感的影响机制"。第六章，大学生学业挫折感的影响机制研究（上）。本章揭示了"大学生核心素养对学业挫折感的影响机制""大学生抗挫折心理能力对学业挫折感的影响机制"和"大学生生命智慧对学业挫折感的影响机制"。第七章，大学生学业挫折感的影响机制研究（下）。本章揭示了"大学生自我管理能力对学业挫折感的影响机制""大学生社会支持对学业挫折感的影响机制"和"大学生手机依赖、网络成瘾对学业挫折感的影响机制"。

本书是张旭东主持的"国家社会科学基金'十三五'规划2018年度教育学一般课题：基于核心素养的青年学生学业挫折感现状、影响机制及应对策略研究（BBA180078）"的最终成果之一。本书的出版还得到了广东省高等教育"冲补强"提升计划教育学重点学科建设资金的资助。参加本书问卷调查、个案访谈和撰写工作的还有（按姓氏笔画排序）马塘生、王振豫、付媛姝、李炳全、李清、李馥荫、吴佩霞、吴敏茹、余坤、马塘生、张松、陈泉凤、陈晓丹、林思婷、钟柔柔、梅祖宜、梁清怡、曾淑仪、廖秀文。毋庸置疑，本书是集体智慧的结晶。

　　在本书写作过程中，参阅了国内外同行专家们的大量研究成果，在此我们诚挚地表示谢意。尽管我们已经竭尽全力，但还是难免有疏漏和错误之处，恳请各位专家学者和广大读者批评指正。

张旭东

2022年12月16日

目　　录

第一章 研究背景

近25年来，笔者紧紧围绕青年学生（含本科生和高职生，高中生和中职生，下同）的"挫折情境""挫折感""学业挫折感""学业情绪""抗挫折心理能力""应对方式""生命智慧""核心素养""积极心理品质"等问题开展了较为深入、系统的研究，通过一系列研究发现，大学生遭遇的挫折情境和挫折感有9种之多，其中学业挫折情境最多、学业挫折感最重（张旭东，2002）。抗挫折心理能力、核心素养是影响其学业挫折感产生的重要因素，提高大学生的抗挫折心理能力、培育他们的核心素养是减少和调适其学业挫折感的重要途径。笔者以党的十九大报告精神为指导，以心理健康和素质教育的理论与实践工作成果为依据，带着上述问题，于2018年2月申请了国家社会科学基金"十三五"规划2018年度教育学一般课题"基于核心素养的青年学生学业挫折感现状、影响机制及应对策略研究"，并于同年7月获得批准立项，从此开始较大范围的调查研究工作。

第一节 学生心理健康：立德树人的心理基础

加强和改进青年学生心理健康教育是全面落实教育规划纲要、促进学生健康成长、培养造就高级专门人才的重要途径，是全面贯彻党的教育方针、建设人力资源强国的重要举措，是全面提高高等教育质量、加强和改进学生思想政治教育的重要任务（教思政厅〔2011〕5号）。下面以大学生群体为例加以阐述。

一、为落实立德树人的根本任务，提高青年学生心理健康水平势在必行

（一）立德树人是教育的根本任务

十八大报告指出，"把立德树人作为教育的根本任务，培养德智体美全面发展的社会主义建设者和接班人""立德树人"首次确立为教育的根本任务，是对十七大"坚持育人为本、德育为先"教育理念的深化，指明了今后教育改革发展的方向。立德树人，即教育事业不仅要传授知识、培养能力，还要把社会主义核心价值体系融入国民教育体系之中，引导学生树立正确的世界观、人生观、价值观、荣辱观（张烁，2012；林崇德，2016）。

立德树人是我国教育的优秀传统。我国教育历来重视做人的教育，特别强调人的道德主体精神的弘扬，人的精神境界的追求。

立德树人是时代的要求。当今世界，科学技术高速发展，文化多元，各种思想交相融合和冲突。青少年成长环境发生了深刻变化，面临着复杂环境的挑战。教育要积极应对这种挑战，坚持立德树人，把培育和践行社会主义核心价值观融入国民教育全过程，坚持优化知识结构，努力提高学生的学习能力、实践能力、创新能力；坚持全面发展和个性发展的统一（顾明远，2014）。

立德树人是当前教育现实的需要。改革开放以来，我国教育取得了巨大成就，但教育还不能完全适应国家经济社会和人民群众接受良好教育的要求，办学中的一些做法过于短视、过于功利。究其根本是我们的教育理念出了偏差，教育者心中缺少了大写的"人"。因此，需要端正教育观念，改进教育方式，把立德树人作为教育的根本任务（孟万金，2016；林崇德，2022）。

（二）大学生心理健康水平喜忧参半

2018年7月，中共教育部党组关于印发《高等学校学生心理健康教育指导纲要》的通知（教党〔2018〕41号，以下简称《纲要》）。为何要发布这样的文件？《纲要》编制的初衷是什么，背后有哪些依据？高校学生心理健康状况究竟如何？《纲要》编制研究组组长俞国良撰文回答了这个问题（俞国良、王浩，2018）。

调查发现的问题：我国目前心理健康教育专兼职教师专业化水平不高，

高校心理健康教育专兼职教师对于自我提升的要求强烈；重点院校、普通本科院校和高职院校在心理健康教育的发展上存在不平衡的现象，重点院校优势明显，在课程形式、心理咨询室开设、心理健康教育活动举办、网站建设、心理委员设立、大学生心理健康社团成立等方面均优于普通本科院校，普通本科院校在这些方面又都优于高职院校。

二、提高青年学生心理健康水平是时代的要求

心理健康是指良好的心理或精神状态。"心理健康教育就是围绕心理健康展开的教育，是根据学生生理心理发展的规律和特点，运用心理学的教育方法和手段，培养学生良好的心理素质，促进学生整体素质全面提高的教育（林崇德，2012）。"

（一）心理健康教育的目的是促进心理和谐

在学校里开展心理健康教育，为的是提高全体学生的心理素质，充分开发他们的潜能，培养学生乐观、向上的心理品质，促进学生的人格健全发展。所有这一切，正符合党中央所提出的"心理和谐"的要求。心理和谐主要表现为以下几点。（1）学习方面的心理健康（敬业）。体现为学习的主体；从学习中获得满足感；从学习中增进体脑发展；在学习中保持与现实环境的接触；在学习中排除不必要的忧惧；形成良好的学习习惯。（2）人际关系方面的心理健康（乐群）。能了解彼此的权利和义务；能客观了解他人；关心他人的要求；诚心地赞美和善意地批评；积极地沟通；保持自身人格的完整性。（3）自我方面的心理健康（修养）。善于正确地评价自我；通过别人来认识自己；及时而正确地归因达到自我认识的目的；扩展自己的生活经验；根据自身实际情况确立抱负水平；具有自制力（林崇德，2012）。

（二）青年学生心理健康标准及教育内容——以大学生为例

基于相关心理学理论和生活实际，综合国内外心理学家的观点和研究成果，特别是马建青（1992）、陈家麟（2002）、林崇德（2004）、张旭东与车文博（2005）等人的观点，根据大学生这一特殊群体的年龄特征，提出大学生心理健康的6项指标及教育内容。

1. 智力发展正常且能充分发挥

表现：有强烈的求知欲和浓厚的探索兴趣，乐于、善于学习，对现实的有效知觉。这意味着拥有相当的智力水平，在认识与解释周围发生的事情时，能持客观态度，重视证据；对他人内心活动有较敏锐的洞察力，不会总是误解他人的言行；很少有错误的知觉和不切实际的幻想；能正视现实，并与环境保持良好的接触；对学习、生活、工作中的困难与挑战充满信心。

2. 能协调与控制情绪，心境良好，悦纳自我

表现：情绪稳定和心情愉快，善于控制和调节自己的情绪，情绪反应的强度既要与引起这种情绪的情境相符合，又要与年龄特征相符合；还有自知自尊和自我悦纳。对自己的能力有正确的认识，对个人动机、情感比较了解；能现实地评价自己的长处和短处，并能接纳自己；在对事尽力、对人尽心过程中体验自我价值；不过于掩饰自己，不刻意取悦于人，以保持自己适度的自尊；在努力发掘自我潜能的同时，对于自己无法补救的缺陷，也能安然处之。生活目标和理想切合实际，从不产生非分的期望，也从不苛刻地要求自己，因而也不会产生自责、自卑、自怨等心理危机。

3. 具有顽强的毅力，拥有自我调控能力

表现：在活动中有自觉的目的性，能适时地做出决定和及时调节不合适的行为，有较强的社会心理承受力。拥有自我调控能力，能控制自己的行为，必要时能遏制自己非理性的冲动；有调节自己心理冲突的能力；有成长的意愿，能有效地调动自己身心力量，在有关领域实现较高水平的目标。能调节自己的言行对环境刺激做出适度反应；能在困难面前保持旺盛的斗志，顽强地达成自己的目的。

4. 能与他人建立和谐的人际关系

表现：悦纳自我，善待他人，取长补短，合作共事，乐于助人；具有协调人际关系的能力。有正确的人际交往态度和有效的人际沟通技能，关心他人，善于合作；不为满足自己的需要而苛求于人；人际关系适宜，有知心朋友，有亲密家人。在与人交往时，积极的态度多于消极的态度；有较强的社会适应能力和充足的安全感；心胸开阔，对人宽容，对他人有基本的信任，善于化解人际冲突。

5.正视现实，生活、工作热情高

表现：主动适应现实，积极改造现实；客观评价环境，努力接触环境；树立理想信念，抛弃空想奢望；珍惜热爱生活，积极有效工作。心理健康的人能珍惜和热爱生活，能对学习、工作产生积极的态度，并在这些活动中体验到一种乐趣。他们有从经验中学习的能力和创造性解决问题的能力，在学习和工作中尽可能地发挥自己的个性和聪明才智，并从工作成果中获得激励和满足。他们有独立谋生的能力和意愿，能在学习、工作、娱乐、享受活动的协调中追求生活的充实和人生意义。

6.人格完整、稳定、协调

表现：具有正确的自我意识，避免自我同一性混乱；以积极进取的人生观作为人格的核心，并以此为中心把自己的需要、理想、信念、性格、兴趣、目标和行为统一起来。有稳定协调的人格结构。各项心理机能完整而平衡，具有较强的能力、合理的思维、完善的性格、良好的气质、正确的动机、广博的兴趣和坚定的信念；他们的思想和言行是协调、统一的，认知和情感是和谐的，手段和目的是适当的；他们的本我、自我、超我处于动态平衡状态，理想自我与现实自我差距适度；由于形成了稳定的内部调节机制，故个人具有独立的抉择能力，行动上表现出自主性。

由此可见，大学生心理健康的内涵应包括以上6项指标，即指大学生在遗传的基础上，通过后天的教育、环境影响以及个人主观努力形成的较为稳定的心理和行为特征。大学生是处于特定年龄阶段的特殊群体，应具有与年龄和角色相适应的行为特征；不可经常偏离这些行为特征，否则有可能是心理异常的表现。

三、青年学生挫折情境、挫折感现状解析

采用张旭东（2002）编制的"大学生挫折情境频数问卷""大学生挫折感强度问卷"对2 260名大学生进行了问卷调查，结合访谈法和作品分析法，采用聚类分析的统计手段，确定大学生挫折的9种类型。从使大学生挫折产生的外部原因和内部原因两大方面对大学生挫折的类型分述如下，见表1-1（李晓峰、许占权、张旭东，2008）。

挫折源来自外部的挫折类型分析：（1）在学校受挫型中，选择"经常"或"总是"遭遇此种挫折情境的人数为19.68%，选择产生"较强或很强"挫折感的人占23.93%；（2）在就业受挫型中，选择"经常"或"总是"遭遇此种挫折情境的人数为17.63%，选择产生"较强"或"很强"挫折感的人占23.06%；（3）在交往受挫型中，选择"经常"或"总是"遭遇此种挫折情境的人数为11.14%，产生"较强"或"很强"挫折感的人占21.77%；（4）在适应受挫型中，选择"经常"或"总是"遭遇此种挫折情境的人数为6.81%，产生"较强"或"很强"挫折感的人占10.38%；（5）在家庭受挫型中，选择"经常"或"总是"遭遇此种挫折情境的人数为4.77%，产生"较强"或"很强"挫折感的人占6.79%。

挫折源来自内部的挫折类型分析：（1）在情绪受挫型中，选择"经常"或"总是"遭遇此种挫折情境的人数为17.53%，产生"较强"或"很强"挫折感的人占23.11%；（2）在学习受挫型中，"经常"或"总是"遭遇此种挫折情境的人数为17.14%，产生"较强"或"很强"挫折感的人占22.16%；（3）在恋爱受挫型中，"经常"或"总是"遭遇此种挫折情境的人数为8.17%，产生"较强"或"很强"选择挫折感的人占13.4%；（4）在生理健康受挫型中，选择"经常"或"总是"遭遇此种挫折情境的人数为6.62%，产生"较强"或"很强"挫折感的人占7.84%。

表1-1　大学生常见的挫折类型及挫折情境、挫折感强度的人数百分比

序号	遭遇挫折事件的类型	挫折情境（百分比）			挫折感强度（百分比）			问题举例（该类型人数百分比排前3位的条目）
		经常	总是	合计	较强	很强	合计	
1	学校受挫型	12.03	7.65	19.68	14.43	9.50	23.93	因现实与理想的大学相差甚远而感失落
2	就业受挫型	11.31	6.32	17.63	14.33	8.73	23.06	面对毕业时激烈的竞争感到烦恼无助
3	情绪受挫型	13.28	4.25	17.53	17.48	5.63	23.11	别人的言行对我的情绪有影响
4	学习受挫型	11.27	5.87	17.14	15.55	6.61	22.16	因没能考得自己理想的分数而感到难受

序号	遭遇挫折事件的类型	挫折情境（百分比）			挫折感强度（百分比）			问题举例（该类型人数百分比排前3位的条目）
		经常	总是	合计	较强	很强	合计	
5	交往受挫型	8.06	3.08	11.14	13.51	8.26	21.77	因与人交往时得不偿失又被利用而气恼
6	恋爱受挫型	4.62	3.55	8.17	6.80	6.60	13.40	因处理不好与恋人间的关系而烦恼不已
7	适应受挫型	4.44	2.37	6.81	7.02	3.36	10.38	因大学生活无以依赖而感到无所适从
8	健康受挫型	4.46	2.16	6.62	5.42	2.42	7.84	为食欲不振、生病、失眠而感到忧虑
9	家庭受挫型	3.17	1.60	4.77	4.67	2.12	6.79	为不像别人有个幸福家庭而感到痛苦
均值		8.07	4.09	12.17	11.02	5.91	16.94	
备注	1. 本研究仅选择"经常""总是"或"较强""很强"作为遭遇挫折情境或挫折感的人数百分比； 2. 上表中每一格里的数字，均表示该类型挫折情境、挫折感的所有条目选项人数百分比的平均数							

第二节 学业挫折预防与调适：心理健康教育的个体需求

青年学生面临的挑战很多，心理上存在着多方面的压力源。这就迫切需要社会调节机制和个体心理调节机制逐步完善起来，因为实现现代化的过程需要由现代化的心理素质来保证。下面以大学生群体为例加以阐释。

一、大学生学业状态对心理健康的影响

大学生对学习的基本态度：无奈、担心、盼望毕业。

（一）大学生上大学的目的

通过调查发现，青年学生奋斗成为大学生的主要动机是：学习知识，增长才干，锻炼能力（21.04%）。大学生目前最迫切的需要是：努力学习，增长才

干（54.77%）。大学生目前感觉最苦恼的问题是：学习费用高，学习紧张。当代大学生在专业课外，最想学习的知识依次是：计算机知识、实用技能、网络技术、人文知识和科技知识。在当今社会，作为工具的计算机已被广泛地应用于各个领域，这自然引起了大学生的重视。实用技能等知识也是立足当今社会所必需的知识。大学生的头脑敏捷、思维灵活，最易于接受新观点、新事物。网络技术这一新兴学科目前已被大学生广泛接受，网上购物、网上录取、网上恋爱……网络的神奇与便捷使多数学生对网络技术有一种发自内心的好感和向往。关于"大学生对因特网的态度"的调查很多，结果显示，大学生普遍认为"因特网丰富了校园生活""开阔了视野""提供了交流工具"等。总之，网络技术在大学生心目中的地位不可替代（王绍玉，2002）。

（二）大学生对学习的认知

正如有位大三学生说的那样：明白"不能不学"是在大三，毕业分配——将来的生存问题，逼着不能不学。懒得翻灰尘覆盖的日记，惨不忍睹，回首两年大学生活，该用"困惑"两个字概括极佳。首先，缺乏应有的学习动力。进入大学后，中学时代的既定目标达到，没有那种迎接高考的压力，没有老师"苦苦相逼"，于是军训后的我们成了"无拘无束"的"自由兵"，"无所事事"的"闲散者"，或"随波逐流"的"器皿人"。我明知"学如逆水行舟，不进则退"的道理，而于学习生活的实际又有心如平原走马，易放难收，的焦躁。其次，不是不想学，有时是不会学。高中生的学习方法一言以蔽之是做题。进入大学，不进图书馆；进了图书馆，又不知该读什么和如何读。对于现行的高校教学管理体制，实在不敢恭维。曾经一度对专业兴趣不浓，如"迷途羔羊"不知所往。

（三）大学生对学习的态度

少部分大学生采用课桌文学的方式发泄对学习那种无奈感，现归纳如下。第一，对上课及教师的态度。"盼星星，盼月亮，只盼下课铃声响，只盼老师早走出课堂……""上这种课，过时不说，不如自己去看书。"学生愿意上高质量的专业课及提高能力、应用性强的公共课。反映出教学质量的问题。"他课堂讲书，我课后一丢，考前咱一背，60分万岁。"第二，对考试及学业的态度。"学习＝活受罪""60分万岁""不划考试范围——真缺德！""终于考完了/想哭/想笑/想大叫/想把笔记本全烧掉/还想在教室里开玩笑。""学不在深，作弊则灵；分不在高，及格就行。斯是教室，惟有闲情；小说读得勤，无书声之忧耳，无复习之苦心。寻思上网吧，打牌下象棋，心里曰：'混文凭!'""考了考了，万事皆了，只怕红灯还要当头照。"对于考试，大学生们似乎充满了无可奈何的情绪。

二、学业挫折感对大学生心理健康的影响

学业挫折感是指学生在学习活动中遭遇挫折而产生的消极情绪体验（曾伏云，2020）。

学业挫折感属于消极学业情绪。"研究表明，学业情绪作为一种伴随学生学业活动的情绪体验，无论是正性的还是负性的，对学生的学习、考试、学业成就以及其它方面的活动都有着不可忽视的作用。"目前国内外对于学业情绪的研究尚处于起步阶段，研究内容主要分为其概念研究与结构研究，研究对象大部分是中小学生，而针对大学生学业情绪的研究还比较少。其实，大学生的学业情绪不良已经是一个客观存在的事实，学业情绪问题的有效缓解有助于激发学生学习动机，充分调动并发挥教育主体的能动性（董妍，2012）。

（一）降低抱负水平和成就动机

洛特认为，个人抱负水平的建立基于两大因素：一是个人的成就动机——遇事想做，想做好，想胜过别人；二是根据个人以往成败的经验而对自我能力所做的实际估计。因此，因为人有成就动机，所以才有抱负水平，而抱负水平的高低则受个人成败经验的影响。实践证明：成功的经验会提高个人的抱负水平，而失败的经验会降低个人的抱负水平。不断遭遇挫折的学生会认为失败是由于选择的目标过高，必须降低要求。这是由于挫折引起的反应超过了他们的心理承受能力，使他们对原定目标产生了怀疑，因而降低抱负水平，以避免可能遭受的再次挫折（曾伏云，2002；陈琦、刘儒德，2020）。

成就动机是在人的成就需要的基础上产生的，它是激励个体从事重要的或有价值的工作，并力求获得成功的一种内驱力。阿特金森认为，成就动机由两种不同倾向组成，一种称为力求成功的动机，即人们追求成功和由成功带来的积极情感的倾向性；另一种是避免失败的动机，即人们避免失败和由失败

带来的消极情感的倾向性。人在面临难度不同的任务时，必须要估计自己成功的可能性。力求成功的人旨在获取成就，并选择有所成就的任务。这种情况最有可能发生在他预计自己成功的可能性有50%的概率时。因为这种情况向他提出了最大的挑战。如果他认为完全不可能或胜券在握，动机水准反而会下降。反之，避免失败的人在预计自己成功的概率约为50%时，则会回避有所成就的任务。他们往往会选择更容易获得成功的任务，以使自己免遭失败；也可能选择极困难的任务，这样即使失败，也可以找到合适的借口。阿特金森认为，这两种动机或倾向可视为个性特征，但实际上，有一部分是后天习得的结果。曾经遭受挫折的人，对挫折感有切身体会，他们不求有功，但求无过，在做任何选择时，总是以避免失败为原则，这实际上是一种退缩行为（陈琦、刘儒德，2020）。

（二）进行消极的自我归因

所谓自我归因是指人们对自己行为的原因加以解释或推论的过程。美国心理学家维纳认为：每个人都力求解释自己的行为，分析其行为结果的原因（周国韬、盖笑松，2012）。无论是成功还是失败，一个人在分析其根源时，主要通过以下六个方面：能力、努力、工作难度、运气、身体状况、别人的反应。这六个方面又可分为内部的、稳定性和可控性三个维度。在实践中，维纳推导出一个理想的归因模式：成功归因于能力强，失败归因于努力不够，运气不好。认为这样的归因有助于后继良性行为的发展，是一种积极的归因；若把成功归因为运气好，把失败归因为能力差则是一种消极归因。遭受挫折的学生不大相信自己会成功，归因时更多的是消极归因。他们很少把自己的成功归因于能力，而更多地归因于运气好和任务容易；对失败则归因于不聪明、能力低等不可控因素，从而放弃进一步的努力，触发退缩、逃避的消极行为。

（三）形成消极的自我概念

自我概念是指个体对自我的认识的总和，包括个体对自己的个性特点、能力、行为绩效、经验、理想、目标、自我价值、自我态度等方面的认识。研究表明，成绩落后的学生往往表现出负面的自我概念。一般来说，用不及格的成绩来预测低落的自我概念，大致是不会错的。因为"当一个学生在学业上达不到他的期望时，会极大地伤害他的自尊心。"（曾伏云，2002）刚入学的儿童都对自己充满了信心，相信在教师的教导下，凭借自己的努力，能够取得好的成绩，希望得到老师和同学的喜爱。但由于种种的教育失误、学业失败，那些经常体验到挫折感的学生，由于抱负水平的降低和消极的自我归因，最终导致了消极自我概念的形成。表现为怀疑自己的学习能力，认为自己笨，不是读书的料。感到自己对学习结果无法控制，无论自己怎样努力都是徒劳，因而产生对成功的无望，从而放弃努力，或在外部环境的逼迫下进行毫无效率的被动学习。在这种情境下，他们总处于失败的体验和恐惧状态中，学习对他们来说不仅毫无乐趣可言，简直就是一种痛苦。这样的学习必将导致更大的失败，这也是一部分后进生以旷课、逃学等方式逃避学习的原因。

第三节　核心素养培育：学业挫折感调适的有效途径

马丁·塞利格曼认为，积极心理学是一门"关心人的优秀品质和美好心灵""关于人的潜能与美德"的学科（刘翔平，2018；任俊，2006）。

一、积极心理品质：核心素养的DNA

核心素养是学生在完成各阶段的教育任务的基础上，逐步培养出符合人生发展与社会发展需要的必备品格与关键能力（林崇德，2016）。

（一）必备品格是一系列核心价值观的心理内化

"在学生发展核心素养定义中，'品格'是一个关键概念。品格在道德领域被认为是"值得拥有和称赞的品质、性情，指一个人的内在道德特殊性，因此我们所探讨的品格就只能是道德品格。"（彼得斯著，邬冬星译，2000）"品格的特性决定了具有良好品格的个体是具有优秀道德的好人和良好公民的统一。因此，要实施品格教育：一是促进个体实现作为一个好人的内在价值，不断追求道德品格的自我完善；二是促进个体在社群和社会中的道德完善，实现个体作为一个好公民的社会价值。"（曹瑞，2017；尹怀斌，2012）

由此可见，品格教育是一系列核心价值观在学生心理的内化过程。什么样的素养或者品格才有资格成为核心素养？有研究提出，"孩子的成功与否不在于给孩子灌输了多少知识，而在于能否帮助孩子培养一系列重要的性格特质，如毅力、自我控制力、好奇心、责任心、勇气以及自信心。这些都将影响其一生，这些具有预示力的素养是以道德素养为基础的综合素养"（谢维和，2016）。

国内有学者指出："当能力具备了积极的文化价值，具有了利他的道德情怀，才会成为众人认同的人的素养，把能力放到一个可搓揉、浸润、发酵的充满正能量的文化关怀中，成为有文化价值的能力，有道德的能力，即人的素养。"（姚虎雄，2014）

（二）关键能力是指那些能带得走的能力

在学生发展核心素养定义中，"关键能力是个人实现自我、终身发展、融入主流社会和充分就业所必需的知识、技能及态度之集合、它们是可迁移的并且发挥着多样化的功能。在义务教育结束时学习者应该具备这些基本的关键能力，并且在后续的终身学习中继续发挥其基础性作用。"（张娜，2013）

学者蔡清田（2018）指出：素养是指个体为了健全发展，必须因应生活情境的需求而具备的不可或缺的知识、能力或技术能力、态度。人们常常用这样一句话来比喻知识技能和素养的关系："要培养学生能够带得走的能力，而不是给孩子背不动的书包。"核心素养就是一种孩子能带得走的能力，是一种一旦形成便终身受用的能力。什么是"带得走的能力？"关键能力就是一种能"带得走的能力"。

积极心理品质——核心素养教育最核心的本质（曹瑞，2017）：积极天性是人固有的本性，培养学生的积极心理是教育的责任和使命。

二、积极心理学对大学生核心素养培育的影响

大学生核心素养的培育不仅要关注学生个体能力价值的培养，还要关注心理健康、幸福感、社会责任担当与家国情怀的培养，这为大学生核心素养与积极心理学结合提供了可行性与必要性。因此，将积极心理学中的积极理念注入大学生心理健康教育与思想政治教育中，更有利于教育者走进学生的内心，激发学生内在潜力，为促进大学生核心素养培育提供新方向（刘利，2019）。

　　（一）丰富大学生核心素养培育理念

　　积极心理学倡导主动的预防观。主动预防观认可学生优秀的品质和潜质能够通过教育培养进行塑造，从而取代以发现并改正问题为导向的传统培育方式。高校对于大学生核心素养的培育应在其原有的基础上重视学生积极力量的培养，如乐观、信仰、坚持、希望、批判精神与创新意识等。教育工作者需要改变以往传统以惩罚为主的教育模式，发挥学生自身的预防功能，全面培养大学生积极的人格特质，增强大学生自我修复和完善的功能。

　　（二）拓宽大学生核心素养培育内容

　　积极心理学帮助学生树立主人翁意识，使学生明确自身的主体地位，引导并相信他们能够自主学习、自主管理、自我服务。同时将学生健全的人格、全面的认知、积极的情绪体验、积极的思考等纳入培育内容之中。大学生核心素养的培育同样也以教育学生如何获得幸福、服务他人、奉献社会与国家为目标。此外，大学生的心理逐渐成熟，参与社会活动、关注国家和国际大事，增强其家国情怀及社会责任感，可以促使学生形成正确的认知方式，有助于其多维度思考问题、处理问题及妥善解决问题。

　　（三）建设积极的校园环境

　　结合积极心理学相关理念及当前大学生核心素养培育环境所面临的问题及困境，教育者应该充分利用现有的资源，加强校园文明及文化内涵建设，丰富学生第二课堂活动，营造积极向上的校园文化氛围，使学生在良好的环境下受到积极的影响。一方面，建设具有教育意义的物质环境。校园物质环境作为一种潜移默化的文化时刻影响学生的思想、行为、品行、情感和气质的养成。另一方面，创造积极向上的人文环境。学校应大力加强校园内涵建设，旨在培养学生健全的人格、积极向上的身心、崇高的人文精神，从而促进学生优良的思想品德形成，并辅之开展形式多样、意义高远的学生活动。

第二章　文献综述

近些年来，中国社会的政治、经济和文化等各个方面发生了巨大的变化，心理发展尚未完全成熟和稳定、人生观和世界观正在形成、社会阅历尚不够丰富、心理上比较脆弱的青年学生受到的冲击无疑是巨大的。青年学生群体已成为挫折情境和挫折感的易发区和高发区。进入21世纪以来，青年学生自杀和校园暴力事件频发。从表面上看，这些问题行为是青年学生无法恰当处理日常生活中面对的压力、挫折的极端表现。事实上，类似事件的发生与他们缺乏良好的抗挫折心理能力和不能正确而有效地使用应对方式密切相关（张旭东，2002）。本章对相关概念及理论进行阐述。

第一节　学业挫折感概念解读

挫折情境的出现是必然的，因为只要有人存在，就会有种种需要，就会有因需要得不到满足或行为目标无法实现而产生的不可避免的挫折；挫折情境的出现也是普遍的，纵观古今中外名人奇迹般的人生道路，他们有哪一个不是从逆境和坎坷中磨砺过来的呢？既然挫折情境是不可避免的，那么，在学习过程中，学生遭遇挫折情境进而产生学业挫折感也在所难免。为此，有必要揭示学业挫折感的本质、形成原因、影响机制，进而提出有针对性的预防和调适策略。

一、挫折情境与挫折感解读

明确挫折的内涵，对于研究它的成因及规律是非常必要的。

（一）挫折的内涵

挫折是个体在从事有目的的活动的过程中，因客观或主观的原因而受到阻碍或干扰，致使其动机不能实现、需要不能满足时的情绪体验。由此可见，挫折应该有两种含义：其一，从客观上看，指个体从事有目的的活动受到阻碍或干扰时的对象和情境，称为挫折源或挫折情境；其二，从主观上看，是指个体从事有目的的活动受到阻碍或干扰时的情绪反应，称为挫折感或挫折心理。挫折情境（挫折源）和挫折心理（挫折感）是密切联系的。一般说来，挫折情境越严重，则挫折感亦越明显。但它们之间不是简单的S-R（刺激-反应）过程，而是S-O-R过程，即与个体状态有关，其核心是认知水平和挫折承受力。故同样的挫折情境，对不同的个体来说，其挫折感是大不一样的。本书中所用的挫折即为人们能感受到的挫折，即挫折感或挫折心理的简称（冯江平，1991；张旭东、车文博，2005）。

挫折感是指个人在目标行为过程中，认识并感受到自己的动机性活动受到阻碍后，所引起的心理状态和情绪反应。挫折感实质上是当事者对干扰、障碍性刺激的一种主观感受。它与个人的需要的迫切感和动机的强烈度、自我期望值、自我归因状况、心理平衡状态和个人抱负水平的高低等因素有关。挫折感的强度是由挫折阈限来决定的，挫折阈限即是挫折感的范围。对于不同的人在不同的时空条件下，必须有适宜的刺激作用才能产生挫折感，我们把刚刚能够使个体产生挫折感的最小刺激量，称作绝对挫折阈限，称下阈。一般来说，挫折本身的性质和分量与挫折感的程度和分量成正比，即挫折本身的性质越严重，挫折感就会越显著，挫折本身的强度越大，挫折感也就越强烈（冯江平，1991；张旭东、车文博，2005）。

（二）挫折的组成要素

挫折所刻画的是一种行为目标受阻后的情绪状态，它一般由挫折情境、挫折认知、挫折反应三个部分组成（冯江平，1991；张旭东，车文博，2005）。

1. 挫折情境

挫折情境是指人们在有目的的活动中，使需要不能获得满足的内外障碍或干扰所实际呈现的情境状态或情境条件。如考试不及格，比赛得不到名次，受到误解、讽刺打击、排挤，等等，这是造成挫折的情境因素。

2. 挫折认知

挫折认知是指对挫折情境的知觉、认识和评价。挫折认知既可以是对实际遭遇到的挫折情境的认知，也可以是对想象中可能出现的挫折情境的认知。不同的人对相同的挫折情境所产生的主观心理压力也不尽相同，个人的知识结构也会影响其对挫折情境的知觉判断。例如，有人总怀疑别人在议论自己，虽然事实并非如此，但他在心理上因此而产生与他人关系不和睦的想法，进而产生烦恼、焦虑等情绪反应。

3. 挫折反应

挫折反应是指主体伴随着挫折认知，对于自己的需要不能得到满足而产生的情绪和行为反应，如愤怒、焦躁、紧张、躲避或攻击等。从以上分析可以看出，当挫折情境、挫折认知和挫折反应三者同时存在时，便构成典型的挫折。但如果缺少挫折情境，只有挫折认知和挫折反应这两个因素，也可以构成挫折。比如，一个大学生总是怀疑自己周围的同学在议论自己、看不起自己，虽然事实并非如此，但他会因此而形成与同学关系上的挫折，产生紧张、烦恼、焦虑不安等情绪反应。也就是说，当一个人遇到了某种实际的挫折情境，或者是自认为将会遭遇某种挫折情境，同时又知觉到、意识到了这种挫折情境的不利影响，并产生了相应的（一般表现为消极的）主观感受和情绪反应时，就形成为现实的、能够感受到的挫折。

所以，在挫折情境、挫折认知和挫折反应这三个因素中，挫折认知是最重要的因素，挫折情境与挫折反应没有直接的联系，它们的关系要通过挫折认知来确定。由此可见，挫折反应的性质和程度，主要取决于挫折认知。一般来说，挫折情境越严重，挫折反应就会越强烈，反之，挫折反应就会越轻微。但如果个体主观上将别人认为严重的挫折情境，认知、评价为不严重，他的挫折反应就会很微弱；反之，他如果将别人认为不严重的挫折情境，认知、评价为严重，则会引起非常强烈的情绪反应。

二、挫折的理论

挫折研究是社会心理学研究中的一个重要领域。近百年来，一些西方心理学者对挫折问题进行了广泛的研究，并提出了相应的理论。综述这些理论，对于系统地了解和研究挫折问题大有裨益；再加上相应的评价，对于取长补短、拓展挫折的研究思路、明确挫折研究的方向更有价值。挫折理论是指有关挫折的系统的心理学阐释。19世纪末20世纪初，一些国外心理学学者开始对挫折理论进行探索。20世纪30—40年代，美国社会心理学家多拉德（J.Dollard）等人率先开始用实验的方法研究挫折理论，从微观方面着手研究挫折行为和挫折理论。随后研究挫折理论的心理学家越来越多，并形成许多相应的挫折理论的学术流派（冯江平，1991；钟向阳，2010）。下面重点介绍精神分析学派、行为主义学派、人本主义心理学派和认知学派的挫折理论（冯江平，1991；车文博，1998）。

（一）精神分析学派的挫折理论

1.弗洛伊德的本能论与心理防御机制

弗洛伊德认为一切精神疾病的根源在于性欲受到压抑或阻碍，即挫折；神经症的驱动力量的根本性质是本能，目标在于获得满足和避免挫折。荣格认为人有一种生物的普遍生命能量，使得我们每个人的人格总是不断向前发展，一个人常常为目标而奋斗不息，以求达到人格各方面的和谐完善，这就是自我实现。当一个人的自我实现不能满足时，就会产生挫折感。（冯江平，1991；车文博，1998）。

2.沙利文的社会文化理论

沙利文、罗杰斯等人重视社会环境和文化因素对个体行为与人格特征的影响，认为挫折的产生是由于个体"向上意向""自我实现"受到压抑的缘故。为避免挫折的产生，要尊重人的价值、发挥人的创造力以及完善人际关系，等等；新精神分析学派主张自我的整合与调节作用，强调个体的自尊与对未来的乐观态度等（冯江平，1991；车文博，1998）。

3.艾里克森的发展危机理论

艾里克森认为，人的自我意识发展持续一生，经历八个不同的发展阶段，每个阶段都由一对冲突或两极对立所组成，并形成一种危机（张春兴，2002）。因此，人在发展过程中都会遇到不同的适应问题，这就需要人们不断地学习，在经验中自我调适，使自己不断地完成每个阶段的适应任务，使危机得以化解。艾里克森采取两极对立的观点来表示不同时期的发展危机，即个体在社会要求下的两难处境。处理好了，危机向正极发展，成为发展的转机；处理不好，危机向负极发展，成为发展的障碍，进而遭遇各种各样的挫折情境和挫折感。

大学生正处于人生发展的青年后期和成年早期。所以，大学生在这一时期适应和发展的主要任务是确立一个正确的自我概念，能够独立地作出决断，并能承担起社会的责任；同时，大学生还要学会与别人建立亲密的关系，或在其中获得相互的认同。艾里克森认为，发展亲密感、建立良好的社会关系对于个人能否进入社会具有重要的作用（冯江平，1991）。

总体上看，社会文化理论从文化与社会影响的角度来分析挫折的产生与防止，反对从生理本能的角度来看待挫折，这是有积极意义的。并且，他们是在较高的层次上来看待挫折的，提出"向上意向""自我实现"受到压抑是挫折产生的主要原因。"为防止挫折，他们还指出个体要自尊、乐观，同时社会对个体要予以关心和尊重。这些观点都是很有启发性的。但是他们离开了社会发展的方向而抽象地谈论挫折的产生与避免，所以该理论仍然属于超阶级人性论的范畴。"（冯江平，1991）

（二）行为主义学派的挫折理论

行为主义的挫折理论主要是围绕挫折情境中挫折行为反应展开的（冯江平，1991）。

1. 挫折是"目标反应受阻的情境"

1939年，美国耶鲁大学行为主义心理学家多拉德（J.Dollard）、米勒（Miller）、杜波（L.Doob）等五人研究小组集体出版了一部名为《挫折与侵犯》的著作，首次提出了"挫折–侵犯"假说（frustration aggression hypothesis）。在"挫折–侵犯"假说中，认为挫折是"目标反应受阻的情境"，侵犯是"旨在伤害一个有机体（或它的替代品）的行动"。因此，"当个体为了达到某一目标而执行的行为受到阻碍时，就会引起挫折，挫折继而引起他的侵犯，侵犯指向阻碍他的目标行为的其他个体或对象。"至于挫折在多大程度上引起侵犯行为，取决于以下三个因素。（1）目标反应受挫引起的驱力水平。个体想要达成目标的愿望越强烈，那么目标反应受阻引起的挫折也就越大，相应地，个体侵犯驱力的水平也就越高；相反，亦如此。（2）挫折的程度。如果目标反应只是部分地受到阻碍，那么，所引起的挫折和侵犯的程度都较低；相反，如果目标反应完全受阻，将会引起最大限度的挫折和侵犯。（3）挫折的累积效应。如果同一目标行为在执行过程中多次受到不同程度的阻碍或挫折，那么这些小的挫折将会积累起来而引起较大的挫折和较强烈的侵犯行为，从而表现出挫折的累积效应。如"气不打一处来"等。

2. 挫折是"相对剥夺"的产物

传统的"挫折－侵犯"理论未能真正阐明"侵犯总是挫折的结果"这一命题。1969年，伯克威茨对"挫折－侵犯"理论进行了较大的修正。他提出，应该区别"挫折"和"被剥夺"两个概念。他说，一个人不会仅仅因为缺乏某种东西（即该东西被剥夺）而遭受挫折，只有当一个人在既定的情境中无法获得他想要获得的东西时，才会遭受挫折。例如，你想要买一辆家庭轿车，如果由于条件所迫无法实现时（周围不少同事都有）便会产生挫折感；但如果你十分关心环境保护，公共交通又十分方便，你即使没有轿车也不会感到受挫。为此，挫折不是由于简单剥夺而产生的，而是"相对剥夺"的产物。缺乏一件东西不一定会引起挫折，但如果一个人认为他应该拥有某种东西却未能得到的话，他就会产生挫折。伯克威茨强调的是挫折-侵犯间的认知评价作用。一个人遭遇到挫折时是否有侵犯行为，与侵犯线索的唤起作用和认知评价有密切关系（冯江平，1991）。

3. 挫折是当前有机体在先体验到奖赏后又体验到无关奖赏时所出现的情况

"挫折－奋进"理论也称"挫折效应"理论，是由美国心理学家阿姆塞尔（A.Amsel）基于动物实验和儿童行为实验于20世纪50年代提出的。在这些实验中，机体的行为先受到奖赏后来不再受到奖赏的实验程序，能引起挫折反应，并表现为一时性的反应率的提高；儿童则表现为完成某种任务的能量增强，或者是会采取各种策略去对待无奖赏的挫折情况（冯江平，1991）。他们认为，人在受到挫折后，可以出现努力奋进的情况。阿姆塞尔等人的实验表明，在消退的条件开始建立时，也就是强化被抑制时，动物常常随着瞬时提高的力量而产生反应。这就是基本的挫折效应，通常被当作驱力提高的证据。

"阿姆塞尔对这一领域的第一个和最重要的贡献是从操作的性质上给挫折下定义。他提出挫折是当前有机体在先体验到奖赏后又体验到无关奖赏时所出现的情况。在奖赏之后，无奖赏将引起一个原始的厌恶情绪反应——受挫——它与对奖赏重要性的预期有关（关于奖赏和惩罚作用的一种解释是以赫尔理论——预期目的的反应为依据的）。随着挫折性无奖赏理论的发展，阿姆塞尔对挫折研究做出了两个重要的贡献：第一，挫折可由一个基本的操作来确定：在奖赏体验之后的无奖赏。第二，预期挫折的概念已广泛地用于去解释学习和动机的其他问题。例如，消退、部分强化效果和辨别。在人类的水平上，"阿姆塞尔的挫折性无奖赏理论通常被应用于儿童——它对学习、建立挫折耐力等都具有一定的意义。这两种理论同'挫折-侵犯'理论一样，可以用于说明某些特定条件下的挫折行为，但并不具有普遍适用性。这两种理论的影响力比起'挫折-侵犯'理论来，要小得多。"（冯江平，1991）

（三）人本主义心理学的挫折理论

人本主义心理学认为，挫折是"自我实现"受到压抑的结果。这一学派的代表人物马斯洛（M.H.Maslow）和罗杰斯（C.R.Rogers）从心理治疗的临床实践出发，提出了"自我实现"受到压抑是挫折产生的根源的理论（弗兰克·戈布尔，1987）。

1. 马斯洛的观点

马斯洛的心理治疗论所立足的是其自我实现的心理学原理。他认为，自我实现心理学的创立为在更准确、更完善的意义上去阐释心理健康的本质提供了可能。人的潜能迫切地需要实现。任由潜能充分地实现，乃是芸芸众生的最合理的价值选择。如果这些基本需要遭到否定，就会导致心理疾病：一般的心理病理学现象是人类的这种基本性质遭到否定、挫折或者扭曲的结果。"马斯洛把心理健康理解为人性的丰满实现即自我实现，心理疾病被视为人的基本需要或自我实现的受挫与失败。心理疾病又有轻重之分，轻者只表现为个别基本需要满足的受挫，重者则为各种需要的满足被剥夺殆尽。换句话说，神经症也是"个人成长的一种失败"。因此，最好设想神经症和精神紊乱有关，和意义的丧失、对生活目标的怀疑、失恋的痛苦和愤怒、对未来的失望、对自己的厌恶、认识到自己的生命正在荒废，或和失去欢乐或爱的可能等等有关。社会环境状况与挫折发生的频率有直接关系，为此，心理治疗亦可被定义为"一种建立小规模良好社会的企图"（马斯洛，1987）。

2. 罗杰斯的观点

罗杰斯认为："挫折的产生是由于自我实现受到压抑的缘故。"个体内心蕴藏的最重要的资源乃是自我实现的趋向（Ellis，1973）。那些同实现趋向相矛盾的体验是令人不快的，它使人产生挫折感，并予回避。另一方面，自我实现这一估价标准（期望值）是不断提高的。因此，这种"向上意向"常会引起不满足的感觉，使人产生挫折感。为了避免挫折发生，人本主义心理学派强调尊重人的价值，发挥人的创造力，完善人际关系等。同时，当挫折发生时，防御过程就会被启动。防御过程是阻止经验与自我的不一致被揭露，维护自我结构的完整性，从而维持自我关注的一种手段。这一过程包括不同的应对。其一是选择性的知觉，即允许与自我结构相一致的，或者对自我结构不构成矛盾的经验进入意识。其二是歪曲，即在符号化的过程中做手脚，不让经验准确地符号化，而是对其部分或全部进行涂改，使经验在总体上与自我结构相一致。还有其他防御方式如否认、拒绝、合理化、补偿、妄想等等。这一理论从文化与社会影响的角度来分析挫折的产生及防止，反对从本能的生理角度去看待挫折，这是具有积极意义的。而且他们是在相当高的层次上来看待挫折的，提出"自我实现"受到压抑是产生挫折的原因，并提出要通过社会的关心、尊重来防止挫折，这些观点是很有启发意义的（Rogers，2003）。

（四）认知心理学的挫折理论

挫折的认知理论认为，人在遭受挫折之后，是否会产生挫折感与情绪反应，以及挫折和情绪反应的强度如何，主要取决于人们对挫折及其意义的认识、评价和理解，即对挫折的认知。外界刺激（挫折事件）是通过认知而作用于情绪，产生各种心理和行为的。由于人对挫折的认识不同，所以，在意识的调节下，同样的挫折情境，对不同的人来说，就可能产生完全不同的挫折反应（冯江平，1991；车文博，1998）。

挫折的认知理论认为，刺激（S）与反应（R）之间，不是简单的S-R关系，而是S-C-R的关系。S因素包括事件、情境、他人、人际关系以及自我的行为表现等等，即整个主客观世界中可以起刺激作用的因素；R指各种心理行为反应；C（consciousness）指意识、经验因素。认知过程是依据认知者的过去经验及对有关的信息的分析而进行的，它依赖于认知者的思维活动，包括信息加工、推理、分类与归纳等。认知理论强调认知过程对行为的重要性，认为行为和情绪的产生，有赖于个体对情境所作出的评价，而这些评价又受个人的信念、判断、想象、价值观念等认知因素的影响。每个人在社会生活中形成了自己固有的认知结构，因此，即使是同样的刺激，由于每个人的认知结构不同，也会表现出不同的认知特点。

面对挫折，有了正确的认知，才会有适当的反应和行动，才可能化害为利，变消极为积极，达到良好的适应。否则，在挫折之中，又缺乏正确的认识，也可能使挫折的感受更加沉重，情绪反应更加强烈，愈加陷于困境而不能自拔。通过改变人们的认识，而达到改变人们的心理和行为，这也就是挫折的认知理论要通过人的认知活动和意识过程，来改善其挫折境遇和精神面貌的关键所在。

因此，调整人的意识过程，尤其是认知结构，改变认知过程，健全自我意识，就有助于增强人对挫折的适应能力，消除挫折对人的不良影响（冯江平，1991）。

三、学业挫折感研究综述

（一）国内外关于学业挫折感的研究

当代社会人口素质的提高和全球化的发展使大学生面临着越来越激烈的竞争，同时也加大了他们体验到挫折感的可能。学业挫折是大学生面临的主要挫折之一，学业挫折感也是大学生体验到的挫折感中重要的一部分，有研究发现（张旭东，2004），12.17%的大学生总是或经常遭遇挫折情境。在学习受挫型中，"经常"或"总是"遭遇此种挫折情境的人数为17.14%，产生"较强"或"很强"挫折感的人占22.16%。有必要对包括大学生全体在内的学生群体的学业挫折感进行深入研究。

曹静梅（1993）首次对大学生挫折感进行了调查研究，发现大学生学业挫折感的发生率较高，开启了我国对大学生挫折感的相关研究。夏茂香（2012）指出，学习方面的挫折是大学生主要的挫折心理类型之一。

1. 关于学业挫折感内涵的研究

根据Pekrun等人的界定，学业挫折感既指与学业成就相关的情绪（如成功或失败所带来的骄傲、羞愧等情绪），也包括教学或学习活动中产生的情绪（如喜欢学习、厌倦考试）（Pekrun et al. 2002），对学生持续努力学习起阻碍作用。董妍、俞国良（2014）提出，学业挫折感不仅包括学生在获悉学业成功或失败后所体验到的各种情绪，也包括学生在课堂学习中，日常做作业过程中，以及在考试期间的情绪体验。杨秀君、杨晓丽（2012）认为："学业挫折感（academic frustration）指当个体由于主客观因素的影响而认为自己不能达到预期的学习目标所产生的消极情绪体验。"曾伏云（2002）指出，学业挫折感具有持久性、弥散性、两面性等特征。综合已有研究，本书认为学业挫折感是指学生在学习活动中遭遇挫折而产生的消极情绪体验，既指与学业成就相关的情绪，也包括教学或学习活动中产生的情绪（张尧，2014；董妍，俞国良，2014）。

2. 学业挫折感的结构研究

Patrick（1993）的研究将儿童在学习中产生的情绪分为四类：积极情绪（兴趣、高兴、放松）、厌倦、痛苦和生气。目前世界广泛认同的是Pekrun，Goetz，Titz和Perry（2002）的研究，他们根据效价和唤醒度两个维度，把学业挫折感的类型划分为：积极高唤醒情绪、积极低唤醒情绪、消极高唤醒情绪和消极低唤醒情绪；Pekrun 等人于2002 年编制的学业挫折感问卷，依据不同测量情境又分为三个问卷，即课堂情绪问卷、学业情绪问卷和考试情绪问卷。常英华（2016）将大学生学业挫折感分为专业态度、专业课态度、专业课考试的态度和影响专业学习受挫的因素四个维度。

3. 关于学业挫折感的研究工具

国外流行的有Wagnild和Young的量表，Block和Kremen以及Connor和Davidson的量表，Springer与Philip编制的个人保护因子问卷，Bartone等编制的特质性自我承受力量表（曾伏云，2002)。我国仅有杨秀君（2012）编制了大学生学习挫折量表。董妍、俞国良（2007）编制了"青少年学业情绪问卷"；

在张振新、叶靖春（2011）编制的大学生挫折感自评量表中，学业挫折感是大学生挫折感的一个重要维度；李虹、梅锦荣（2002）编制的大学生压力量表中将学习、考试归为大学生的主要校园压力源，认为学习烦扰是大学生校园压力的主要类型之一。

4. 学业挫折感与心理健康关系的研究

黄光扬（1997）研究发现，学业受挫大学生心理健康状况比学业正常的大学生差；王富荣、茅默（2001）认为学习成绩是大学生心理压力的主要来源之一；车文博、张旭东等（2003）研究发现，学业压力是大学生心理压力感的最主要来源；张林等（2003）编制的"大学生心理压力感量表"将学业压力与学校环境压力归为大学生心理压力的主要方面；史小力、杨鑫辉（2004）认为学业受挫是引起大学生种种心理不良反应及影响大学生再学习的重要因素；史小力、魏汉添（2004）研究表明，多次学业受挫会增加大学生的心理压力；胡君、常忠武（2006）指出学业挫折是大学生经常遭遇的挫折之一；蒲清平等（2011）研究表明，大学生学业受挫程度与心理健康状况之间存在密切关系；有研究指出，学习方面的压力是大学生心理压力感的主要来源之一；竭婧等（2015）研究发现，学业压力是海南省大学生承载的主要心理压力之一。

结合已有文献不难发现，以往研究都认同学业挫折感是影响大学生心理健康状况的重要因素，这也是本研究的基调。但细究研究内容，发现以往研究大多将大学生学业挫折感归到挫折感或压力感等上位概念中进行探讨，较少将学业挫折感作为一个独立变量对其进行相关研究，这为本研究提供了一个新的思路。正如前文所述，学业挫折感影响着大学生的心理健康状况。因此，探讨大学生学业挫折感的影响因素、分析其影响机制对帮助大学生合理积极地克服学业挫折感，更有活力地回归学习和生活、投身社会建设中去影响深远。

5. 学业挫折感应对策略研究

应对方式（ways of coping）可简单地理解为人们为了应对内外环境要求及其相关的情绪困扰而采用的方法、手段或策略（梁宝勇等，1999）。准确地评定一个人的应对方式，可以帮助我们了解其行为在应激条件下的心理适应意义，并为有效的应对方式的识别、应对技巧的学习以及心理健康教育和治疗性干预指明方向。应对方式分为狭义的应对方式和广义的应对方式。狭义的应对方式是自我防御机制，广义的应对方式是自我调节机制。前者更多地表现为无意识的应付过程，具有一定的自发性；后者则表现为有意识的应对过程，具有一定的自主性。在个体发展过程中，前者出现较早，而后者出现较晚。但是，随着个体心理成熟水平和思维水平的提高，后者的作用就会越来越大并逐渐占据主导地位。自我防御机制像自我调节机制一样，都能减轻心理应激强度；而且，自我防御还是自我调节的必要基础，甚至是前提。尽管从理论上看，自我调节与自我防御是不同的，但是同是作为应对方式，它们共同构成了一个"连续体"，一端是"有意的"，另一端是"无意的"，其间并无严格的分界线（贾晓波，2001；梁宝勇，2002）。"自我防御机制（mental defense mechanism）是指个体处在挫折与冲突的紧张情境时，在其内部心理活动中具有自觉或不自觉地解脱烦恼、减轻内心不安，以恢复情绪平衡与稳定的一种适应性倾向（G. E.范伦特，1996）。自我调节（self-regulation）是皮亚杰发生认识论术语，指个体受到环境的作用而促进原有心理状态的变化和创新以适应外界环境的过程。"（车文博，2001）

（二）学业挫折感的内涵

1.大学生对学业挫折的认识和态度

在大学生有关学业挫折方面的作业和个案访谈中发现，部分学生把学业挫折的内涵理解得过于宽泛，认为凡是在学习过程中给人带来不愉快、不适应的事物，都是学业挫折。有一位女同学谈了自己的感受，她说："来大学读书，离开父母，是我一生中碰到的最大学业挫折，因为我从小到大都在家里待着，从未出过远门。所以刚入学时，我很不习惯新的生活环境，天天想家，吃不好、常失眠。"

还有一些学生把进入大学后失去原来佼佼者的地位视为重大的打击，受挫感较强烈。一位男同学无奈地说："上中小学时，我在班里总是名列前茅，一直担任班长职务。到了大学，强手如林，我失去了往日的光环和风采，心理很不平衡，觉得太没面子，既痛恨自己无能，又嫉妒那些比我强的同学，很着急，很难过。"也有的同学把没有被选上学生干部，考试成绩不理想，人际关系紧张，甚至被老师批评，运动会比赛未取得预期的成绩，向别人借钱等，都视为挫折。

在大学生所写的作业中发现，很多学生对考试的成绩非常看重，有九成以上的学生认为考试失败是挫折。"大考失败是大挫折，中考失败是中挫折，小考失败是小挫折。"如许多学生把未能考取理想的大学视为一生中最大的学业挫折。对此，一位同学的表述是："只有对本人或家庭造成意想不到的重大打击，譬如失去亲人、意外事故造成伤残或者事业上遭受严重失败，才称得上挫折。至于考试不及格、高考落榜，都可以重新努力，争取东山再起，算不上什么挫折。"

与此相同，还有一位女生这样看待挫折："一年来基本没遇到什么重大学业挫折，不过小挫折当然有，比如高考失利，还有上了大学，学的专业与预先设想的不是很一致，学习上有点没有完整的计划，就是说没有理清头绪。人际交往方面好像不太好，我觉得我好像有一点交往障碍，不过不严重，可能是性格有点内向的缘故。"

由此可见，大学生们对学业挫折的认识和体验，充分体现了他们的年龄特征和社会阅历的局限。每个人的生活经历、人生境遇和心理状态，往往就是他们学业挫折感受程度的标尺。我们看到，大学生中有许多人夸大学业挫折的创伤，片面理解和看待学业挫折，既缺少抗挫折体验，更缺乏理性认识，反映出心理适应能力的缺陷。所以，如何看待学业挫折，增强对学业挫折的承受能力、适应能力，进而缓解心理冲突，增强抗挫折的意识和技能，已经成为摆在大学生面前亟待解决的现实课题（曾伏云，2002）。

2. 学业挫折感的界定

关于学业挫折感的定义，目前主要有两种观点，国内的研究学者常英华（2016）和曾伏云（2002）比较赞同国外学者怀特海的观点。怀特海认为，学业挫折感指的是学生在学习活动中遭遇挫折后所产生的一种消极情绪体验（怀特海著，徐汝丹译，2002）。然而，在麻昕艳（2011）看来，学业挫折感不仅是一种情绪反应，而且还是一种紧张的状态，它是由学生在从事有目的的学习活动过程中，由于遇到障碍和干预，导致其学习目标不能实现、需要不能满足所引起的，最终将对学生个体的学习兴趣和结果产生影响。对比两种观点，不难发现，麻昕艳对学业挫折感的定义较为具体和详细。

学业挫折感是指学生在学习活动中遭遇挫折情境而产生的消极情绪体

验，这种情绪体验影响广泛，持续时间长，既有消极作用也有积极作用，即具有弥散性、持久性和两面性。学业挫折感产生的原因有：一是内部因素，分别是个体对诱发挫折事件的认识、个人的挫折经历、抱负水平和自信心；二是外部因素，主要是指学校环境中的教师教育因素（曾伏云，2002）。

关于学业挫折感的研究数量较少，但经过资料搜集可以发现，学业挫折感的有关研究涉及多个领域：周芳（2018）在对初中生英语学习挫折进行了解的时候发现，随着低年级向高年级的过渡，初中生对英语学习会出现低落甚至厌学的情绪；麻昕艳（2011）经过调查发现，团体训练能积极影响高中生的学业挫折认知并改善其学业挫折情绪；尹贺睿（2016）在了解高中生物理学习挫折时发现，高中生的心理受挫来自认知习惯和学习成绩不理想等方面的因素；常英华（2016）经过调查分析后认为，大学生的学业挫折感来源于学生个人、家庭和学校这三方面；闫淑楠（2016）在对大学新生的学习挫折进行深入分析后发现，大学新生的学习挫折体现在学习焦虑、学习抑郁和学习冷漠等方面；陈维华等人（2013）的调查结果显示，成人学习挫折由诸如生理老化、自我评价不当等的内部因素和诸如学校环境、工作环境等的外部因素组成。

近几年来，针对大学生的学业挫折情况及其成因，一些研究学者们提出了自己的建议。陈潇潇等人（2017）认为，激发学生学习积极性、注重培养良好学习习惯等的积极应对方式能有效减少学习挫折给学生带来的负面影响。钟晓燕（2017）在分析后认为，强化学习动机和唤醒积极学习情绪等的自我调适有助于克服大学生的"学习情感淡漠"。张旭东（2002）经过调查研究发现，将近两成的大学生在学习上遭遇挫折后会产生"较强或很强"的挫折感。

有研究认为，学业挫折感将导致学生抱负水平和成就动机降低，进而使得学生进行消极的自我归因并形成消极的自我概念（曾伏云，2002）。

第二节　影响学业挫折的因素分析

分析青年学生学业挫折感产生的原因，旨在对症下药，寻求战胜挫折的有效教育方法和管理措施，以稳定学校的教学秩序，提高大学生的学习效率、生活质量和身心健康水平，培养和训练他们坚强的意志和耐挫能力。本节以大学生为例，依据发展心理学的理论，从影响人心理发展的主客观因素出发，结合大学生作品和开放式问卷调查结果，从引起大学生挫折产生的个体因素（知情意因素、个性因素、行为习惯因素）和家庭因素、学校因素、社会因素对大学生学业挫折形成的原因加以分析（张旭东，2004；董妍、俞国良、周霞，2013）。

一、知情意因素

（一）认知因素

1. 价值观

如果大学生的个人道德标准和理想同周围大多数人，或同社会通行的道德标准、理想不一致，就很容易在心理上引起压力，形成挫折感；大学生是社会上掌握较多文化知识的群体，思想中具有较多的超前意识，个人的超前意识往往为当前社会现实所不接受。为绝大多数人所不理解，这也是形成大学生受挫的原因之一。

价值观是指人们认识和评价客观事物和现象对自身或社会的重要性时所持有的内部标准（戴斌荣、阴国恩、金东贤，1999）。价值观是人生观的重要内容和组成部分，往往自觉或不自觉地影响人的行为，具有一定的稳定性，一旦形成便作为传统的力量在一个相当长的时期内发挥作用。价值观具有历史性，随时代、文化的变迁会发生历史性变革（林崇德、杨志良、黄希庭，2003）。大量研究表明，价值观影响个体的社会适应和对理想信念的追求，影响个体的心理健康。在许多心理失衡现象的背后，主要是价值观失衡在起作用。许多大学生心理问题的出现与其价值观有密切关系。价值观对心理健康的影响表现在许多方面，但归结起来不外乎两个方面，即社会价值与个体价值观的冲突所致的个体适应问题和个体价值观本身对个体产生的消极情绪影响（张麟，2001）。近些年来，一些心理学工作者进行了大量的实证研究，有的集中在大学生的价值观现状及价值观在性别、年龄、学科专业等方面差异的调查研究上（金盛华、郑建君、辛志勇，2009；彭晓玲、周仲瑜、柏伟等，2005）；有的集中在大学生价值观的特点、类型及纵向比较研究上；还有的集中在大学生价值观与家庭、社会、心理健康等因素的关系上（胡月，2015）。

总的来说，国内对价值观的研究较多地与思想教育有关，从理论的角度去探究价值观的影响因素。国外对于价值观的研究则以理论阐述、不同文化下价值观的差异为主，由以往研究可知，价值观能影响个体的行为和目标选择，合适的价值观能对人产生积极的影响，而不恰当的价值观会对人产生消极的影响。因此，有必要进一步研究价值观，以此来弥补国内对价值观实证研究不足的情况。

2. 人生意义感

"对人生意义的实证研究最早可以追溯到Frankl（1963）提出'Meaning in Life'这一名词。"伴随着20世纪末出现积极心理学这一股新的研究思想倾向，心理学家们对于人生意义的研究产生了复兴的苗头，现在已是积极心理学关注的重要课题之一。不同的学者对人生意义的界定是不一样的，据研究，被人们较为认可接受的有：人生意义感是指个体拥有一个能给予其存在的方向感和价值感的目标，并且借由实现此目标的过程，个体可以获得"成为一个有价值的人"的认同感。Battista和Almond认为，人生意义意味着个体信奉一种观念、准则或者是一套价值观，这些有利于个体更好地理解人生，提供个体以目标，使个体感到一种成就感（张芹、马晓燕，2011）。从生命发展阶段来看，大学生的身心发展没有完全成熟，社会阅历尚浅，对人生意义的思考停留在初步层面，人们对大学生的人生意义给予不少的关注。国外学者研究表明，人生意义对个体的心理健康状况具有积极的相关关系，是主观幸福感的稳定预测变量和基本组成成分。同时，有的学者认为人生意义是身心健康和生活质量的重要促进因素，与焦虑、疼痛、疲劳等心理症状呈现显著负相关（Haugan，2014）。

意义治疗学派创始人弗兰克尔认为，人类寻求生命意义是基本动机，而基本需要是感受到存在的意义，人生中重要的莫过于发现生命的意义（Frankl，1963）。人生意义也可以理解为生命意义，我国有学者认为，人生意义是个体对于生命中的目标探索追求，包括存在和追求意义两方面（倪旭东、唐文佳，2018）。有研究表明（赵娜、马敏、辛自强，2017），体验生命意义在一定程度上影响个体的身心健康。人生意义是对自身未来生活的定义以及选择。大学是个体重建自我、探索未来人生目标和方向的重要时期，在人生选择上更具多样性、复杂性以及可能性（王一杰，2017）。另外，受心理学科的影响，学者以人生价值、生命意义为关键词的研究不在少数，Owens等人提出，个体具备的生命意义感对心理创伤有调节作用（Owens et al.，2009），人生意义对于人的生活质量和身心健康状态程度起着重要的作用，与部分消极生理心理症状呈现负相关（Haugan，2014）。结合中国特色社会主义时代背景，有效提高大学生人生意义感悟的水平对心理健康发展有一定的影响作用，通过实践体验去完善自我，从而探索发展方向，实现自我价值（李中原，2020）。因此，人生意义感体验不足可能会导致生理心理问题的发生，对于大学生群体人生意义感的探讨有一定的研究意义和价值。

3. 认知方式

学业挫折及学业挫折行为的直接原因不是诱发挫折的事件本身，而是个体对该事件的认知。如果认为该事件对自己意义重大，只能成功，不能失败，则会有较大的学业挫折感，反之，则较小。"挫折情境正是通过人的认知而作用于情绪，产生这样那样的心理行为反应。由于认知不同，同样的挫折情境，对每个人造成的打击和心理压力是不同的。第一，每个人对客观世界的认识与以往的知识经验、个性特征、需要结构以及其心理成熟度有关。因此，面对相同的学业挫折情境，每个人的反应判断会迥然不同。一般说来，心理成熟度和思想境界高的大学生，因对学业挫折持正确认知而少生或不生学业挫折感。第二，对学业挫折的主观判断。由于每个人的主观世界不尽相同，因此，即使是客观的学业挫折情境与压力相同，个体对此感受到的威胁也不尽相同。有的人受些小挫折，即可使他人格失常，而有些人，即使再大的挫折，他也活得健康自在（车文博，1998）。

4. 对专业学习的认识

随着社会变革，传统的价值模式遭到挑战，社会形成了多种价值取向并存的状况，尤其是在市场经济诱惑下，因急于经商下海而出现新的"读书无用论"，使大学生也受到了影响和冲击，不少人感到学习无前途、没劲，产生学业挫折感；一些学生学非所愿，专业学习兴趣低，加上又是非重点院校、非热门专业，对学习往往采取应付态度，更容易产生明显的学习倦怠。大学生专业挫折感表现如下：因所学专业压力太大而感到紧张焦虑；因不喜欢所学专业、却又无法改变现状而感到无奈；因没有努力学习专业知识而懊悔；因所学专业在社会上用处不大感到苦恼；因为对专业不了解丧失学习动机而焦虑；因对专业学习认识不足影响成绩而焦虑；因学非所愿、专业学习兴趣低而烦恼；因没有掌握相应的专业技能而懊悔；因没能熟练地实践专业技能而焦虑；因无法将专业知识与技能运用于现实而自责；因担心所学专业知识毕业后用不上而焦虑；为总学不好专业知识而苦恼；因为不喜欢所学专业导致成绩不佳而苦恼。

5. 过去经验

遭受挫折的经验的多少亦会影响其对挫折的承受力。有些人在生活中经常身处逆境，遇到不顺心的事情多，遭受挫折多，因此能够容忍挫折。接连遭受挫折，频率过高，则其挫折承受力必然大大降低。如果儿童从小娇生惯养，各方面的需要总是能顺利地得到满足，那么就不会积累忍受挫折的经验，挫折容忍力就低。

6. 生命智慧

生命的凸显，是当代社会转型的另一个重要特征，是人的思维方式的深刻转型，是人的生存方式的转型，意味着人类的真正觉醒。要关注生命，就不能不关注生命智慧。目前，国内外对大学生生命智慧的研究尚在起步阶段，多数学者是从生物学、哲学、伦理学、社会学、教育学的角度进行研究的，很少有人从心理学角度对生命智慧问题进行实证研究。

（1）生命智慧的概念辨析

何谓生命智慧？吴甘霖（2003）认为，生命智慧指的就是如何面对生死的智慧，进一步阐述就是如何不错过此生的生存智慧。姜俊红、杨树（2007）认为生命智慧是学习做人与学习做事的智慧，是发现生活世界真谛的智慧，是学会提升精神素质的智慧，是提高生命质量的智慧。刘慧（2009）则认为，"生命智慧是指以生死为核心的智慧，即如何面对生死，如何面对生命苦乐、有限与无限、生命意义等智慧"。

其实，要回答什么是生命智慧，首先要说明什么是智慧。所谓智慧就是人的智力，人认识客观事物及其规律并用以解决实际问题的能力（林崇德、杨治良、黄希庭，2003）。传统的智慧教育（"智育"）往往把智慧限定在智力、理性、认知等方面，仅注重"认识客观事物及其规律"一面，使智慧过于窄化，有违于生命发展的全面性、丰富性、整体性和复杂性。新课程背景下的智慧教育主要是从人的主体性，人的智慧的完整性、丰富性、多元性、综合性出发，强调人的智慧是理性智慧、社会智慧和实践智慧三者的有机统一（靖国平，2003）。同时，还强调"用以解决实际问题的能力"一面。由此可见，生命智慧应该包括三个方面的内容：一是生命认知智慧，相当于斯滕伯格提出的"分析性智力"和"创造性智力"；二是生命非认知智慧，相当于斯滕伯格提出的"社会智力"；三是生命行为智慧或实践方面的智慧，相当于斯滕伯格提出的"实践智力"（斯滕伯格，2006）。

　　生命智慧是个体生命达到美好生命境界不可或缺的必要条件。本书认为，生命智慧就是接受与认识生命的意义，尊重与珍惜生命的价值，适应社会生活，学会如何生存，获得身心的全面发展，实现自我的最大潜能和价值的智慧。真正做到"物尽所用，人尽其才"。

　　（2）生命智慧的构成因素

　　从生命智慧的含义来看，人的生命智慧主要由对生命的知（认识）、情（情感）、意（意志）、行（行为）组成，即生命认知、生命情感、生命意志和生命行为。而所谓发掘、培养、提升生命智慧，也就是要发掘、培养、提升这四种心理与行为因素。具体分析如下。（1）生命认知因素。要认识生命，即了解生命的来源、知道其组成、懂得其特点、掌握其规律，特别是要理解生命的价值、揭示生命的真谛。（2）生命非认知因素。第一，生命情感。要对他人生命乃至整个生命世界同情与热爱。第二，生命意志。在生命活动中，人的意志会经常不断地表现出来，以调控其进程、实现其目的。这种参与生命活动的意志，即构成为生命意志。正因为它的存在，人才得以克服一切磨难，获得人生幸福。第三，生命行为。在生命活动中，也必须以生命认知为基础，通过生命情感和生命意志为中介，最后落实到生命行为上。如此方能使人的生命得到真正的提升。从这个意义上讲，生命教育就是发掘、培养、提升生命认识、生命情感、生命意志和生命行为亦即生命智慧水平和价值的教育。大学生的生命行为是与他们特定的生活环境、学习任务、年龄特征等联系在一起的。

　　此外，自我效能感、抱负水平也是影响学业挫折感的重要因素。

（二）情绪情感因素

情绪在学生的发展过程中具有重要作用，它不仅影响学生的身心健康，也与学生的日常学习、课堂教学和学业成就等有直接的关系。班杜拉在"去敏感性"的研究中发现，"高水平的唤醒使成绩降低而影响自我效能。当人们不为厌恶刺激所困扰时更能期望成功，但个体在面临某项活动任务时的心身反应、强烈的激动情绪通常会妨碍行为的表现而降低自我效能感（俞国良、董妍，2005）。

1. 学业情绪

学业情绪是教育学和心理学界的一个热点问题，Pekrun等人在2002年明确提出了学业情绪（academic emotions）概念。它是指与学生学业相关的各种情绪体验，不仅指学生在获悉学业成功或失败后所体验到的各种情绪，同样也包括学生在课堂学习中的情绪体验，在日常做作业过程中的情绪体验以及在考试期间的情绪体验等。研究表明，学业情绪作为一种伴随学生学业活动的情绪体验，无论是正性的还是负性的，对学生的学习、考试、学业成就以及其他方面的活动都有着不可忽视的作用。目前，国内外对于学业情绪的研究尚处于起步阶段，研究内容主要分为概念研究与结构研究，研究对象大部分是中小学生，而针对大学生学业情绪的研究还比较少。但其实，大学生的学业情绪不良已经是一个客观存在的事实，学业情绪问题的有效缓解有助于激发学生学习动机，充分调动并发挥教育主体的能动性（董妍，2012）。

2. 学业羞愧

羞愧同自豪、内疚、尴尬等情绪一样，是一种典型的自我意识情绪，人们经常会由于自己的思想和行为与内心的道德、伦理、标准规范、价值观不一致而产生消极情绪。实质上，自我意识情绪产生的核心是与自我有关的概念，学业是影响学生自我概念的最重要因素，因此，学生的羞愧情绪更多地来自学业方面。传统的研究也表明，羞愧情绪会使学生建立一种持续的失败预期，这会导致学生在接下来的学业表现中努力和坚持性下降，因为他们会认为自己的能力不足，再怎么努力也不会成功。学业羞愧产生的主要原因有：对学业失败的知觉，不可控的归因方式，较低的自我效能感，自我知觉的影响。学生的羞愧情绪会对他们后继的学业表现产生重要的影响。人们经常认为，当学生体验到了羞愧情绪时，他们就会降低对标准或者放弃对目标的追求。近年来的研究表明，学业羞愧情绪好像一把双刃剑，它不只具有消极作用。对有羞愧韧性的学生而言，体验到羞愧情绪后他们会有一种强烈的紧迫感，这种紧迫感会促使这部分学生重新制订学业目标，调整自己的努力程度，并改进自己的学习计划和学习策略。这类学生将会很快从羞愧体验中恢复，表现出良好的学业韧性，不断地在学业表现上取得进步。这种努力的增加、时间的投入以及随后进步的成绩，都足以说明学业羞愧对学业表现的积极影响。某些学生在体验到羞愧情绪后，更可能会表现出动机水平的变化，并在下一次的考试中获得更好的学业分数。具有羞愧学业韧性的学生如果在下一次考试中获得了更高的分数，他们报告说自己会感到更加放松和自信（董妍、俞国良、马丽华，2009）。

3. 主观幸福感

幸福就是个体根据自定的标准对其生活质量的整体性评估。这一观点得到了大多数人的认同，并将其定义为"主观幸福感"（subjective well-being, SWB）。主观幸福感有以下三个特点（刘翔平，2018）。第一，主观性。它存在于每个人自己的经验之中。"个体对自己是否幸福的评价依赖于其本人内定的标准，而非他人或者外界所定的准则。每个人都可能具有同等程度的幸福，但它们的实际标准却是不一样的。"第二，稳定性。主观幸福感是相对稳定的，尽管个体每次评价其主观幸福感的时候会受到当下环境和情绪的影响，但由于评价的是个体长期而非短期的情感反应和生活满意度，所以其得到的结果是相对稳定的值。第三，整体性。对主观幸福感的评价涉及生活满意度、积极情感、消极情感三个方面。它不仅仅是对某个单独的生活领域的狭隘评估。幸福感是一个复杂的问题。尽管这些特点有助于界定这一研究领域，但它们并不能作为主观幸福感的完整定义。比如，测量生活满意度，并不是问你对工作或家庭等某个方面是否满意，而是对生活总体的满意度。所以，现有定义与理论也并不完美。

4. 就业心态

就业心态可以解释为是人们在职业理想确立、进行职业选择及进入职业角色时所表现出来的一系列心理特征。随着 1999 年高校扩招，大学生就业心理问题逐渐凸显，国内对就业心态的研究力度不断加大。学者们普遍认为，毕业生就业过程是一个复杂的心理变化过程。对其就业心态的研究，不仅有助于了解学生心理全貌，更是为做好毕业生就业指导工作提供心理依据（史清敏、王增起，2001）。近年来，国内对于大学生就业心态的研究主要聚焦于就业心态特征、成因、引导途径等方面，以实证研究为主（段焰，2009；彭晓波、王贺，2012）。

5. 学业倦怠

学业倦怠是从职业倦怠扩展而来的，是指由于学习压力或缺乏学习兴趣而对学习感到厌倦的消极态度和行为（连榕等，2005）。从个人、学校、家庭、社会四个角度对学业倦怠的影响因素进行分析，发现专业兴趣、课程设置、父母期望、就业压力是学业倦怠的重要影响因素（裴帅帅等，2012）。国外学者大多从自我效能感、人格特征、应对方式等方面，即更多从个人角度对学业倦怠的影响因素进行探究，如Jacobs等人的研究结果表明，大学生积极的人格特征能有效降低倦怠水平（Jacobs，Dodd，2003）；Schaufeli等人将学业倦怠定义为由于学习需求而产生的倦怠感，其特征为对学习的退缩和分离的态度，以及对学业要求的个人效能降低（Schaufeli，Martinez，Pinto，et al，2002）。

（三）意志因素

1. 各种潜在的心理冲突

倘若大学生在行动前就面临种种程度相当的矛盾和动机冲突，并在进退维谷、目标难以确定（或虽确定却因主客观因素左右难以实现）的心态下工作，则必然行动受挫。这种行动预前潜伏的心理不平衡和行动中的犹豫心理，称之为心理冲突，它是大学生产生行为挫折的直接内在原因。冲突是一种心理困境，而此种困境的形成，乃是因个人同时怀有两个或多个动机而无法兼而获得满足所致（张旭东、车文博，2005）。

2. 努力程度

正是"书山有路勤为径，学海无涯苦作舟""业精于勤而荒于嬉，行成于思而毁于随"（韩愈）；"聪明出于勤奋，天才在于积累"（华罗庚）。在学习、读书的道路上，没有捷径可走，也没有顺风船可驶，如果你想要在广博的书山学海中吸取更多知识，"勤奋"和"刻苦"是两个必不可少的因素。

3.学业坚毅

近些年来，坚毅作为一种非智力因素被广泛应用。大量研究表明，坚毅能够有效地预测个体的学业表现。Kelly等人（2019）进一步提出了学业坚毅的概念，学业坚毅被定义为一种个人特征或技能，包括决心、韧性和专注于在教育领域追求具有挑战性的长期目标（袁艳利，2021）。肖方方（2021）认为学业坚毅是指学生在学业上表现出来的一种特殊的坚毅品质，为了追求长远的学习目标，能够在较长的一段时间内坚持不懈地努力并且始终对学习目标保持热情和兴趣的积极人格特质。影响学业坚毅的主要因素如下。（1）人口统计学因素。学生的学业坚毅水平受年龄、性别、年级的影响。如随着年龄增长，人们对自己的兴趣目标的认识更加深刻，进而提高学业坚毅水平。（2）遗传因素。已有研究表明，坚毅受遗传基因的影响，而且是多基因遗传。但还不清楚具体是哪些基因对坚毅力水平产生影响。（3）认知因素。研究表明，个体的坚毅水平受各种认知因素的影响。如自我概念、核心自我评价、主观幸福感、生活意义感等都会影响学业坚毅水平。此外，动机因素、情绪因素、环境因素等也影响学业坚毅（肖方方，2021）。

4.抗挫折心理能力

抗挫折心理能力可以界定为：个体遭受挫折后，能够承受挫折情境和排解挫折感的身心组织结构及其水平。抗挫折心理能力是个体保持与环境的良好适应、维持心理健康的重要标志，它主要由挫折容忍力（又称挫折承受力）和挫折复原力（又称挫折排解力）两个部分组成。《心理学词典》将挫折容忍力定义为个体遭遇挫折时免于心理失常的能力，亦即个人经得起打击或经得起挫折的能力（宋书文、孙汝婷、任平安、1964）。Lazarus（1993）则指出，复原力是个体从消极经历中恢复过来，并且灵活地适应外界多变环境的能力（陈建文、王滔，2004）。人们的心理调节能力是通过一些个性特征表现出来的，抗挫折心理能力一方面作为一种心理特质包含在个体内在的心理结构中，另一方面也外显地表现在个体挫折应对的心理和行为过程中。

挫折容忍力是个体遭遇挫折情境时经受得起打击和压力，保持心理和行为正常的能力；挫折复原力（排解力）是个体对挫折感进行直接的调适，积极改善挫折情境、摆脱挫折感的能力。挫折容忍力和挫折复原力都是对挫折的应对能力，共同组成抗挫折心理能力。应对是一个过程，挫折容忍力和挫折复原力分别表现在应对过程的不同阶段，挫折容忍力是应对的前一阶段，挫折复原力是应对的后一阶段。挫折容忍力是挫折复原力的基础，没有对挫折的容忍力，挫折的复原力也无从谈起，就失去了依托；而挫折复原力是挫折容忍力的进一步发展，是个体应对挫折感的更高阶段。挫折复原力的发展可以增强挫折的容忍力。一般来说，挫折复原力强，挫折容忍力也强。一般来说，抗挫折心理能力好的人，能够忍受重大挫折情境，并以理智的态度和正确的方法对待挫折感，在挫折情境面前能够保持正常的行为能力；抗挫折心理能力差的人，常常遇到轻微的挫折情境就不知所措，以非理智的态度和不正确的方法来应对（冯江平，1991）。

5. 心理弹性

从进化心理学的角度解读，心理弹性作为人类机体中的一种自我保护的本能，它决定人们能否良好应对过重负性事件、灵活适应外界多变环境（杨欣、陈旭，2009）。

关于心理弹性虽然存在不同定义，但各种定义之间并非完全对立。综观各种定义，不管是从结果上来看，还是从发展过程上来看，都可以发现心理弹性的两个核心要素：（1）个体面临压力、威胁或困境等不良情境；（2）尽管这些威胁或逆境对个体发展有重要影响，个体仍可能保持良好。对于心理弹性的研究，主要的热点是它的作用机制。

心理弹性（resilience）是指个人面对生活逆境、创伤、悲剧、威胁或其他生活重大压力时的良好适应。resilience的中文译法不一，包括"心理弹性""心理韧性""恢复力""复原力""抗逆力"等。在中国文化中，"韧性"被用来形容那些在压力和威胁下百折不挠、坚强不屈的人的品质，这个词与美国人的resilience的含义更为相近（刘取芝、吴远，2006）。另外，由于心理学领域最初是用resilience来指心理现象。并且，"韧性"本身与精神、心情有关，所以，很多学者在"韧性"的前面加上"心理"二字，把resilience翻译成"心理韧性"。心理弹性，又称心理韧性。从其作用的结果上看，它是人们经历压力、挫折、创伤后机能的维持，即人处于危境时所表现出的胜任行为和有效机能。从心理品质上看，它是人们从挫折或失败中恢复过来的能力。从过程上看，它是人们在压力事件中适应良好的过程。由心理弹性的概念来看，它是一种积极心理品质。个体的心理弹性越强，抵御挫折或失败的能力就越强，在受挫后心理或精神状态恢复得就越迅速。

近年来的研究证明，心理弹性是个体心理健康的重要保护因子，使个体具有抗压能力，在压力或挫折下免除身心障碍的危机。心理弹性的调节模型认为（Garmezy et al.，1984），当个体心理弹性水平越高，压力和逆境对个体发展结果的负面影响会越弱。由此看来，心理弹性似乎在作为威胁或逆境来源之一的负性生活事件与作为个体适应手段的应对方式之间存在着关联性。

（四）综合因素

1. 心理生活质量

心理生活理论的深入研究，为心理生活质量的研究提供了一盏明灯，人的心理生活是人性、自我、认知、体验等方面的综合，在其生存、发展和创造过程中，必然有高有低，"而人的心理意识的拓展实际上也就是人的心理生活质量提升的活动，心理学研究对人的心理生活的解说，不仅关系到个体的心理生活还关系到人类社会的心理生活"（苗元江、余嘉元，2003）。因此，对心理生活质量的研究，关注的是人在社会生活中的全部心理活动的体验。从这个意义上说，心理生活质量就是人们对生活总体和各方面的满意程度，它的内涵既包括客观生活质量，也包括主观生活质量，既包括认知生活质量，也包括体验生活质量，主要包括生命质量、幸福体验、心理健康、价值判断和心理成长等多方面因素（焦岚，2012；黄春丽、张大为，2014）。

（1）幸福体验。心理学家以人们的主观幸福感来测量生活质量。研究强调，当人们生活满意，而且体验较多的愉快情绪和很少不愉快情绪的时候，就会产生幸福感。在对幸福感进行评价时，不强加外在参照标准，人们自己的信念最为重要。正如心理学家索雅指出的，尽管每个人幸福感的来源不同，但大多数人知道自己幸福或痛苦（葛鲁嘉，2005）。大部分人能够评价其生活状况的好坏，能够对其生活进行判断，能够体验积极与消极的情绪。在心理学家看来，良好的社会环境使大多数人感受到满意与快乐。此外，其他特殊的变量，例如信任、自尊、友好关系、工作满意与婚姻满意等，也常常作为主观幸福感的指标。事实上，幸福体验并不仅仅表现为主观感受，还表现为客观感受，客观感受即个人对他人或群体的幸福体验。每个人在体验自己幸福的同时，也在体验别人的幸福，在自己与他人之间寻求契合点。当自我幸福体验高于他人幸福体验时，无论当前自己生活现状如何，都会对自己生活感到满意；反之，就会感到不满意，幸福体验是一种心理比较。

（2）心理健康。心理健康是指人的基本心理活动的过程内容完整、协调一致，即认识、情感、意志、行为、人格完整和协调，能适应社会，与社会保持同步。有很多心理不健康或不正常的人，其言行造成了生活质量的下降。因此，不同的人因其社会适应的程度不同，心理健康水平就不同，对生活质量和生活格调都会产生较大影响。正如阿德勒所说："适应良好的个人有勇气面对问题，追求优越和完美，形成健康的生活格调和社会兴趣，适应不良的个人只追求个人的优越而缺乏足够的社会兴趣，各种心理疾病都是由错误的生活格调所导致。"（景卫丽、晋丹，2009）

（3）价值判断。人的心理生活不断发展，质量标准也在不断变化，心理生活归根结底是人的一种价值追求和价值体验，这种追求和体验始终离不开客观对象、主体意识、主体对客体的价值判断。一种高质量的精神生活，必然是个人在自己的生活过程中根据社会发展和自身实际不断调整自己的价值取向，体现自己生命价值的精神需要的精神生活。有些学者在综合分析影响生活质量的因素时，指出了在另一些心理因素（如价值观、理想、期望值等）的影响下，不同的人具有不同的心理状态，使他们即使面对相同的现实生活境遇也会产生不同的主观生活感受，即人们通常指出的所谓客观现实生活与生活感受之间的"不一致性"。心理价值判断总是在对自己生活所体现的价值、获得的价值认同进行评判，当自己生活所体现的价值与获得的价值认同出现较大偏差时，人对生活质量的评价就低，尽管人对自我价值判断与生活质量判断并不能真正实现一致性的判断，但人仍然会不停地去寻求在价值判断中获得平衡。

（4）生命质量。人的生命同时具有自然和精神两种属性。"人从来就不是纯粹的存在，它总是牵扯到意义。"（余翠军，2011）因此，生命质量应包括生存质量、生活质量、劳动质量、发展质量。也就是要活得健康、愉快，充分发挥智力；就是要活得轻松、潇洒，有良好的人际关系；就是要活得余热迸发；就是要活得自身潜力得到开发，个性得到释放，即人要活得有价值。生命质量与生活质量的关系，是辩证的、相辅相成的。人们追求好的、高的生活质量是必然的，人能享受较高的生活质量是社会的进步。有好的生活质量并不必然产生好的生命质量，而差的生活质量也未必不能产生好的、高的生命质量。从质量的角度定义生命质量和生活质量：生命质量，是通过提高能力追求的一致性和可靠性，从而满足人类需求，并带来社会进步；生活质量，是通过提高发展追求的一致性和可靠性，从而满足人类需求，并带来社会进步。由此可见，追求生命质量就是追求能力提高，追求生活质量就是追求发展。提高生命质量是提高生活质量的前提，只有能力得到了提高，才能追求发展，也即创造更多价值，满足人类需求，并带来社会进步。

（5）心理成长。葛鲁嘉认为，"个体的心理成长就是个体的心理拓展的过程"（葛鲁嘉，1997）。心理成长理论为人的不同心理时期的心理发展特点、心理成熟度、心理角色变化以及人不断完善的心理认知等提供了理论支撑。人的一生在不断发展和完善中成长，每一时期的心理生活质量是不同的，但随着心理发展阶段的变化，人的心理生活质量将会随之发生改变。正因如此，人应当动态地去认识和体验自己不同时期的心理生活质量。人的心理成长离不开社会文化的推动，不同的社会时期，必将形成与之相匹配的心理生活，人的心理生活质量也必将与社会文化相适应，如果一个人的成长经历不同的社会文化时期，那么将不可避免地被打上时代的烙印。另外，心理成长必将推动社会文化的发展和民族心理生活的变化，促进整个社会心理成长，也影响着整个社会人的心理生活质量。

2. 自我管理能力

有研究认为，对学生的学业进步具有积极教育价值的核心技能包括自我管理（徐文彬、肖连群，2015）。这为大学生学业挫折感的研究提供了一条思路，即自我管理能力与学业挫折感之间可能存在联系。自我管理能力是个体为寻求发展而调整自己的心理品质（王益明、余瑜，2002）。作为个体相信自己能够完成某项任务的重要支撑力，自我管理能力高的个体对自己完成学业的信心更高，更容易将自己的学业成绩维持在较高水平。即使排除外在因素，具有良好自我管理的大学生仍然表现出较好的社会适应、人际关系和较高的学业成就，学习目标明确的个体成就感相对较高。此外，自我管理能力显著正向预测学业成绩，可以有效预测个人时间和行动管理（陈乐，2016）。

目标管理水平：目标是组织（或个人）开展各种活动预期要达到的目的或结果。目标导向理论是由豪斯提出来的。该理论认为，人的行为既是人对刺激的反应，又是通过一连串的动作实行预定目标的过程。目标导向理论认为，想要达到任何一个目标，都必须经过目标行为。而要进入目标行为，就必须先经过目标导向行为。《每次只追前一名》里面谈到的小女孩成功事例就是目标管理的典型（朱永新，2021；程显龙，2013）。

时间管理水平：加强时间管理将对个人进步起到积极的作用。人们可以通过定性和定量两个角度对自己时间管理的效能做出诊断，找出自己浪费时间的因素和环节，并分析其产生的原因，努力改善和提高时间管理水平，这是时间管理的自我诊断法（朱永新，2021）。

二、个性因素

（一）个性倾向性因素

1.学习动机

所谓动机是一种由需要推动的达到一定目标的行为动力。它是用以说明有机体为什么做出这样或那样行为的原因，即活动的内部动力。有机体的各种行为和活动都是由一定的原因所引起的，推动有机体进行活动的内部力量称为动机作用。从动机和行为的关系来看，动机的作用是：唤起个体的行为，引导行为朝向一定的目标，维持、增强或减弱行为的强度。因此，学生为什么而学习，学习的积极性和主动性如何，乐意学什么，以及学习的努力程度等，都是以动机作用的水平和强度做分析和解释的。学习动机作为人类行为动机之一，是直接推动人们进行学习的一种内部动因，是一种为满足个人物质需要和精神需要而渴望了解、认识世界的心理状态。学习动机产生于学习的需要，学习需要是人们为达到认识外界事物的某种目的而进行学习的欲望，是人的自我实现需要的一种具体表现（陈琦、刘儒德，2019）。学习需要是学习行为的动因。人的学习动机是人的求成动机（亦称成就动机或威信性动机）在学习领域的具体体现，主要由三种需要所驱使或唤起：认知、自我提高及附属的需要，心理学家常把这三者称为求成动机的三个触发因素（陈琦、刘儒德，2019；张旭东等，2020）。

2. 学习兴趣

兴趣是意识对一定客体的内在趋向性和内在选择性。人的兴趣是多种多样的，既有性质上的差异，也有水平的不同。根据兴趣的倾向性，学习兴趣可分为直接兴趣和间接兴趣。直接兴趣是指对所学材料或学习活动本身感兴趣。例如，有的学生对上网很感兴趣，每天总要花上两个小时上网；有的学生喜欢打球，功课再忙，每天打球的时间总是雷打不动。间接兴趣是由学习活动的目的或结果引起的兴趣。例如，有的学生并不喜欢学习外语，但他对外语成绩感兴趣，即使没有直接兴趣，还是强迫自己认真学习，慢慢地也就产生了学习外语的间接兴趣。当一个人意识到学习的个人和社会意义时，学习的间接兴趣就随之而产生。学习兴趣不仅使学生渴望获得知识，具有促进学习的作用，而且在学习过程中伴随愉快的情绪体验，有利于产生进一步学习的需要（陈琦、刘儒德，2019）。

（二）个性心理特征因素

1. 性格因素

性格是指一个人对现实的稳定态度和与其相适应的习惯化的行为方式。性格是一个人的个性中最重要、最显著的心理特征。它是表现一个人的社会性及精神面貌的主要标志，因此在个性中起核心作用。性格首先表现在人对现实事物的一贯态度上的特征，每个人对客观现实都有各种各样的态度，正是这些不同的态度，使人形成了各自的性格特征，而许多的性格特征也总是通过这样或那样的态度表现出来的。性格也是指表现在恒常的行为方式上的个性特征，人有了一定的态度系统，同时，又以一定的形式表现在个体的行为中，构成每个个体所特有的行为方式。在表现这种稳固态度的行为举止中，有一些由于经常出现，逐渐地巩固下来，形成一种在特定场合下的习惯化了的行为方式（张旭东等，2020）。

2. 心理健康素养

心理健康素养是促进心理健康的重要途径。狭义概念指帮助人们认识、处理和预防心理疾病的相关知识和信念；广义概念指综合运用心理健康知识、技能和态度，保持和促进心理健康的能力。心理健康素养常采用情景案例问卷、单维或多维评估量表等进行评估，可以通过社会运动、学校教育、自助式应用程序、心理健康急救培训等方式进行有效干预提高，其中心理健康知识、心理疾病识别、情绪调节、减少病耻感、积极的求助态度等成分都有促进心理健康的作用。未来研究可以在建构评估指标体系、探索作用机制、扩展涵盖群体与内容、加强实证干预研究等方面深入开展（明志君、陈祉妍，2020）。

（三）综合因素

1. 核心素养

已有研究表明，核心素养是指学生应具备的、能够适应终身发展和社会发展需要的必备品格和关键能力（林崇德，2016）。核心素养作为一种新时代孕育而生的概念，期待个体具有创新性、自我导向并自我激励，能够灵活处理包括学业挫折在内的各种疑难问题，是适应未来社会的根本动力（林崇德，2016；景宏华，2020；黄四林、左璜、莫雷等，2016）。

结合学习已有研究的体会，本书将核心素养定义为"人在后天生活中，通过社会教养和个体自我修炼而形成的动态的人所必备的具有统摄性的关键性素养或中心素养。它是人在社会生活中不断超越，实现自我和社会双重价值，获得美好生活所必须具备的素养。"对该概念做如下理解。（1）核心素养是在后天形成的。（2）核心素养是社会和个体自身共同作用的结果，其中个体的作用更为关键。（3）核心素养是人必备的基本素养、中心素养，而不是全部素养；它具有统摄作用，制约其他素养的发展。（4）核心素养是人把社会和自我统一起来，实现自我和社会双重价值所必备素养。（5）培养核心素养的根本目的是满足人们对美好生活向往的需要。（6）核心素养处于动态发展的过程。（7）核心素养兼具传统性、时代性和未来性，包括历史上形成的传统积极素养，当代社会发展所需要的中心性素养，以及未来社会发展所需要的关键性素养。（8）核心素养兼具民族性和世界性。民族性是指具有本土或民族特色，体现出核心素养的文化特殊性、差异性。如中华民族的自强不息、厚德载物精神。世界性或国际性是指素养中的共性或普遍性部分，具有统一性或一般性。素养的民族性与世界性是对立统一的，没有民族性就没有世界性；民族性是世界性以不同的方式或形式的表现（李炳全，2007；李炳全、张旭东，2022）。

核心素养丰富了新时期素质教育的内涵，明确了新时期素质教育的目标，可操作性更强。此外，核心素养的培育也可看作针对素质教育过程出现的问题反思与改进（林崇德，2017）。

2. 积极心理品质

积极心理品质是积极心理学的核心，指个体在成长过程中与周围环境相互作用所产生的一种持久的、积极乐观的情感体验和态度（汤英，2004）。心理学家通过文献法和调查法将品格力量分为6种美德24项优势，这些美德或优势就是对个人幸福最有影响力的生活态度。一个人越多地具备了这些优势，也就越多地具备了品味深刻幸福的潜能。每一种美德都包含2~7种品格优势，这些品格优势统称为积极心理品质。积极心理品质是指个体在先天潜能和环境教育交互作用的基础上形成的相对稳定的正向心理特质，这些心理特质影响或决定着个体思想、情感和行为方式的积极取向，继而为个体拥有幸福有成的人生奠定基础（王新波，2010；郑雪，2014；周国韬、盖笑松，2012）。

三、行为习惯因素

有的大学生上了大学不努力学习，自由散漫；不遵守学校纪律，经常遭到老师批评，甚至学校处分，从而产生挫折；有的大学生自身存在着一些恶习，如吸烟、酗酒、网瘾、手机依赖等，自己又无法摆脱，内心十分痛苦，自责、自怨，导致挫折的产生。

（一）学业拖延与逃课

1. 学业拖延

拖延是推迟必须要完成的目标的倾向。学业拖延是拖延在学校情境中的表现，与学习任务的完成有关。有学者认为，学业拖延是对要在预期时间内完成的学习任务的一种自愿延迟，即使知道这种延迟会带来不良后果。也有学者将学业拖延理解为因个体迟迟不着手一项最终必须完成的任务而经历到的情绪不适。学业拖延在大学生中普遍存在。国外有学者指出，大约30%至60%的本科生报告了有规律的对学习任务，如准备考试、写学期论文或完成每周阅读任务的拖延。国内也有学者指出，我国不同区域、类别高校中的大学生普遍存在学业拖延现象（陈陈、燕婷、林崇德，2013）。学业拖延是拖延的一种常见类型，学业拖延是指即使会带来负性结果，个体仍然自愿地延迟完成那些需要在固定时间里完成的学习任务。鉴于学业拖延会影响大学生的学习表现，阻碍其学习进步，增加其压力并降低生活质量，国内外学者做了大量工作来研究是什么因素导致大学生学业拖延产生并使之维持（王觅、钱铭怡、王文余等，2011）。

2. 逃课

由于听课理应是大学生课堂学习的正常行为，逃课则是越轨行为、不合规行为，影响学生的学习、教师的教学、班级的学习氛围以及教学质量，因而成为教育者关注的焦点，也成为国内外教育研究者研究的重要课题。高校宽松的教学管理、自由的教学模式以及其他方面的原因，导致大学生逃课比较常见，国内一研究发现，60%～70%的大学生认为逃课很正常（韩雪荣，2010）。另一研究发现，大学生到课率在 79.8%～89.0% 之间，即有 10%～21% 的大学生逃课（姚利民等，2015）。国外也普遍存在大学生逃课的问题。

研究表明（蔡红红、姚利民、杜小丽，2017），"在逃课学生中，出现了一部分'逃课不逃学'的学生，他们基于对到课与逃课的理性分析，衡量逃课的成本和收益，在认为逃课成本小于收益时选择逃课（比如因兼职、考研、考证以及感觉逃课自主学习比到课听讲收获更大等逃课，而不因睡觉、玩耍、玩电脑游戏等逃课），我们称此为'理性逃课'。大学生逃课发生率较高：理性逃课占逃课近一半比例。影响理性逃课因素按影响程度大小排列依次是情境因素、行为态度因素、行为控制因素和主观规范因素；教师教学问题、学校教学管理不严是引发学生理性逃课的因素。"大学生逃课现象已成为高校课堂教学组织中的常见问题，"选修课必逃，必修课选逃""没有逃过课的大学生活是不完整的"，诸如此类话语已然成为一些大学生的价值观，各种逃课软件更是在大学生中间悄然流行。这既影响了大学课堂正常的教学秩序，也不利于培养学生良好的学习和生活习惯，更有甚者因为逃课荒废了学业。只有深入理解和挖掘大学生逃课行为背后的行动逻辑，才能使我们的制度设计贴近个体现实，真正构建起扼制逃课的行为栅栏（王莉、王娜，2017）。

（二）网络成瘾与手机依赖

1.网络成瘾

（1）网络成瘾的概念。随着信息时代的到来，互联网的发展，网络已经成为人们生活中不可或缺的一部分，但与此同时，网络的弊端也开始逐渐显现并逐渐引起了研究者广泛的关注。网络成瘾这一现象开始为人所熟知。虽然研究者对其影响因素进行了大量的研究，但导致其形成的生理因素仍旧不清晰（牛更枫、孙晓军、周宗奎等，2016）。基于已有研究，将网络成瘾定义如下：网络成瘾又称网络成瘾障碍（internet addiction disorder，简称IAD），是指由于持续的使用网络至过度而进入一种沉迷或依赖的周期性状态，从而导致生理机能与心理机能的受损（张将星、王佩佩，2015）。

（2）网络成瘾的现状及危害。根据 CNNIC 第 39 次中国互联网络发展状况统计报告数据显示，到 2016 年 12 月，我国互联网网民数量已达 7.31 亿，相当于欧洲人口数量，互联网普及率达到53.2%。在这一庞大数据的背后，大学生在这其中占据了较大的比例，成了网络成瘾的易感人群（奚晓岚、张曼如、程灶火等，2014），而这恰恰体现了大学生网络成瘾问题的严重性，对大学生的身心发展，包括学业、生活、人际交往等方面都造成了严重的危害（邓林园、方晓义、万晶晶等，2012）。

（3）网络成瘾的类型。大学生网络成瘾的类型多种多样，我国研究者对此进行了不少的研究，可大致分为两个方面，分别为网络游戏成瘾与网络社交成瘾。网络游戏往往是大学生沉迷网络最大的诱惑，他们对网络的游戏的沉迷与依赖更多体现在满足了自己内心的竞争与合作的特质，使自己出现了沉醉感（魏华、周宗奎、田媛等，2016）。另一个重要的方面便是网络社交成瘾，之所以大学生在这一方面容易沉迷，是因为网络社交的虚幻性极大地满足了他们自主和人际交往方面的需求（万晶晶、张锦涛、刘勤学等，2010）。张锦涛、陈超、王玲娇等人（2014）研究认为，网络社交工具能够为大学生提供一种虚拟的社交模式而满足大学生在现实生活中的社交需求。

（4）网络成瘾的原因。网络成瘾的原因也是国内外研究者重点研究的方面，可分为两大因素。一方面是自身性因素，如大学生的焦虑特质（张晔、刘勤学、隆舟等，2016），大学生内心的压力（叶宝娟、郑清，2016），以及大学生内心的需求等（喻承甫、张卫、曾毅茵等，2012）。由于自我认识的失衡从而导致对网络成瘾的依赖（李小双，2015），中学到大学的转变，给大学生心理无形中增加了许多压力，大学生内心矛盾复杂性被放大，从而导致对网络的过分使用。另一方面是因为家庭、学校、社会等周围环境因素的影响而导致的网络成瘾（魏华、周宗奎、田媛等，2012）。由于网络自身的优势，满足了大学生强烈的好奇心与求知的欲望（李志坚、李青霖、李洪等，2014），高校中由于网络成瘾而导致的学业荒废甚至走上犯罪的道路的大学生不在少数，且趋增加之势。

2. 手机依赖

手机依赖，又称手机成瘾，是一种过度沉迷于以手机为载体的各种活动的现象，具有强烈的、持续的渴求感与依赖感，并且可以对于个体的社会功能和心理功能产生一定的影响，甚至造成不同程度的损伤（Yen et al.，2009）。

在互联网发展迅猛的时代，电子设备成为人们在网上冲浪必不可少的工具，其中最为常见的便是手机。科技的发展有利有弊，虽然方便了人们的生活，但是随之而来的手机依赖问题也日益突出和普遍存在。手机依赖是指因为无法控制自己使用手机的频率而引起身心状态受损的一种状态（刘红、王洪礼，2012）。有研究表明，40%的大学生因为手机没带在身边而感到焦虑，50%的大学生因为长时间没接收到信息而反复查看手机（朱其志、宫佳、刘传俊等，2009）。国内的大学生中患有手机依赖症的占比为28.9%，且手机依赖与消极情绪显著正相关，手机依赖者情绪觉察敏感，经常体验焦虑、孤独的感觉（高园园、陈哲、张欣等，2018）。由此可见，手机依赖问题正在影响大学生的学习和生活。随着手机依赖现象越发普遍，一些研究者开始研究干预手机依赖的方法。研究结果表明，可以通过抑制控制训练的方法来干预大学生手机依赖（祖静，2017），也可以通过团体心理训练干预高中生手机依赖（张锐、李婷婷、葛玲等，2016），二者均达到显著的效果。在现有手机依赖的研究中，大多数讨论的是手机依赖对学业倦怠（何安明、万娇娇、惠秋平，2016）、学业成绩（朱苓苓，2016）、学业自我效能（闫志明、郭喜莲、胡玫君等，2018）等的影响。而关于手机依赖对核心素养的影响的研究较少。有研究发现，核心素养与手机依赖呈显著负相关（王振豫、谢嘉慧、张旭东等，

2020）。并且，手机成瘾对学习倦怠有显著直接预测作用（曲星羽、陆爱桃、
宋萍芳等，2017），而核心素养强调乐学善学。

除此之外，还有适应程度、心理准备、生活态度、坚韧人格和人格特质
等因素与学业挫折感的产生有直接或间接的关系。

四、家庭、学校、社会因素

（一）家庭因素

在大学生中，有相当一部分人的心理卫生问题与家庭环境有关。"家庭
环境的影响主要表现为父母对子女的态度和教养方式，父母期望、家庭氛围
等。家庭环境对心理的影响几乎是全方位的，社会环境对个体心理的影响多是
通过家庭的折射或过滤实现的。父母影响是家庭环境中最主要的因素，因为父
母往往是儿童来到社会以后所遇到的第一个最神圣最亲切的榜样。"（张旭
东、车文博，2001）父母的榜样作用是家庭环境中的第一位要素。除父母的教
养方式以外，其他的早期经历如分离、不良的境遇等，都会对个体的人格特点
和人际关系产生影响。这种影响到成年仍然存在，并且极大地影响着他们的人
际关系。精神分析理论甚至断言，所有的心理障碍都与早期经历有着直接的关
系。尽管这一理论过于武断，但却强调了早期经历与心理健康之间的关系。

（二）学校因素

1.学习生活环境差

一些高校学生学习生活环境太差，如食堂伙食质量低，饭食难吃；宿舍
内拥挤不堪，宿舍外噪声四起，令大学生不愿进宿舍；卫生设备很差，厕所长
期无水冲，臭气四溢。这些都会引起大学生心理上的压力，产生挫折感。

2.学校组织环境不良

"这是大学生最经常、最重要、最直接的学习和生活环境，大学生的教
育教学活动主要是在学校环境中进行的。一般说来，这类因素的不良最易引起
大学生行为挫折，且对他们的伤害也易深、易重。学校、组织环境不良，主要
有：政治思想工作的不力；学校管理作风和方式的不当；校风不佳，事情不尽
如人意，完全不是想象中那么完美；学校人际关系不良；工作安排不妥；学校
限制过多、过死，缺少气氛，影响学生的思维发挥；大学在掌握学生对新知识

兴趣上了解不够，在适应社会的高新、实用专业上力度不够。"（张旭东、车文博，2001）

3.人际因素

人际交往的好坏对大学生发展会产生极大的影响。若人际交往良好，有社会支持，就会少产生挫折，也容易战胜挫折。正如人们常说的，"一个痛苦两个人分担，痛苦就减轻了一半"。当一个人感到有可以信赖的人在关心、爱护和尊重自己时，就会减轻挫折反应的强度，增强挫折的承受力。若人际交往不良，情况刚好相反。一般来说，在人际交往中，出现一些困难是正常的，但如果个体的人际交往严重失调，人际交往时常受阻，则表明个体存在着某些不良的心理品质。大学生交往中常见的不良心理因素有以下几种：自我封闭、自卑、自我为中心和嫉妒心理（张旭东、车文博，2001）。

4.学业因素、课堂因素和教师因素等

学习的持久紧张和竞争压力感。进入大学后，许多大学生仍按高考前紧张的学习方式学习，心理上没有得到放松。由于持久紧张，很多大学生不注意用脑卫生，用脑过度，注意力下降，以至于学习效率降低，学习成绩下降，从而带来极大的心理压力。尤其是在考试阶段，更增添了他们心理上的紧张和压力感。大学学习也是一个竞争的过程，竞争虽有利于调动大学生的学习积极性，但是在竞争过程中很多人会产生较大的竞争压力，尤其是学习成绩落伍者，压力更大，极容易产生挫折感。

除上述因素以外，课程特点、题目难易、考试方式（如取消"清考"）、教学方法、课堂管理、课堂气氛、师生互动、教学评价等因素也会影响学业挫折感；还有教师因素，如教师的教育理念、教师的期望、教师的教育方法、教师的情绪、教育评价方法等因素也会影响学业挫折感。

（三）社会因素

社会环境变迁给大学生带来困扰。学习和生活环境的变化会增加他们适应新环境的难度。相对来讲，大学生对新的人际交往的适应要远比对学习和生活环境的适应困难。社会转型给大学生带来的困惑应该说是巨大的，市场经济的发展使大学生不得不适应社会，改变自己原有的观念，这往往使他们感到无能为力，形成挫折感受。总的来看，无论是对学习和生活环境的适应，还是对人际关系、自我地位变化以及市场经济的适应，都会极大地影响到大学生当时的心理健康状况，这是造成他们挫折感产生的重要原因（王绍玉，2002）。

　　综上所述，大学生产生挫折的原因是多方面的，不是单一的，严重挫折的产生是多种原因综合引起的。同时，易产生挫折感的大学生主观上多对自我缺乏正确估计或抱负脱离实际，对成功的期望值过高或对挫折缺乏正确的认识，没有经受挫折的实践经验。

第三章 调查工具

本章主要介绍研究所需问卷，即"青年学生学业挫折感问卷""青年学生核心素养问卷"和"青年学生抗挫折心理能力问卷"的编制。

第一节 青年学生学业挫折感问卷编制

青年学生学业挫折感问卷的编制及信效度检验，以大学生为研究对象。学业是大学生的重要挫折源，对于大学生来说，无论学习哪一个专业，与高中时期相比，专业知识与技能的学业难度都大大增加。尤其在狠抓本科教育、取消"清考"、抽查学位论文的大背景下，大学生完成学业并顺利毕业的挑战度和压力感增加，他们遭遇学业挫折情境的概率也在增大，致使相当一部分大学生产生了学业挫折感（吴敏茹、曾淑仪、张旭东等，2021）。学业挫折感一般指学生在学习活动过程中由于遭遇挫折情境所产生的消极情绪体验（曾伏云，2002）。学业挫折感是大学生最常见的挫折体验（张旭东、车文博，2005），它不仅影响学生的学习成绩，还会对学生的身心健康产生负面影响（李清、黄华、张旭东，2021）。因此，准确测量大学生学业挫折感水平至关重要。

迄今为止，直接以大学生的学业挫折感为主题的研究相对较少，较多的是在一般的挫折研究中涉及大学生学业挫折的现状、成因、应对策略等。例如，张振新、叶靖春（2011）编制的大学生挫折感自评量表中，学业挫折感是大学生挫折感的一个重要维度。缺乏相应的测量工具是限制大学生学业挫折方面研究深入开展的一个重要原因（杨秀君、杨晓丽，2012）。因此，如何精准地评估大学生的学业挫折感程度是本研究关心的问题。现有的直接测量学业挫

折感有关的问卷主要有以下两种，但都存在一定的问题。①杨秀君、杨晓丽
（2012）编制了大学生学习挫折量表，分为学习挫折引起的消极情绪、学习过
程的挫折、学习的积极认知、学习结果的挫折、教师相关的挫折共5个维度。
该量表是国内现有的唯一一份验证信效度的针对大学生学习挫折感的测量问
卷，但其存在的问题也很明显。例如，仅探索了因子模型却未经验证；某些维
度α系数偏低（小于0.6）等。②常英华（2016）设计了大学生学业挫折感调查
问卷，考察了大学生对待专业的态度、对待专业课的态度、对待专业考试的态
度以及影响专业学习的因素四个维度。但是，该问卷并未公开问卷的编制过
程，且未系统验证该问卷的信效度，无法得知是否准确地测量了大学生学业挫
折感这一概念。

此外，由于学业情绪与学业压力都是与学业挫折感息息相关的概念，前
者指在教育或学习过程中与学生学习过程密切相关的情绪体验，例如高兴、失
落、焦虑、厌倦等（董妍、俞国良，2007）；后者是学习者对超出自己应对能
力或可能威胁到自身的学业内外环境要求的反应或主观感受（陈旭，2004），
测量这两个概念的问卷也可以间接测量学业挫折。常用的测量学业情绪与学
业压力的问卷主要有以下几种。①Pekrun等人（2002）编制的学业情绪问卷
（academic emotions questionnaire，AEQ），依据不同测量情境分为三个子量
表：课堂情绪问卷（class-related emotions scale）、学业情绪问卷（learning-
related emotions scale）和考试情绪问卷（test emotions scale）。②董妍和俞国
良（2007）编制的青少年学业情绪问卷。③徐先彩和龚少英（2011）编制的大
学生学业情绪问卷。④马惠霞和张泽民（2010）编制的大学生学业情绪成套问
卷。⑤李虹和梅锦荣编制的大学生压力量表，该量表将学业、考试归为大学生
的主要校园压力源（2002）。

基于现有研究的不足，参照已有的研究与量表，本研究试图编制一份本
土化的"大学生学业挫折感问卷"（付媛姝、罗京滨、张旭东等，2022）。

一、研究方法

（一）对象

样本1：参与项目分析、同质性分析与探索性因子分析。通过问卷星以在

线测试的方式调查大学生被试1 514人，其中男性558人，女性956人；大一331人，大二517人，大三485人，大四181人。

样本2：参与正式问卷的信效度检验。通过问卷星以在线测试的方式调查大学生被试732人，其中男性314人，女性418人；大一210人，大二177人，大三244人，大四101人。随机选取其中100名被试，进行间隔2周的重测（男性42人，女性58人）。

（二）方法

1. 大学生学业挫折感问卷编制的过程

（1）收集学业挫折感相关的文献资料，进行分析整理，确定大学生学业挫折感的定义。（2）半结构化访谈。随机抽取大学生20人、教师7人，进行一对一的半结构化访谈（学生的样题包括：你怎么理解学业挫折感？请结合自身经历谈谈什么情境下会让你体会到学业挫折感？教师的样题包括：你的学生是否体验过学业挫折感？就你的观察，在什么样的情境下学生容易体验到学业挫折感？）。根据访谈结果，以学业挫折源分类，初步划分为3大类：①源于学生自身的挫折感，包括学习动机与兴趣挫折感、学习习惯与适应挫折感、学习归因挫折感、学习压力挫折感、学习自信心挫折感；②源于专业或学校环境的挫折感，包括学习氛围挫折感、专业挫折感、课程挫折感、课堂教学挫折感；③源于学业成果的挫折感，包括考试挫折感。结合已有的相关量表，如学习挫折量表（常英华，2016）、学业情绪量表（马惠霞、张泽民，2010），依据以上分类，编制出74个题目的初始问卷。（3）邀请3名心理学专家（2名教育心理学方向、1名心理测量学方向）对问卷体系和题目进行评价。邀请10名应用心理学专业本科生填写问卷，对问卷中不易理解或读起来拗口的题目进行修改。最终保留74个题目，采用自评法，5级计分（1=完全不符合；2=比较不符合；3=不确定；4=比较符合；5=完全不符合），得分越高代表学业挫折感体验越强。

2. 统计处理

采用SPSS23.0和Mplus8.3统计软件包对数据进行统计分析和处理。采用项目分析、同质性分析和探索性因子分析形成正式问卷；采用结构方程建模验证正式问卷的结构效度，采用Cronbach's α系数评价问卷的同质性，采用皮尔逊相关系数检验问卷的分半信度和重测信度进行检验。

二、结果

（一）项目分析

根据问卷总分大小将样本1（$n=1\ 514$）进行排序，其中前27%定义为高分组，后27%定义为低分组，将高分组、低分组的被试在每一题上的得分进行独立样本t检验，以确定题目的区分度；结果显示，各题目的得分在高低分组上的差异均显著（$p<0.01$），说明量表的74个题目都具有较好的区分度。采用Pearson相关分析计算题-总相关，删除相关系数低于0.3的2个题目。剩下的题目题-总相关在0.402～0.631（$p<0.01$）。

（二）同质性检验

对样本1进行信度检验，将同质性较低的题目删除。具体标准是如果删除某题时α系数增大，则删除该题。结果显示，删除任何一题α系数均有不同程度的减小，故保留72个题目。

（三）探索性因子分析

对剩余的72题进行探索性因子分析，碎石图见图3-1。可行性检验结果显示：KMO检验值为0.913，大于0.90，说明数据非常适合于探索性因子分析；Bartlett 球形检验结果近似卡方为4 361.771，显著性水平小于0.001，表明变量间有共同因子存在，适合做探索性因子分析。

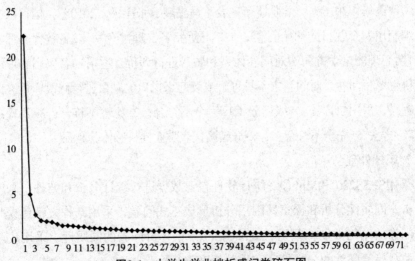

图3-1　大学生学业挫折感问卷碎石图

由于理论上因子之间具有一定的相关，所以因子分析中选取最优斜交旋转。初步探索性因子分析的结果表示，共提取出16个特征值大于1的公因子。碎石图结果显示，特征值在第4和第7个因子处出现拐点（见图3-1），故考虑提取3个因子或6个因子。结合累计方差贡献率，最终以6因子结果作为问卷的结构。进一步删除题目的因子负荷小于0.4或在两个或两个以上的因子负荷超过0.45的题目，共31题，最后问卷剩余41个题目。对剩余的41个题目再次做探索性因子分析，6个因子可累计解释方差的56.992%。探索性因子分析的因子负荷矩阵见表3-1。

表3-1　大生学业挫折感问卷因子负荷矩阵

	因子1	因子2	因子3	因子4	因子5	因子6
为总不能专注于学习而苦恼	0.789					
因无节制地荒废时光而焦虑	0.771					
对学习缺乏积极学习情绪而苦恼	0.761					
为学习时总不能集中注意而焦虑	0.727					
因难以静下心学习感到焦虑	0.692					
因缺乏学习的主动性而焦虑	0.682					
为没有主动地预习、听课与复习的动力而苦恼	0.661					
因在学习时容易心浮气躁而焦虑	0.563					
一学习就容易走神而心烦	0.537					
因没有明确的时间观念、导致拖延症而苦恼	0.534					
学习时间没保障、没能坚持不懈地学习感到懊悔	0.531					
为对待作业常常应付了事而担忧	0.502					
为上了大学不努力学习、自由散漫而焦虑	0.466					
学校不够重视学习感到无奈		0.814				
学校学习氛围差难以致力于学习而苦恼		0.812				
因教室环境不好影响学习感到忧虑		0.751				
因师生关系不良影响学习而无奈		0.746				

续表

	因子1	因子2	因子3	因子4	因子5	因子6
因学校的设备不够完善影响学习感到焦虑	0.677					
为教学手段落后而无奈	0.651					
因教学方法呆板导致学生无表现机会而焦虑	0.630					
考试成绩低于自己的期望值感到苦恼		0.685				
因临时抱佛脚导致考试失利而懊悔		0.665				
过多考虑考试结果而苦恼		0.647				
因死记硬背导致临考束手无措感到焦虑		0.585				
为自己的学习成绩担忧		0.472				
为学习时经常头昏脑涨而感到焦虑			0.667			
学习任务重让人心烦			0.626			
总觉得学习是件难事感到焦虑			0.563			
因学习压力大而感到紧张焦虑			0.508			
学习对我来说是负担而焦虑			0.496			
因运气不好，会的全没考、不会的都考了而无奈			0.457			
没有适应大学学习方法导致成绩落后感到苦恼				0.634		
因不适应大学教学、考试模式感到焦虑				0.598		
不适应大学学习环境而感到焦虑				0.551		
学习使我苦恼				0.530		
因为理解困难影响学业成绩而感到苦恼				0.479		
因抗拒学习而自责				0.454		
因对未来没有信心而苦恼					0.648	
因怕学不如人而焦虑					0.609	
有时我会因为学习成绩不好很痛苦					0.604	
就业形势严峻导致学习压力大感到焦虑					0.533	

根据题目内容，因子1命名为学业动机挫折感，共13个题目；因子2命名为学业环境挫折感，共7个题目；因子3命名为考试挫折感，共5个题目；因子4命名为学业压力挫折感，共6个题目；因子5命名为学业适应挫折感，共6个题目；因子6命名为学业自信心挫折感，共4个题目。

（四）结构效度

首先对样本2（ n=732）建立验证性因子分析模型考察上述6因子模型是否成立。依据温忠麟等人提出的模型拟合指数检验标准，TLI、CFI＞0.90且RMSEA＜0.08即视为模型拟合达标（温忠麟、侯杰泰、马什赫伯特，2004）。根据41个题目与6个因子的从属关系建立测量模型，结果显示，模型拟合指数RMSEA达标（RMSEA=0.066）但TLI、CFI未达标（TLI=0.875，CFI=0.884，见表3-2中ICM-CFA一栏）。

实证研究中CFA往往难以复制EFA的结果，尤其当因子数目较多（例如，多于5个因子）且题目较多（例如，每个因子有5题以上）时，CFA的拟合指数几乎不可能达标（Marsh，H. W.，2009）。由此可见，用CFA做交互验证存在一定的局限性，特别是当量表较长、因子数目较多时。究其原因，CFA的独立分群假设，即题目仅负荷于目标因子，跨因子负荷限定为0过于严苛（Marsh，H. W.，2014）。相对于CFA，探索性结构方程模型（exploratory structural equation modeling，ESEM）放宽了CFA对跨因子负荷的限制，又可以通过目标旋转法提供模型的预设信息（麦玉娇、温忠麟，2013）。由于本问卷因子数目较多、题目较长，CFA拟合不佳，故考察ESEM模型的拟合情况。

采用ESEM目标旋转法建立6因子模型（图3-2）。结果表明，ESEM明显提高了模型拟合指数，利用ESEM建立测量模型达到统计学标准（TLI=0.918，CFI=0.941，RMSEA=0.055，见表3-2中ESEM一栏）。说明问卷具有良好的结构效度。

表3-2　模型拟合指数

	χ^2	df	χ^2/df	SRMR	TLI	CFI	RMSEA（90%CI）
ICM-CFA	3 352.587	764	4.388	0.058	0.875	0.884	0.068 [0.066, 0.070]
ESEM	1 901.410	589	3.228	0.022	0.918	0.941	0.055 [0.052, 0.058]

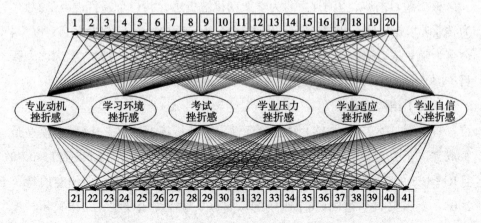

图3-2　大学生学业挫折感问卷ESEM模型示意图

（五）内容效度

本量表严格按照科学的量表编制过程，依据学业挫折感相关理论，借鉴前人编制的成熟量表，整合针对大学教师和学生的半结构化访谈结果编制问卷题目，并请相关领域专家以及应用心理学专业学生对题目进行评估，从项目表述和内容结构上提出修改意见，保证了问卷内容的系统性和全面性。

（六）信度分析

本研究采用Cronbach's α系数和重测信度作为衡量信度的指标。分析结果显示：问卷各个维度的α系数在0.854～0.946之间，总问卷的α系数为0.970。2周后随机抽取样本2中的100人进行重测，问卷总分的重测信度为0.778。说明本问卷具有较好的信度（表3-3）。

表3-3　大学生学业挫折感问卷α系数和分半信度

问卷维度	α系数	分半信度
学业动机挫折感	0.946	0.908
学业环境挫折感	0.900	0.850
考试挫折感	0.863	0.863
学业压力挫折感	0.909	0.904
学业适应挫折感	0.899	0.833
学业自信心挫折感	0.854	0.866
学业挫折感总分	0.970	0.914

三、讨论

学业挫折感是影响学生心理健康水平的重要因素之一。学业挫折体验较弱的人，大多具有积极向上的人生态度、较高的抱负水平和成就动机，他们在挫折面前能够保持稳定的情绪和正常的行为能力，能够以理智的态度和正确的方法应对挫折；相反，学业挫折体验较强的人，成就动机较低，容易进行消极自我归因，往往遇到轻微的挫折就不知所措，既不能理智地看待挫折，更不能采用有效的方法应对挫折，长此以往，容易产生不良情绪，进而导致心理或行为失常，严重者甚至产生自杀意念或行为（任国防、张丽萍、王运彩，2012）。大学是培养专业人才的重要基地，专业学习与日后职业发展密切相关。但是，由于对学校、专业不满意等因素，厌学、弃学的大有人在，这种教育现象亟待改变（常英华，2016）。另外，大学生正处于心理发展及人格塑造的关键期和转折期，他们生活阅历浅，理想主义色彩重，自我评价与对生活的期望值偏高，因此在生活和学业中遇到挫折事件时，更容易因理想与现实的巨大反差而产生强烈的挫折感，进而影响其心理健康水平（刘远君、吴佩霞、张旭东，2019；李馥荫、倪诺、张旭东，2021）。因此，编制具有良好信度、效度的"大学生学业挫折感问卷"，可以较为精准地测量大学生学业挫折感的类型及程度，从而有的放矢地调适其挫折感，辅助大学生心理健康教育工作，还可以为大学生学业挫折承受力的理论和实践研究奠定基础（刘远君、吴佩霞、张旭东，2019）。

效度方面，41个题目的CR值达到显著水平，各题目与总分的相关系数达中等水平，说明题目具有良好的区分度。探索性因子分析共提取出6个因子，分别命名为学业动机挫折感、学业环境挫折感、考试挫折感、学业压力挫折感、学业适应挫折感和学业自信心挫折感。6个因子的分布清晰、构成合理，每个因子包含的题目个数较为均匀，且每个题目在其对应因子上的载荷较高，累计方差变异解释量达56.992%。探索性结构方程模型拟合指数达标，验证了大学生学业挫折感问卷的一阶6因子模型成立，说明本问卷基本符合理论构想，因子与预设维度基本吻合，因子结构简洁清晰。

信度方面，本研究考察了问卷的Cronbach's α系数、分半系数和重测信度，结果显示问卷总分和各维度的信度系数均达到统计学要求。其中，总体问卷的α系数为0.970，分半信度为0.914，重测信度为0.778；各因子的α系数在0.854和0.946之间，分半信度在0.833到0.908之间，均高于标准参考值0.7。至此可知，大学生学业挫折感问卷的各项指标均符合测量学要求，具有良好的信效度，问卷可以作为测量和评估当代大学生学业挫折感的工具。

当然，本研究也存在一定的不足之处。首先，由于采用方便取样的方法，该问卷是否适用于中国各个地域仍有待进一步验证。其次，学业挫折感这一概念不仅适用于大学生，中学生也常体验到学业挫折感所带来的负面情绪，该问卷是否适用于中学生群体也可以作为未来的研究课题之一。最后，由于题量较大，本研究没有分析效标效度，这也是以后一个重要的研究方向。

总之，大学生学业挫折感问卷包括41个题目，共6个因子（学业动机挫折感、学业环境挫折感、考试挫折感、学业压力挫折感、学业适应挫折感和学业自信心挫折感），探索性因子分析与验证性因子分析均表明，该6因子共同解释大学生学业挫折感。问卷结构清晰，题目数量适中，同时效度较好，内部一致性信度及重测信度达标，是测量大学生学业挫折感的有效工具。

第二节　青年学生核心素养问卷编制

青年学生核心素养以"全面发展的人"为核心，分为文化基础、自主发展、社会参与三个方面，综合表现为人文底蕴、科学精神、学会学习、健康生活、责任担当、实践创新六大素养。根据林崇德"构建中国化的学生发展核心素养"的理论构想（林崇德，2017），本节主要阐述编制"青年学生核心素养问卷"的过程。

核心素养是影响学生成长、成才的重要因素，青年学生核心素养的高低将影响他们对学业的适应以及在学习过程中成就的获得。核心素养好的人，大多具有积极向上的人生观，他们在挫折面前能够保持正常的行为能力，能够以理智的态度和正确的方法应对挫折；核心素养差的人，常常遇到轻微的挫折就不知所措，既不能理智地看待挫折，更不能采用正确的方法应对挫折，长此以往，容易产生不良情绪，进而导致心理和行为失常，甚至产生轻生的念头（辛涛、姜宇、林崇德，2016）。随着《教育部关于全面深化课程改革落实立德树人根本任务的意见》的发布，越来越多的学者开始对核心素养进行研究（林崇德，2017），将学科学习与学生的核心素养相结合（周淑红、王玉文，2017；程晓堂、赵思奇，2016），大大丰富了我国关于核心素养的研究。但是，这些研究大多数只是关于现状以及提升策略方法的研究，暂时没有关于核心素养对学业挫折感的影响的研究。核心素养是知识、技能、态度情感的集合，具有整体性的特点，不能单独培养或发展（盖学葳、张骞，2017）。

构建中国化学生核心素养，目的是全面贯彻党的教育方针，落实立德树人根本任务（林崇德，2017）。

在过去相当长的历史时期，我国并没有明确地提出"核心素养"概念，但党和国家历来高度重视对学生的全面培养。为落实党中央提出的"立德树人"根本任务，2014年教育部印发的《关于全面深化课程改革落实立德树人根本任务的意见》开始将核心素养作为重要的育人目标。为深入领会核心素养的核心要义，需要从国内外已有研究成果入手，剖析核心素养的内涵与结构。

核心素养这一概念舶来于西方，是源于1997年12月OECD启动的"素养的界定与遴选：理论和概念基础"项目（李艺、钟柏昌，2015）。该项目构建了核心素养的理论模型，并且对其概念和成分进行了界定：核心素养是指覆盖多个生活领域的，促进成功的生活和健全的社会的重要素养（张娜，2013）。2005年12月欧盟委员会的"终身学习"项目发表《终身学习核心素养：欧洲的参考架构》，提出了终身学习的八大"核心素养"；2006年欧洲议会和欧盟理事会通过关于核心素养的建议案《以核心素养促进终生学习》，核心素养被界定为个体获得个人成就和自我发展、融入社会、胜任工作的必备素养（胡乐乐，2017）。OECD和欧盟建构的核心素养框架，已成为诸多国家研究核心素养的基石（褚宏启，2016）。

我国基础教育和高等教育阶段学生核心素养总体框架研究项目于2013年启动（张华，2016）。目前，国外基于核心素养的研究已取得丰硕的成果。Guerra等人提出，积极的青年发展应具备积极的自我意识、自我控制、决策技能、道德信仰体系和亲社会联系的五种能力（Guerra et al.，2008）。Bradshaw

等人（2008）关注失败与辍学背后的成功能力的提高，将核心能力框架应用于促进青年在学校环境中的成功的研究。

在当下，研究中国学生核心素养的发展有助于深入回答教育要"培养什么样的人、怎样培养人"这一重大问题（熊昱可、许祎玮、王泉泉等，2018），而学生核心素养的形成和培育也需要通过教育教学实践才得以落实（林崇德，2017）。大部分关于核心素养的相关研究都是围绕教育展开，对从不同群体核心素养的形成到核心素养在不同学科中的影响进行了探讨。目前关于大学生的核心素养研究较少，大多数研究集中在初等教育以及某一学科教学的核心素养方面。研究表明，学生的学习行为与教师的教学行为表现都会对核心素养产生影响。项婷婷等人通过样本数据对大学生的核心素养分析总结到，每个时期的大学生最为关注的维度因素都不一样（项婷婷、楚晓丽，2018）。

综上所述，本研究试图编制一份本土化的"青年学生核心素养问卷"。

一、研究方法

（一）被试
大一、大二、大三学生，2018—2019学年度第一学期10月。

（二）材料
根据林崇德《构建中国化的学生发展核心素养》一文（林崇德，2017）的理论构想编制《青年学生核心素养问卷》，结合开放式问卷和深度访谈的调查结果，按照拟定的青年学生核心素养问卷的结构及其维度，编制出包括162个题目的青年学生核心素养初试问卷。问卷采用自评式量表法和5点量表计分形式作答，从"完全不符合"到"完全符合"，依次计分为1分到5分。

（三）程序
通过因素分析对所获得的问卷题目进行修改，对所得的有效项目问卷进行主成分因素分析（PC）和正交极大方差旋转法（varimax）计算，根据陡阶图及碎石图显示，保留合理因素，剔除了无效项目，从而构成正式问卷。所有数据采用SPSS23.0统计软件包进行统计分析和处理。

二、结果与分析

（一）项目分析

临界比率：首先计算问卷总分，将总分按照从高到低顺序排列，得分排在前27%的被试记为高分组，得分排在后27%的被试记为低分组。对高分组与低分组的被试在每个条目上进行独立样本t检验。删除差异达不到显著水平的条目，共删除91、115两个条目。

题总相关：将问卷的每个条目均与问卷总分进行两两相关分析，删除相关系数<0.3的条目，共删除14个条目，分别为01，03，07，13，15，29，33，85，88，89，93，102，110，114。

反应度：对问卷的每个条目进行描述统计分析，考察各个项目在5个选项中被选中率低于10%的选项数，如果条目有三个选项低于10%则删除，共删除70个条目，分别为：06，09，10，11，14，17，22，23，32，35，36，38，40，41，43，44，45，47，50，52，53，54，57，58，59，60，62，63，64，65，70，73，74，76，77，78，79，80，82，84，90，97，100，101，104，108，112，116，117，118，120，121，122，123，124，125，126，127，129，130，137，139，143，145，146，149，156，157，158，161。

（二）问卷的探索性因素分析

对保留的76个条目进行探索性因子分析，Bartlett 的球形度检验结果显示$x^2= 10\ 137.978$（$p<0.001$），KMO值为0.870，这说明数据适合进行因素分析，采用斜交旋转的方法，发现特征值大于1 的因子有9个，解释项目总变异64.14%。

首先，按照共同度低于0.3，因素载荷低于0.4且存在双重负荷（双重负荷均在0.3以上，且双重负荷之差小于0.3）的标准删除条目，共删除10个条目，分别是：12，19，46，51，83，95，98，148，150，159。

其次，按照多数研究者的实际经验，删除包含条目数少于3的因素层面，共删除个23条目，分别是40，50，80，28，31，34，42，61，71，72，75，81，87，92，94，96，99，103，105、113，111，144，162。

最后发现9个因子结构最清晰，每个条目的因素负荷都在0.45以上，共同度也在0.3以上，累积方差解释率为59.96%。最终形成九个因子的结构，由43个条目组成，见表3-6。

青年学生核心素养问卷（43个项目）：A002、A016、A018、A020、A021、A024、A025、A026、A027、A030、A037、A039、A048、A049、A055、A056、A066、A067、A068、A069、A086、A106、A107、A109、A119、A128、A131、A132、A133、A134、A135、A136、A138、A140、A141、A142、A147、A151、A152、A153、A154、A155、A160。

表3-6 青年学生核心素养问卷九因子模型的因子载荷表

项目	因子								
	1	2	3	4	5	6	7	8	9
A133	0.869								
A135	0.836								
A134	0.794								
A136	0.715								
A131	0.604								
A119	0.464								
A109		0.753							
A106		0.743							
A048		0.724							
A107		0.663							
A086		0.628							
A049		0.587							
A147		0.567							
A020			0.787						
A016			0.736						
A018			0.642						
A021			0.592						
A039			0.497						
A153				0.661					
A154				0.647					

续表

项目	因子								
	1	2	3	4	5	6	7	8	9
A152				0.631					
A155				0.629					
A151				0.586					
A026					0.708				
A025					0.678				
A027					0.648				
A024					0.633				
A037					0.484				
A142						0.752			
A141						0.699			
A160						0.552			
A138						0.526			
A140						0.445			
A069							0.711		
A066							0.707		
A067							0.681		
A068							0.653		
A055								0.681	
A056								0.643	
A030								0.549	
A002									0.632
A132									0.614
A128									0.605
特征值贡献	4.370	3.831	3.052	2.870	2.684	2.625	2.508	2.030	1.812
率（%）	10.163	8.908	7.099	6.673	3.900	6.104	5.832	4.722	4.213
累计贡献率	10.163	19.071	26.170	32.843	47.565	45.189	51.021	55.743	59.956

根据问卷编制的理论构想和因子包含题目的含义，分别将第一个因子命名为国家认同，包含6个条目；第二个因子命名为自我管理，包含7个条目；第

三个因子命名为审美情趣，包含5个条目；第四个因子命名为问题解决，包含5个条目；第五个因子命名为理性思维，包含5个条目；第六个因子命名为国家理解，包含5个条目；第七个因子命名为勤于思考，包含4个条目；第八个因子命名为乐学善学，包含3个条目；第九个因子命名为人文积淀，包含3个条目；共计9个因子，43个条目。

青年学生核心素养问卷结构：

文化基础（人文底蕴）。人文积淀：2、128、132；审美情趣：16、18、20、21、39。

文化基础（科学精神）。理性思维：24、25、26、27、37。

自主发展（学会学习）。乐学善学：30、55、56；勤于反思：66、67、68、69。

自主发展（健康生活）。自我管理：48、49、86、106、107、109、147。

社会参与（责任担当）。国家认同：119、131、133、134、135、136；国家理解：138、140、141、142、160。

社会参与（实践参与）。问题解决：151、152、153、154、155。

（三）问卷的信度分析

为了进一步验证青年学生核心素养问卷的探索性因子分析得出的结论准确性，分别对问卷内部一致性系数、分半信度和重测信度进行检验。结果如下：本研究采用克伦巴赫α系数作为信度指标。分析结果显示，总体问卷的内部一致性系数为0.925，分半信度系数为0.739，重测信度系数为0.757，如表3-7所示，说明问卷具有较好的信度。

表3-7 青年学生核心素养问卷各种信度系数表

问卷维度	同质信度	分半信度	重测信度
总问卷	0.925	0.739	0.757
因子1	0.877	0.698	0.688
因子2	0.825	0.696	0.797
因子3	0.795	0.650	0.670

问卷维度	同质信度	分半信度	重测信度
因子4	0.775	0.633	0.633
因子5	0.785	0.618	0.626
因子6	0.780	0.645	0.543
因子7	0.738	0.582	0.519
因子8	0.556	0.312	0.641
因子9	0.660	0.536	0.567

（四）问卷的效度

1.问卷的内容效度

因子之间的相关系数矩阵显示因子之间均呈中等程度的相关，各因子与总问卷之间、因子与因子之间的相关都符合测量学要求，说明本问卷具有良好的结构效度（具体见表3-8）。另外，有关专家、高校教师对问卷进行的内容分析也表明，相应的条目无论在广度还是深度上都较好地反映了其对应维度的实质，说明问卷具有较好的内容效度。

表3-8 各因素AVE与r^2间的差异比较

核心素养	人文积淀	审美情趣	理性思维	乐学善学	勤于反思	自我管理	国家认同	国家理解	问题解决
AVE=	0.580	0.551	0.557	0.440	0.542	0.542	0.681	0.586	0.546
人文积淀		0.590	0.473	0.506	0.308	0.274	0.377	0.466	0.298
审美情趣	0.768***		0.518	0.489	0.317	0.279	0.327	0.333	0.317
理性思维	0.688***	0.720***		0.674	0.442	0.368	0.379	0.295	0.430
乐学善学	0.711***	0.699***	0.821***		0.676	0.381	0.446	0.327	0.465
勤于反思	0.555***	0.563***	0.665***	0.822***		0.217	0.420	0.221	0.316
自我管理	0.523***	0.528***	0.607***	0.617***	0.466***		0.286	0.233	0.291
国家认同	0.614***	0.572***	0.616***	0.668***	0.648***	0.535***		0.353	0.366
国家理解	0.683***	0.577***	0.543***	0.572***	0.470***	0.483***	0.594***		0.548
问题解决	0.546***	0.563***	0.656***	0.682***	0.562***	0.539***	0.605***	0.740***	

注:下三角形数值为因素间的相关系数,上三角形数值为因素间相关系数的平方。***表示$P<0.001$。

2. 问卷的效标效度

以"应对方式量表"作为效标，考察核心素养总分及各维度与应对方式总分的关系，得出"核心素养与应对方式之间呈显著的正相关"，即核心素养越好，应对方式越积极，相反亦如此，说明该问卷具有较好的效标效度，如表3-9所示。

表3-9　效标关联效度分析结果

	核心素养总分	人文积淀	审美情趣	理性思维	乐学善学	勤于反思	自我管理	国家认同	国家理解	问题解决
应对方式总分	0.218^{**}	0.184^{**}	0.174^{**}	0.119^{**}	0.148^{**}	0.128^{**}	0.138^{**}	0.156^{**}	0.209^{**}	0.242^{**}

3. 问卷的结构效度

结构效度是指一个测验实际测到所要测量的理论结构和特质的程度，或者说它是指测验分数能够说明心理学理论的某种结构或特质的程度。聚敛效度是指运用不同测量方法测定同一特征时测量结果的相似程度，即不同测量方式应在相同特征的测定中聚敛在一起。理论上说，如果我们测量的是同一种特质，即便测量方法不同，两种数据的相关性也应该很高。如表3-10所示，除乐学善学因子外，总体问卷和个因子组合信度均大于0.8，平均方差抽取量均大于0.5，说明问卷的聚敛效度比较好。

表3-10　聚敛效度分析结果

问卷维度	测量指标的因素负荷	平均方差抽取量	组合信度
人文积淀	0.710~0.806	0.5 797	0.8 049
审美情趣	0.651~0.799	0.5 513	0.8 593
理性思维	0.596~0.808	0.5 566	0.8 613
乐学善学	0.645~0.691	0.4 400	0.7 019
勤于反思	0.575~0.801	0.5 419	0.8 233
自我管理	0.676~0.769	0.5 127	0.8 803
国家认同	0.648~0.902	0.6 812	0.9 269
国家理解	0.733~0.822	0.5 857	0.8 759
问题解决	0.690~0.790	0.5 463	0.8 573
核心素养			0.936

（五）问卷的验证性因素分析

为进一步考察各个分量表是否能形成一个结构效度良好的测量工具，求每个分量表总分，以九个分量表总分为观测变量，以总量表为潜变量，进行验证性因素分析。由表3-11可见，模型拟合良好，符合统计学要求，因此可接受为最终模型。问卷验证性因素分析见图3-3。

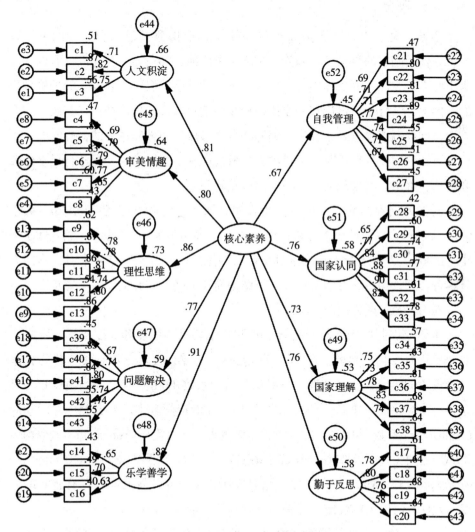

图3-3 青年学生核心素养问卷验证性因素分析图

表3-11　模型拟合指数

	χ^2/df	AGFI	RMSEA	GFI	NFI	IFI	TLI	CFI
一阶模型	5.603	0.848	0.055	0.863	0.881	0.900	0.894	0.900
二阶模型	5.060	0.860	0.052	0.878	0.896	0.915	0.906	0.914

三、讨论

本研究建立在严谨的实证研究基础上，严格遵循了心理问卷的编制程序，确保了问卷的科学性（郭静、王瑛、季丽丽，2018）。首先以已有的文献为出发点，在深入分析林崇德"构建中国化的学生发展核心素养"的理论构想的基础上，结合小组讨论和专家论证初步构建核心素养理论结构。其次，结合访谈、问卷调查等方式，收集和编制项目，形成核心素养量表的初始问卷。然后，对初始问卷进行预测，经过项目分析、探索性分析，对问卷进行反复修改和筛选，确定其因素和成分，最终形成正式问卷。

对初始问卷的探索性因素分析表明，该问卷的KMO指数为0.870，大于0.8，说明适合探索性因素分析；Bartlett球形检验值为10 137.978，显著性水平小于0.001，表明适合进行因素分析。从探索性因素分析的结果来看，本问卷基本符合理论构想，总的来说，因子结构简洁清晰，较好地反映了青年学生核心素养内容的主要方面。

本研究编制的问卷具有符合心理测量学要求的信度和效度指标。首先，对问卷进行了信度检验。采用同质性信度、分半信度和重测信度作为指标来检验量表的稳定性和可靠性。一般认为信度系数在0.6～1.0之间的测验较为可靠，更为严格的标准认为信度系数大于0.7才能接受。本研究施测中总问卷的Cronbach's α系数为0.925，除乐学善学维度外，各维度的Cronbach's α系数均大于0.6；分半中总问卷的Cronbach's α系数为0.739，重测中总问卷的Cronbach's α系数为0.757，均大于0.7。以上结果表明，本研究开发的问卷具有较好的内部一致性和时间上的稳定性，基本达到心理测量学要求。

其次，对问卷进行了效度检验。通过内容效度、效标效度和结构效度的检验，核心素养的结构是合理而有效的，能够测出所要调查的内容。对正式问卷的内容进行效度检验发现，问卷总分与各因子存在较高的相关，各因子之间的相关程度也较高；对正式问卷的效标效度检验发现，大学生应对方式与核心素养之间均呈显著正相关，这说明，对于核心素养程度越好的大学生，其对挫折的应对方式也会相应地积极，表明量表的效标效度理想；对正式问卷的结构效度检验发现，经过多方法、多维度的效度检验，核心素养问卷稳定可靠，结构良好，具有较高的结构效度。

最后，采用验证性因素分析对其进行拟合度检验，拟合值AZFI、GFI、NFI、IFI、TLI、CFI的值均在0.8以上，符合测量学要求，模型可以接受。

上述结果说明，青年学生核心素养问卷的各项指标均符合测量学要求，可以作为测量和评估青年学生核心素养的有效工具。

总之，青年学生核心素养问卷包括9个因子，探索性因素分析表明，该9个因子共同解释青年学生核心素养；所研制问卷具有较高的信度和效度，可以作为青年学生核心素养的测量工具。

第三节 青年学生抗挫折心理能力问卷编制

前面提到，抗挫折心理能力包括挫折容忍力（或挫折承受力）和挫折复原力（或挫折排解力）。迄今为止尚无关于大学生抗挫折心理能力方面的问卷。但是，在最近十年中，关于"大学生挫折承受力"和"大学生（挫折）复原力"方面的问卷却不鲜见。黄学规（1999）采用自编的"大学生挫折承受力状况调查表"（由30个题目组成，五级计分制）对679名大学生的挫折承受力进行问卷调查；任国防、张丽萍、王运（2012）编制了"大学生挫折承受力问卷"，确定大学生挫折承受力包含积极抗挫因子、消极抗挫因子和抗挫特质因子三个维度结构。研究者们开发出了一系列量表对他们所定义的复原力展开测量。目前开发的有关复原力的量表有复原技巧和能力量表（resiliency skills and abilities scale），个人保护因子问卷（individual protective factors index），健康青少年复原力评定问卷（healthy kids esilience assessment）以及成人复原力量表（the resilience scale for adults）等（唐海波、蒲唯丹、姚树桥，2008；魏萍、唐海波、宋宝萍，2008；Jew et al.，1999）。但是，目前专门为大学生编制的复原力问卷仅有阳毅等人编制的"大学生复原力量表"一份（阳毅、黄芳、姜农娟，2009）。形成了大学生复原力量表的7个维度：自我效能、自我接纳、稳定性、问题解决、求助朋友的支持、家人的支持。大学生是一个特殊的群体，高中毕业，大多数人远离家人在异地求学，面临全新的环境和情景，面对目前严峻的就业形势，他们所承受的压力是非常大的。在这样的情景下，大学生如何"复原"，如何保持心理健康呢？他们应该有不同的复原力结构。所以，本研究的目的是以复原力的理论模式为基础，编制一份适合于我国大学生的复原力量表。

本研究通过初始问卷项目的保留和筛选，初步编制出具有较高信效度的适合我国大学生的抗挫折心理能力问卷，为我国大学生抗挫折心理能力的发展研究提供可能的测量工具。

一、研究方法

（一）研究对象

采取整群抽样法，分别从全国各地抽取1 584名大学生实施测量，进行因素分析；然后对广东省173名大学生进行测量，以考察问卷的信效度。在抽样的人群（1 584名）中，被试的构成如下：男生574人（36.24%），女生1 010人（63.76%）；独生子女233人（14.71%），非独生子女1351人（85.29%）；城镇籍学生607人（38.32%），乡村籍学生977人（61.68%）；文科学生435人（31.46%），理科学生1 149人（72.54%）；大一学生342人（21.591%），大二学生320人（20.202%），大三学生525人（33.144%），大四学生397人（25.063%）。

（二）研究材料

在参考国内外相关问卷的基础上，根据对大学生抗挫折心理能力的调查研究，结合开放式问卷和结构化深度访谈的调查结果，按照拟定的大学生抗挫折心理能力结构及其维度，编制出62个题目的大学生抗挫折心理能力初试问卷。问卷采用自评式量表法和5点量表计分形式作答，从"很不符合"到"很符合"，依次计分为1分到5分。

（三）研究程序

通过因素分析对所获得的问卷题目进行修改，对所得的有效项目问卷进行主成分因素分析（PC）和正交极大方差旋转法（varimax）计算，根据陡阶图及碎石图显示，保留合理因素剔除了无效项目，从而构成正式问卷。所有数据采用SPSS12.0 for Windows 2000统计软件包进行统计分析和处理。

为了考察问卷的效标效度，有882名被试同时完成了自杀意念自评量表（SIOSS），整个测验的完成时间在10分钟以内。

二、结果与分析

（一）问卷的探索性因素分析

题项筛选的方法——区分度分析和因素分析。区分度分析采用求临界比率和相关分析，前者CR值未达到显著水平，后者若题项与总分的相关系数小于0.3，应给予删除。因素分析按下述标准剔除不合适题项：（1）项目的负荷值小于0.4；（2）共同度小于0.3；（3）在两个因素的负荷值均过高且相近的题项。抗挫折心理能力（62个题目）中，项目45与总分相关系数小于0.3，项目43的CR值未达到显著水平，项目23，29，40，62，6，22，15，38负荷值小于0.4，项目31，14，55，56在两个因素的负荷值均过高且相近，上述14个项目应予以删除，剩余48个项目。见表3-12。

表3-12　抗挫折心理能力量表负荷矩阵

项目	容忍力	项目	复原力	项目	意志品质	项目	信心	项目	交往能力	项目	认知水平	项目	心理准备	项目	挫折经验	项目	规划能力	项目	归因能力
10	0.741	53	0.705	35	0.640	7	0.734	20	0.715	24	0.693	46	0.613	3	0.739	4	0.734	49	0.711
9	0.721	52	0.671	36	0.578	8	0.559	17	0.620	25	0.667	42	0.411	27	0.664	5	0.559	48	0.464
12	0.640	54	0.669	34	0.498	13	.517	18	0.570	26	0.581							47	0.404
11	0.591	60	0.616	37	0.498	21	.453	19	0.474										
41	0.583	61	0.564	33	0.414			39	0.443										
1	0.578	59	0.555																
16	0.556	58	0.519																
28	0.546	51	0.473																
30	0.522	57	0.459																
44	0.485	50	0.407																
2	0.470																		
32	0.423																		

在此基础上，对剩下的48个项目进行探索性因素分析可行性检验，包括采样充足度的KMO检验和Bartlett球形检验。结果显示：KMO检验值为0.959，大于0.90，说明剩下的48个项目数据比较适合于探索性因素分析；Bartlett 球形检验值为41 308.708，显著性水平小于0.001，表明变量内部有共享因素的可能性。

然后运用主成分分析法（principle components）和方差极大正交旋转法（varimax）对大学生抗挫折心理能力的结构进行分析。在符合特征根取值大于1、共同度大于0.3、因素载荷值不小于0.4 的条件下，结合碎石图判断，抽取出10个较为合理的因素（因子），详见表3-13。

表3-13　抗挫折心理能力问卷各因素的旋转因素特征值和贡献率

因素	特征值	贡献率（%）	累积贡献率（%）
1	6.677	10.770	10.770
2	5.443	8.779	19.548
3	3.367	5.431	24.980
4	3.049	4.918	29.880
5	2.610	4.210	34.107
6	2.567	4.141	38.248
7	2.262	3.649	41.897
8	1.884	3.039	44.936
9	1.881	3.034	47.97
10	1.793	2.891	50.861

结合表3-12和表3-13可以发现，条目的最高负荷为0.741，最低负荷为0.404；10个因素解释了总方差的50.861%。由48个项目构成的大学生抗挫折心理能力问卷，10个因子的构成比较合理，由此可以认为大学生抗挫折心理能力包含10个因素的探索性结果是可以接受的。

（二）问卷的信度检验

本研究采用克伦巴赫α系数作为信度指标。分析结果显示：总体问卷的α系数为0.945，而由表3-14可知，各因素的α系数在0.427 和0.89之间，均高于标准参考值0.4（具体见表3-14）。

表3-14 抗挫折心理能力各种信度系数表

量表维度	同质信度	分半信度	复测信度
挫折承受力	0.890	0.852	0.724
挫折排解力	0.865	0.794	0.537
挫折经验	0.574	0.574	0.552
生涯规划能力	0.730	0.730	0.562
信心	0.673	0.625	0.511
人际交往能力	0.699	0.730	0.715
挫折认知水平	0.731	0.664	0.515
意志品质	0.796	0.753	0.591
心理准备	0.427	0.427	0.447
归因能力	0.602	0.561	0.508
抗挫折心理能力总分	0.945	0.894	0.694

（三）问卷的效度检验

1. 问卷的内部一致性效度

从各题目与总分的相关系数看，各维度内项目得分与维度总分之间也具有较高的相关（具体见表3-15）。这些数据表明本问卷具有较高的内部一致性效度。

表3-15 大学生抗挫折心理能力项目区分度分析（项目与总分的相关，均达到$p<0.01$）

项目	系数	项目	系数	项目	系数	项目	系数	项目	系数
1	0.581	12	0.621	26	0.377	39	0.539	52	0.600
2	0.614	13	0.550	27	0.414	41	0.563	53	0.595
3	0.364	16	0.612	28	0.606	42	0.459	54	0.606
4	0.444	17	0.514	30	0.670	44	0.511	57	0.631
5	0.498	18	0.372	32	0.593	46	0.372	58	0.556
7	0.483	19	0.387	33	0.626	47	0.565	59	0.611
8	0.548	20	0.493	34	0.606	48	0.459	60	0.533
9	0.582	21	0.335	35	0.604	49	0.440	61	0.533
10	0.627	24	0.487	36	0.593	50	0.496		
11	0.485	25	0.510	37	0.515	51	0.469		

2.问卷的内容效度

因子之间的相关系数矩阵显示因子之间均呈中等程度的相关，各因子与总问卷之间、因子与因子之间的相关都符合测量学要求，说明本问卷具有良好的结构效度（具体见表3-16）。另外，有关专家、高校教师对问卷进行的内容分析也表明，相应的条目无论在广度还是深度上都较好地反映了其对应维度的实质，说明问卷具有较好的内容效度。

表3-16 抗挫折心理能力与生命智慧、挫折感的相关分析

	挫折容忍力	挫折复原力	挫折经验	生涯规划能力	信心	人际交往能力	挫折认知水平	意志品质	心理准备	归因能力
挫折复原力	0.573	-								
挫折经验	0.511	0.340	-							
生涯规划能力	0.489	0.287	0.375	-						
信心	0.426	0.506	0.271	0.255	-					
人际交往能力	0.422	0.545	0.259	0.256	0.469	-				
挫折认知水平	0.318	0.548	0.275	0.143	0.459	0.466	-			
意志品质	0.588	0.684	0.347	0.311	0.496	0.515	0.521	-		
心理准备	0.471	0.491	0.279	0.281	0.323	0.370	0.310	0.431	-	
归因能力	0.473	0.566	0.321	0.323	0.371	0.428	0.376	0.537	0.483	-
抗挫心理总分	0.834	0.845	0.544	0.510	0.656	0.679	0.608	0.796	0.602	0.673

（注：***表示$P<0.001$，表4-43所示均呈极其显著差异，"***"省略）。

3.问卷的效标效度

以"自杀意念自评量表"（SIOSS）作为效标，得出"抗挫折心理能力与自杀意念之间呈非常显著的负相关"，即抗挫折心理能力越强则自杀意念越弱，相反亦如此，说明该问卷具有较好的效度，如表3-17所示。

表3-17表明，大学生抗挫折心理能力总分与自杀意念总分呈极其显著的负相关，说明抗挫折心理能力越强的大学生的自杀意念越弱，反之，亦然。大学生抗挫折心理能力各个因素与自杀意念各个因素均呈显著的负相关（除挫折经验和绝望、睡眠的相关不显著外），这表明大学生抗挫折心理能力的差异会导致其自杀意念的差异，缺乏良好的抗挫折心理能力已经成为少数大学生产生自

杀意念等不良心理与行为的基础。

表3-17　抗挫折心理能力与自杀意念各因子之间的相关分析

项目因子	绝望	乐观	睡眠	自杀意念
挫折容忍力	−0.414***	−0.290***	−0.163***	−0.424***
挫折复原力	−0.422***	−0.382***	−0.165***	−0.454***
挫折经验	−0.052	−0.167***	−0.041	−0.094**
生涯规划能力	−0.174***	−0.120***	−0.024	−0.163***
信心	−0.380***	−0.342***	−0.123***	−0.399***
人际交往能力	−0.310***	−0.352***	−0.111**	−0.348***
挫折认知水平	−0.285***	−0.361***	−0.118***	−0.335***
意志品质	−0.426***	−0.373***	−0.167***	−0.455***
心理准备	−0.191***	−0.255***	−0.069*	−0.225***
归因能力	−0.281***	−0.278***	−0.071*	−0.295***
抗挫折心理能力总分	−0.462***	−0.418***	−0.171***	−0.493***

三、讨论

抗挫折心理能力是衡量人的心理健康的标准之一。抗挫折心理能力强的人，大多具有积极向上的人生态度，他们在挫折面前能够保持正常的行为能力，能够以理智的态度和正确的方法应对挫折；抗挫折心理能力弱的人，常常遇到轻微的挫折就不知所措，既不能理智地看待挫折，也不能采用正确的方法应对挫折，长此以往，容易产生不良情绪，进而导致心理和行为失常，甚至产生轻生的念头。大学生正处于心理发展及人格塑造的关键期和转折期，他们生活阅历浅，理想色彩浓，自我评价好，对生活的期望值很高，因此在生活和学习中遇到不如意之事或挫折事件时，更容易因理想与现实的巨大反差而产生强烈的挫折感，进而对其成长造成不良影响。因此，提高大学生的社会适应能力和心理健康水平是高校心理健康教育的重要任务，而探讨提高大学生抗挫折心理能力的方法和途径是心理健康教育工作者义不容辞的责任。这就要求我们对大学生的抗挫折心理能力进行专门研究，并编制信度、效度较好的大学生抗挫折心理能力问卷，为大学生心理健康教育工作以及进一步的大学生挫折承受力理论和实践研究奠定基础。

在专家建议的基础上，结合大学生的实际，选择与大学生学习和生活情况相符的题项形成了初始问卷。对初始问卷的探索性因素分析表明，该问卷的KMO 指数为0.959，Bartlett 球形检验值为41 308.708，适合进行因素分析。

本研究从理论分析出发，参考专家咨询意见，并结合大学生实际，从大学生抗挫折心理能力的内容方面进行问卷设计，因此所编制问卷具有较高的科学性。对问卷的信度分析表明分析表明了问卷在结构维度构建上的有效性；探索性因素分析表明，问卷结构合理，基本保证了问卷的可靠性和稳定性；效度检验也证实了问卷的有效性。

从探索性因素分析的结果来看，本问卷基本符合理论构想，总的来说，因子结构简洁清晰，较好地反映了大学生抗挫折心理能力内容的主要方面。但是，该问卷结构主要是通过文献分析、专家咨询提出的一个理论假设，是否符合大学生实际情况还需要进行进一步的验证。

本研究在参考国内外相关研究和广泛征求心理学专家建议的基础上，结合大学生的实际，选择与大学生学习和生活情况相符的题项形成了初始问卷。对初始问卷的探索性因素分析表明，该问卷的KMO 指数为0.91，Bartlett 球形检验值为5 743.58，适合进行因素分析。通过对初始问卷的探索性因素分析，根据有关心理测量学的要求，在删除部分题项后共抽取出3个因素，分别是积极抗挫因子、消极抗挫因子和抗挫特质因子。这3个因子的分布构成合理，且每个项目在其对应因子上的载荷较高，累计方差变异解释量达50.18%。正式问卷共包括19 个题项，对正式问卷的信度、效度检验和验证性因素分析表明，正式问卷具有较好的信度和效度，总体问卷的α系数为0.88，各因子的α系数在0.73和0.86之间，均高于标准参考值0.7，模型拟合指数符合多项模型拟合度的可接受标准。总之，问卷的各项指标均符合测量学要求，可以作为测量和评估当代大学生挫折承受力的工具。

总之，大学生抗挫折心理能力包括10个因素，探索性因素分析表明，该10个因素共同解释大学生抗挫折心理能力；所研制问卷具有较高的信度和效度，可以作为大学生抗挫折心理能力的测量工具。

第四章 青年学生学业挫折感现状分析

为了解青年学生学业挫折感现状，本章采用"青年学生学业挫折感问卷"对8 081名青年学生（含普通高中生、中职生、普通本科生和高职生）进行调查。考察青年学生学业挫折感总体水平，以及学业挫折感在不同类型学生中的差异。

第一节 普通高中生学业挫折感现状分析

教育部官网数据显示，截至2017年，我国普通高中在校生数量达2 374.5万人。庞大的高中生群体一直以来备受社会的广泛关注，尤以高中生心理健康问题为重。其中，挫折感是影响高中生心理健康的主要因素。有研究表明，学生在学习方面体验到挫折感的比重高于其他方面（麻昕艳，2011）。长时间处于学业挫折中，极易使学生失去自信心，对学业任务放弃努力，产生学业无力感（李广、姜英杰，1999）。学习挫折重的学生易形成消极心境，既不利于学习，也不利于身心健康，甚至可能导致各种社会问题（唐海松，2005）。由此可见，对当下高中生的学业挫折感现状进行调查具有重要意义。

一、研究对象与方法

（一）研究对象

本研究选取了广东省内5个地级市的1 420名高中生实施问卷调查，回收有效问卷1 299份，有效回收率为91.48%。其中，男生680人，女生619人；独生子女361人，非独生子女938人；城镇来源645人，乡村来源654人；重点学校

492人，普通学校807人；高一277人，高二607人，高三415人。

（二）研究工具

采用付媛姝、张旭东等人（2022）编制的"青年学生学业挫折感问卷"，参见附件1。

（三）实测与数据处理

采用现场实测与邮寄相结合的方式，将问卷发放到广东省10所高中，随机抽取被试进行调查，完成数据收集后，使用统计软件SPSS 21.0和AMOS 21.0对数据做分析处理。

二、结果与分析

（一）高中生学业挫折感的描述统计

对高中生学业挫折感现状从整体上采用描述统计，统计的内容包括学业挫折感总均值及所有维度，其中均值等于总均值除以题目数（下同）。结果如表4-1所示，考试挫折感维度得分最高（均值=3.170），学习环境挫折感维度得分最低（均值=2.244），学业挫折感总均值的得分为2.851±0.721。

表4-1 高中生学业挫折感的描述分析（$N=1\ 299$）

内容	极小值	极大值	中值	均值（M）	标准差
考试挫折感	1.00	5.00	3.200	3.170	.942
学习自信心挫折感	1.00	5.00	3.250	3.118	1.061
学习动机挫折感	1.00	5.00	3.077	3.054	.912
学习压力挫折感	1.00	5.00	2.833	2.852	.904
学习适应挫折感	1.00	5.00	2.667	2.670	.923
学习环境挫折感	1.00	5.00	2.143	2.244	.892
学业挫折感总均值	1.00	5.00	2.902	2.851	.721

（二）高中生学业挫折感的差异检验

1. 高中生学业挫折感的性别差异

对不同性别高中生学业挫折感总均值及所有维度做独立样本t检验，检验结果见表4-2（不具有显著差异的因子未列入表中，下同）。表4-2说明，男生与女生在学业挫折感总均值及其各维度上均具有显著差异，其中，在学习环境挫折感维度上，男生得分显著高于女生，其余维度得分皆为女生显著高于男生。

表4-2　高中生学业挫折感的性别差异（$M \pm SD$）

	男（n=680）	女（n=619）	t
学习动机挫折感	2.952 ± 0.941	3.167 ± 0.866	−4.265[***]
学习环境挫折感	2.310 ± 0.927	2.173 ± 0.846	2.765[***]
考试挫折感	3.044 ± 0.979	3.311 ± 0.881	−5.157[***]
学习压力挫折感	2.751 ± 0.914	2.963 ± 0.882	−4.249[***]
学习适应挫折感	2.570 ± 0.930	2.780 ± 0.904	−4.116[***]
学习自信心挫折感	2.906 ± 1.077	3.353 ± 0.991	−7.767[***]
学业挫折感总均值	2.764 ± 0.739	2.946 ± 0.689	−4.598[***]

注：*表示$p<0.05$，**表示$p<0.01$，***表示$p<0.001$，下同。

2. 独生与非独生子女高中生学业挫折感的差异

对独生与非独生子女高中生的学业挫折感总均值及所有维度做独立样本t检验，差异检验结果见表4-3。表4-3表明，独生与非独生子女高中生仅在学习环境挫折感维度上具有显著差异，且非独生子女得分显著高于独生子女。

表4-3　高中生学业挫折感在是否独生子上的差异（$M \pm SD$）

	是（n=361）	否（n=938）	t
学习环境挫折感	2.148 ± 0.874	2.281 ± 0.896	−2.421[*]

3. 高中生学业挫折感的家庭来源差异

对不同家庭来源高中生学业挫折感总均值及所有维度进行独立样本t检验，差异检验结果见表4-4。表4-4表明，城镇高中生与农村高中生仅在学习环境挫折感维度上具有显著差异，且农村高中生得分高于城镇高中生。

表4-4　城镇高中生与农村高中生学业挫折感的差异（$M \pm SD$）

	城镇（n=645）	农村（n=654）	t
学习环境挫折感	2.143 ± 0.862	2.346 ± 0.910	−4.100[***]

4. 高中生学业挫折感的学校类型差异

对不同类型学校高中生学业挫折感总均值及所有维度进行独立样本t检

验，差异检验结果见表4-5。表4-5结果显示，重点学校与普通学校高中生在学习环境挫折感维度和学习自信心挫折感维度上具有显著差异。其中，普通学校高中生在学习环境挫折感维度上得分高于重点学校高中生，在学习自信心挫折感维度得分上则低于重点学校高中生。

表4-5　重点与普通学校高中生学业挫折感的差异（$M \pm SD$）

	重点（$n=492$）	普通（$n=807$）	t
学习环境挫折感	2.006 ± 0.821	2.390 ± 0.902	−7.696***
学习自信心挫折感	3.239 ± 1.067	3.046 ± 1.051	3.197**

5.高中生学业挫折感的年级差异

对不同年级高中生学业挫折感总均值及所有维度进行单因素方差分析，结果见表4-6。表4-6数据显示，不同年级高中生在学习动机挫折感维度、学习环境挫折感维度以及学习自信心挫折感维度上具有显著差异。进一步做事后多重比较，发现在学习动机挫折感与学习环境挫折感上，与高一、高二学生相比，高三学生得分最高；在学习自信心挫折感上，高二学生得分最高。

表4-6　高中生学业挫折感在不同年级上的差异

	年级	$M \pm SD$	F	事后多重比较
学习动机挫折感	1	2.934 ± 0.893	3.417*	3>1
	2	3.067 ± 0.912		3>2
	3	3.115 ± 0.919		
学习环境挫折感	1	2.307 ± 0.897	29.387***	1>2
	2	2.057 ± 0.807		3>1
	3	2.476 ± 0.946		3>2
学习自信心挫折感	1	2.898 ± 1.040	9.920***	2>1
	2	3.236 ± 1.085		3>1
	3	3.095 ± 1.015		2>3

三、讨论

（一）高中生学业挫折感的现状

结果表明，高中生学业挫折感各维度从高到低依次为考试挫折感、学习自信心挫折感、学习动机挫折感、学习压力挫折感、学习适应挫折感、学习环境挫折感。其中，考试挫折感得分最高，学习自信心挫折感次之，表明高中生产生学业挫折感的主要原因在于考试，其次是学习自信心。即高中生在考试上失利或者学习自信心受到打击时更容易体验到学业挫折感。产生这一结果的原因可能是，在以名次论高低的高考环境下，高中生对成绩排名的重视程度显而易见，这可从高中生考试焦虑的相关研究中有所了解。黄琼等人（2019）的研究表明，处于应试压力中心的广大中学生是受考试焦虑影响的"重灾区"。而考试挫折所产生的直接影响不是纯粹的知识学习的失败，而是学习自信心的损耗（石进利，2003）。故而，若想降低高中生的学业挫折感，应考虑从帮助学生正确认识考试的结果，以及提高他们对学习的自信心方面着手。

（二）高中生学业挫折感的特点

1. 高中生学业挫折感的性别差异

不同性别高中生在学业挫折感及其各维度上均具有显著差异。其中，在学习环境挫折感维度上，男生得分显著高于女生。这与社会赋予男女生的期望不同有较大联系。社会对男生的期望以及男生感知到的责任往往高于女生，承担的压力也比女生多。有研究发现，高中男生的心理压力要显著高于高中女生（徐凯，2015）。而学业挫折感总均值与其余维度的得分皆为女生显著高于男生。原因可能与女生性格较为敏感且缺乏自信有关。有学者指出，女生普遍不如男生自信，她们更多低估自己的能力（侯宇楠，2012）。还有数据表明，女生的社会期望得分（对不认可的惧怕程度）高于男生（王丽，2003）。另外，因为高中学习难度的增加，女生在中小学的学习优势逐渐不明显，进而承受的学习压力也要高于男生。所以，女生更容易在学习压力、自信心等方面产生挫折感，从而导致学业挫折感总均值显著大于男生。

2. 高中生学业挫折感的独生与非独生子女差异

结果表明，独生与非独生子女高中生在学业环境挫折感上具有显著差异，非独生子女的得分显著高于独生子女，即非独生子女比独生子女具有更高的学习环境挫折感。这可从家庭在学习上能给予学生多大程度的帮助和支持等方面进行解释。学习环境包括资源环境以及情感环境。曾有学者指出，独生子女家长对子女学习的客观条件更为重视，独生子女拥有更多与学习相关的物质

支持（赵静、严保平，2018）。在教育获得上，独生子女要显著高于非独生子
女（王晓焘，2011）。非独生子女由于家庭经济资源分散的原因，能利用的学
习设备以及师资更多为校内提供，来源较为单一与局限。在相同的学校学习环
境之下，独生子女拥有更多的校外资源，而非独生子女在此方面则略显薄弱，
故而受学习环境的影响大些。此外，独生子女能获得更多来自家庭的关爱。有
学者研究发现，独生子女的母子亲密、父子亲密显著高于非独生子女（肖雪、
刘丽莎、徐良苑等，2017）。青少年正处于心理健康发展的重要时期，与父母
亲密的情感关系能够使得他们获得到更多的幸福感。

3. 高中生学业挫折感的家庭来源差异

结果显示，不同家庭来源高中生在学业环境挫折感上具有显著差异，农
村高中生得分显著高于城镇高中生。这可从城乡教育差异以及家长对学习的
理解和重视程度方面进行解释。相关研究指出，城乡在教育机会、资源、经费
以及师资方面存在较大差异，城市更有优势（尹贞姬，2013）。另外，城镇高
中生的家长对学生的学习更为重视与关心，农村学生家长由于知识背景和生计
问题，在这方面上有所欠缺，能够给予学生的支持也有限。有学者指出，城市
家庭的父母较为重视家庭教育，在教育方式上有一定的选择性，而农村家庭的
父母在该方面认识较为模糊，对子女的教育主要依赖学校教育。除此之外，人
际关系同样是影响高中生学习环境挫折感的重要原因。有研究表明，来自城
市家庭的学生受教育环境良好，且大多处于相对开放的环境中，接触社会机
会较多，在人际交往能力方面好于来自农村的学生（李辉山、刘建、侯敏，
2012）。这启发我们，降低学生的学业挫折感可以从均衡城乡教育资源，提高
父母对教育的重视程度，拓宽学生的视角，锻炼并提升其人际交往能力等方面
着手。

4. 高中生学业挫折感的学校类型差异

数据显示，不同类型学校高中生在学习环境挫折感以及学习自信心挫折
感方面具有显著差异。其中，普通学校高中生学习环境挫折感得分显著高于
重点学校高中生，在学习自信心挫折感得分上则相反。根据我国的重点校或示
范校政策，重点学校往往会获得更多的教育经费、更好的办学条件和更优秀的
师资（王骏、孙志军，2015）。且根据经验，重点高中的学习氛围比普通高中

要好。学校作为教学的主要环境，是影响学生学业成绩的关键因素（Wang M. T. & Degol J. L，2016），而我国青少年的心理素质又与其学业成绩密切相关（李悦，2016）。基于以上原因，重点高中的学生学习环境挫折感会相对较低。而重点高中的学习竞争力却比普通高中要大许多，重点高中的学业优秀者大有人在，在普通高中稍微考好一些便有可能取得不错的排名，在重点高中则可能需要付出更多的努力，因此普通高中的学生较容易获得学习的自信心。

5.高中生学业挫折感的年级差异

结果显示，不同年级高中生在学习动机挫折感、学习环境挫折感以及学习自信心挫折感维度上具有显著差异。在学习动机挫折感、学习环境挫折感上，高三学生得分最高。高三是高中的紧张阶段，反复学习高一、高二的知识，重复的枯燥性学习容易使人心神不定，但升学压力迫使人继续苦读，在这双重因素的作用下，高三学生容易产生焦虑、烦扰等情绪。有学者指出，由于应试教育制度，高三学生为了追求优异的成绩，无暇探究感兴趣的知识，由此学习的兴趣有所下降（李晶，2008）。而较大的学习压力同样会引起学生的厌学情绪，并导致学习效率下降（王睿轲、马鑫、李翔等，2019），从而容易产生学习动机挫折感。另外，由于高三学生承受着较大的心理压力，彼时的他们较为敏感，情绪容易受到周围环境的影响。而学习环境还包括了人际关系在内，曾有学者指出，随着升学压力的增加，中学生越来越注重学习与成绩，而忽视了日常的人际交往，其中，高三学生人际关系得分最低（吴超，2009）。故而高三学生的学习环境挫折感得分较高。在学习自信心挫折感上，高二学生得分最高。高二是学生成绩分化的分水岭，这个时期学生在学习成绩上往往容易形成两极分化（于宣峰，2012）。部分学生在学习中屡遭挫折，对学习的灰心、自卑等心态逐渐固化，成绩的下跌使得他们的自信心进一步被冲击，从而体验到学习自信心挫折感。

总之，本研究表明：高中生学业挫折感整体呈现中上水平；不同类型（性别、是否为独生子女、家庭来源、学校类型和年级）的普通高中生学业挫折感具有显著差异。

第二节 中职生学业挫折感现状分析

由于现阶段经济社会发展的需要，我国对操作性技术人才有大容量的需求，近年来就读中职院校的学生人数逐年增加。面对时代的要求和激烈的竞争，中职生群体的学习和就业压力也愈来愈强。再加上受到升学失利及其各方面不利因素的影响，中职生群体更容易感受到挫折。已有中职生挫折感水平的调查研究显示，中职生挫折感目前处于普遍较高水平，且高于普通高中生（张朔，2019），而致使中职生挫折感形成的原因之一则是学业挫折（程玲玲，2011）。减少中职生学业挫折感的情绪体验，有利于维持并发展中职生的身心健康。以往的研究表明，关于中职生挫折感的研究主要集中于中职生挫折心理形成的原因及其对策、挫折教育的意义和方法等方面，而有关学业挫折感的研究很少，且多停留在理论探讨和对策防治阶段，缺乏可实证研究的数据和资料。因此，为了为中职生提供降低学业挫折感、促进心理健康的实际性策略，同时给予有关人士和教育机构部门一些建设性的指导意见，本研究采用"青年学生学业挫折感问卷"对广东省内6所中职院校的1 320名在校中职生进行问卷调查。

一、研究方法

（一）研究对象

本研究随机抽取广东省5个地级市共6所中职院校的1 631名中职生作为被试，采取随机抽样的方法实施问卷调查，回收有效问卷1 320份，有效回收率为80.93%。其中，男生594人，女生726人；中职一年级601人，二年级649人，三年级70人；独生子女279人，非独生子女1 041人；城镇中职生为412人，乡村中职生为908人；理科生1 009人，文科生311人；重点学校1 180人，普通学校140人；班级成绩排名为前1/3的有346人，而排名在中1/3的共有783人，在后1/3的共有191人。

（二）研究工具

采用付媛姝、张旭东等人（2022）编制的"青年学生学业挫折感问卷"，参见附件1。

（三）施测过程与统计处理

采取随机抽样的方法发放问卷，被试采用不记名的方式填写问卷；数据处理与统计分析采用SPSS25.0、AMOS23.0进行。

二、结果与分析

（一）中职生学业挫折感的描述统计

对中职生学业挫折感总分及每一个维度的平均数和标准差做描述性统计分析，其具体情况如表4-7所示。表4-7显示，中职生学业挫折感的总体水平得分为2.602±0.699，均分为2.602。各维度中中职生学习自信心挫折感（M=2.800）的均分最高，而学习环境挫折感的（M=2.264）均分最低。按得分排列，中职生学业挫折感从高到低依次为学习自信心挫折感、学习动机挫折感、考试挫折感、学习压力挫折感、学习适应挫折感、学习环境挫折感。

表4-7　中职生学业挫折感描述统计（N=1 320）

因子	平均值	标准差	在各选项上的百分比				
			完全不符合	不太符合	不肯定	比较符合	完全符合
学业挫折感（总）	2.602	0.699	7.5%	35.5%	48.2%	8.1%	0.8%
中职生学习动机挫折感	2.791	0.814	7.5%	27.9%	44.5%	18.6%	1.6%
中职生学习环境挫折感	2.264	0.889	24.2%	37.2%	29.9%	7.3%	1.4%
中职生考试挫折感	2.760	0.939	10.2%	29.7%	37.1%	19.9%	3.1%
中职生学习压力挫折感	2.554	0.869	14.6%	38%	34.5%	11.6%	1.3%
中职生学习适应挫折感	2.372	0.874	20.9%	39.8%	29.8%	8.6%	1%
中职生学习自信心挫折感	2.800	0.991	12.6%	31.5%	35.3%	16%	4.6%

（二）中职生学业挫折感在人口学变量上的差异检验

1.中职生学业挫折感在性别上的差异

通过独立样本t检验，比较中职生学业挫折感的性别差异，结果如表4-8所

示。表4-8显示，不同性别中职生在学业挫折感中的学习适应挫折感存在显著
差异。男生的学业挫折感、学习动机挫折感、学习环境挫折感、考试挫折感、
学习压力挫折感、学习适应挫折感得分显著高于女生；女生的学习自信心挫折
感得分显著高于男生。

表4-8   中职生学业挫折感的性别差异（$M \pm SD$）

	男（N=594）	女（N=726）	t
学业挫折感	2.631 ± 0.698	2.578 ± 0.700	1.367
学习动机挫折感	2.838 ± 0.822	2.752 ± 0.806	1.894
学习环境挫折感	2.314 ± 0.927	2.223 ± 0.856	1.848
考试挫折感	2.765 ± 0.907	2.757 ± 0.966	0.154
学习压力挫折感	2.567 ± 0.843	2.543 ± 0.891	0.512
学习适应挫折感	2.432 ± 0.886	2.322 ± 0.861	2.273*
学习自信心挫折感	2.741 ± 0.983	2.848 ± 0.996	−1.953

注：* 表示 $p < 0.05$，** 表示 $p < 0.01$，*** 表示 $p < 0.001$，下同。

2.中职生学业挫折感在是否为独生子女上的差异

通过独立样本t检验，比较中职生学业挫折感在是否为独生子女上的差
异，结果如表4-9所示。表4-9显示，独生子女和非独生子女中职生在学业挫折
感中的考试挫折感存在显著差异。独生子女的学习压力挫折感、学习适应挫折
感得分显著高于非独生子女；非独生子女的学业挫折感、学习动机挫折感、学
习环境挫折感、考试挫折感、学习自信心挫折感得分显著高于独生子女。

表4-9   中职生学业挫折感在是否为独生子女上的差异（$M \pm SD$）

	是（N=279）	否（N=1 041）	t
学业挫折感	2.563 ± 0.729	2.613 ± 0.691	−1.055
学习动机挫折感	2.709 ± 0.818	2.813 ± 0.812	−1.898
学习环境挫折感	2.246 ± 0.949	2.269 ± 0.873	−0.367
考试挫折感	2.658 ± 0.953	2.788 ± 0.934	−2.056*
学习压力挫折感	2.560 ± 0.890	2.552 ± 0.864	0.142
学习适应挫折感	2.426 ± 0.899	2.357 ± 0.867	1.172
学习自信心挫折感	2.733 ± 0.943	2.818 ± 1.003	−1.272

3. 中职生学业挫折感在来源变量上的差异

通过独立样本t检验，比较中职生学业挫折感在来源变量上的差异，结果如表4-10所示。表4-10显示，来自城镇和农村的中职生在学业挫折感中的学习压力挫折感、学习适应挫折感存在显著差异。来自城镇的中职生学业挫折感、学习动机挫折感、学习环境挫折感、考试挫折感、学习压力挫折感、学习适应挫折感、学习自信心挫折感得分显著高于来自农村的中职生。

表4-10 中职生学业挫折感在来源变量上的差异（$M \pm SD$）

	城镇（N=412）	乡村（N=908）	t
学业挫折感	2.638 ± 0.720	2.586 ± 0.690	1.249
学习动机挫折感	2.803 ± 0.815	2.785 ± 0.814	0.356
学习环境挫折感	2.296 ± 0.921	2.250 ± 0.875	0.875
考试挫折感	2.764 ± 0.945	2.759 ± 0.937	0.078
学习压力挫折感	2.645 ± 0.883	2.513 ± 0.860	2.569**
学习适应挫折感	2.458 ± 0.924	2.332 ± 0.848	2.338*
学习自信心挫折感	2.802 ± 0.972	2.799 ± 1.000	0.054

4. 中职生学业挫折感在年级上的差异

通过独立样本t检验，比较中职生学业挫折感在不同年级上的差异，结果如表4-11所示。表4-11显示，不同年级的中职生学业挫折感、学习动机挫折感、考试挫折感、学习适应挫折感的得分都存在显著差异。其中，一年级学生的学业挫折感得分、考试挫折感得分、学习适应挫折感高于二年级学生的得分；一年级学生的学习动机挫折感得分高于二、三年级学生的得分。

表4-11 中职生学业挫折感在年级上的差异（$M \pm SD$）

	年级	$M \pm SD$	F	多重检验
学业挫折感	一年级	2.672 ± 0.755	5.691**	一年级＞二年级
	二年级	2.548 ± 0.648		
	三年级	2.505 ± 0.600		
学习动机挫折感	一年级	2.907 ± 0.867	12.003***	一年级＞二年级
	二年级	2.704 ± 0.761		一年级＞三年级

续表

	年级	$M \pm SD$	F	多重检验
	三年级	2.596 ± 0.676		
考试挫折感	一年级	2.831 ± 1.002	3.449^{*}	一年级＞二年级
	二年级	2.711 ± 0.892		
	三年级	2.617 ± 0.753		
学习适应挫折感	一年级	2.439 ± 0.941	4.053^{*}	一年级＞二年级
	二年级	2.302 ± 0.811		
	三年级	2.438 ± 0.793		

5. 中职生学业挫折感在学科上的差异

通过独立样本t检验，比较中职生学业挫折感在不同学科中的差异，结果如表4-12所示。表4-12显示，文科和理科的中职生学业挫折感、学习动机挫折感、学习环境挫折感、考试挫折感、学习压力挫折感、学习自信心挫折感存在显著差异。文科生在学业挫折感、学习动机挫折感、学习环境挫折感、考试挫折感、学习压力挫折感、学习适应挫折感、学习自信心挫折感上的得分显著高于理科生。

表4-12　中职生学业挫折感在学科上的差异（$M \pm SD$）

	文科（N=311）	理科（N=1 009）	t
学业挫折感	2.770 ± 0.671	2.550 ± 0.700	4.896^{***}
学习动机挫折感	2.954 ± 0.805	2.740 ± 0.811	4.060^{***}
学习环境挫折感	2.519 ± 0.911	2.186 ± 0.868	5.847^{***}
考试挫折感	2.909 ± 0.978	2.715 ± 0.923	3.205^{***}
学习压力挫折感	2.719 ± 0.895	2.503 ± 0.855	3.858^{***}
学习适应挫折感	2.448 ± 0.890	2.348 ± 0.868	1.769
学习自信心挫折感	3.001 ± 1.048	2.738 ± 0.965	4.111^{***}

6. 中职生学业挫折感在重点中职学校与普通中职学校上的差异

通过独立样本t检验，比较中职生学业挫折感在重点中职学校与普通中职学校上的差异，结果如表4-13所示。表4-13显示，重点中职学校和普通中职学校的中职生学业挫折感、学习动机挫折感、考试挫折感存在显著差异。普通中职学校的学生学业挫折感、学习动机挫折感、学习环境挫折感、考试挫折感、学习压力挫折感、学习适应挫折感、学习自信心挫折感显著高于重点中职学校的学生。

表4-13 中职生学业挫折感在重点中职学校与普通中职学校上的差异（$M \pm SD$）

	重点（$N=1180$）	普通（$N=140$）	t
学业挫折感	2.584 ± 0.670	2.751 ± 0.896	−2.137[*]
学习动机挫折感	2.772 ± 0.794	2.951 ± 0.954	−2.133[*]
学习环境挫折感	2.246 ± 0.869	2.415 ± 1.035	−1.859
考试挫折感	2.743 ± 0.922	2.913 ± 1.069	−2.031[*]
学习压力挫折感	2.536 ± 0.851	2.701 ± 1.004	−1.865
学习适应挫折感	2.357 ± 0.845	2.491 ± 1.085	−1.402
学习自信心挫折感	2.781 ± 0.969	2.957 ± 1.154	−1.731

7. 中职生学业挫折感在班级成绩排名上的差异

通过独立样本t检验，比较中职生学业挫折感在班级成绩排名上的差异，结果如表4-14所示。表4-14显示，不同班级成绩排名的中职生学业挫折感、学习动机挫折感、考试挫折感、学习压力挫折感、学习适应挫折感、学习自信心挫折感的得分都存在显著差异。其中，学业挫折感、学习动机挫折感、考试挫折感、学习压力挫折感、学习适应挫折感、学习自信心挫折感的得分高低与成绩排名呈现负相关的关系。

表4-14 中职生学业挫折感在班级成绩排名上的差异（$M \pm SD$）

	成绩排名	$M \pm SD$	F	多重检验
学业挫折感	前1/3	2.466 ± 0.744	17.087[***]	后1/3＞中1/3＞前1/3
	中1/3	2.607 ± 0.676		
	后1/3	2.829 ± 0.651		
学习动机挫折感	前1/3	2.625 ± 0.862	20.415[***]	后1/3＞中1/3＞前1/3
	中1/3	2.792 ± 0.783		
	后1/3	3.087 ± 0.766		

续表

	成绩排名	$M \pm SD$	F	多重检验
考试挫折感	前1/3	2.626 ± 0.972	8.314***	后1/3＞中1/3＞前1/3
	中1/3	2.770 ± 0.926		
	后1/3	2.968 ± 0.897		
学习压力挫折感	前1/3	2.390 ± 0.893	15.111***	后1/3＞中1/3＞前1/3
	中1/3	2.562 ± 0.849		
	后1/3	2.815 ± 0.844		
学习适应挫折感	前1/3	2.208 ± 0.896	18.237***	后1/3＞中1/3＞前1/3
	中1/3	2.369 ± 0.846		
	后1/3	2.677 ± 0.870		
学习自信心挫折感	前1/3	2.693 ± 1.031	6.273**	后1/3＞前1/3
	中1/3	2.797 ± 0.971		后1/3＞中1/3
	后1/3	3.008 ± 0.973		

三、讨论

（一）中职生学业挫折感现状分析

根据研究结果数据显示，中职生学业挫折感均分为2.602。在中职生学业挫折感的各维度中学习自信心挫折感均分（M=2.800）最高，学习环境挫折感均分（M=2.264）最低。该结果与刘远君等人（2019）的研究结果较为一致。究其原因，随着社会的发展，人们的经济物质需求都得到了一定的满足，知识的获取成为更主要的急需品，相比较之下，学生在学业上体验到的挫折感更突出。此外，中职生因为自己付出的努力与结果不成正比而感到失落，在学习自信心上受到极大的挫败，自我认同感低。现中职学生因为成绩不理想、考试失利等各种因素进入职业学校学习，各种内外因成为学业挫折感的诱因，让一些中职学生产生自己是"差生"的错误观念，导致学习兴趣下降，学业挫折感的消极情感体验增加。另外，外界对于中职生有所误解，一部分人认为中职学生"不学无术""不务正业"，这样的说法让许多中职学生容易产生自卑感，所以其学习态度有所怠慢，学习积极性也不高，更不在意学习成绩的好坏。最后，如果面对学业压力和挫折没有积极解决，会给正值韶华的中职生带来巨大的心理伤害。在这样的情况下，应该对学习积极情绪不高、缺乏自信心的中职生需要正确的引导，对学业满足感体验较弱的中职生给予更多的帮助。

（二）中职生学业挫折感特点分析

1. 中职生学业挫折感的性别差异分析

研究结果显示，男女生中职生学业挫折感中的学习适应挫折感存在显著差异。这与金雪等人（2016）的研究存在一致性，男生的学业韧性显著低于女生。社会不断发展，思想也会冲破束缚，"女子不如男"的老旧说法也在不断被打破。女生做事更加细致、耐心、稳重，在这样的性格对比下，女生的韧性会比男生更好一些，那么所对应的适应能力也会略胜一筹，男生体验的学习适应挫折感也要多于女生。第一，女生的学习自信心挫折感得分显著高于男生。这可能与女生在未进入中职院校前对于未来生活、工作以及学习抱有憧憬，但是因为考试失利等消极原因成为中职生，在一定程度上打击了她们的自信心有关。并且有研究表明，中职女生的自信心水平还存在一定的提升空间（贺香沛、吴兴，2014）。这可能是因为正处于青春期的中职女生情感变化强烈并且较为敏感，情绪起伏往往比男生更强烈，且自信心水平不够稳定，学习自信心挫折感易高于男生。第二，男生的学业挫折感总分、学习动机挫折感、学习环境挫折感、考试挫折感、学习压力挫折感、学习适应挫折感得分显著高于女生。该结果与杨秀君（2013）的结果较为一致，男生的学习挫折较多于女生。这可能是因为一般家庭中会给予男生更高的期望值，在长辈的期待中他们的学习压力也在不断增加，但同处于青春期的男生此时活泼好动，喜好课外活动，在学习方面有所松懈，因而往往难以收获理想的成绩。另外，正处青春期的男生好胜心强，在遇到考试失利和学习困难时，多是以逃避的方式应对，容易出现自我效能感降低、学习自信心下降、自我发展意识不强等消极现象。综合以上情况，男生的学业挫折感易多于女生。

2. 独生与非独生子女中职生学业挫折感差异分析

研究结果显示，独生子女和非独生子女中职生在学业挫折感中的考试挫折感方面存在显著差异。另外，独生子女的学习压力挫折感、学习适应挫折感得分显著高于非独生子女，而非独生子女在学业挫折感总分、学习动机挫折感、学习环境挫折感、考试挫折感以及学习自信心挫折感维度上都显著高于独生子女。在社会化过程中，由于家庭结构、家庭教养方式等方面的差异，在学业挫折感以及其各维度中也存在差异。根据家庭资源稀缺理论（Schmeer et al.，2009），非独生子女获得的家庭物质支持相对来说比独生子女少，受到的关注也会相对较少，非独生子女的学习动机容易受到打击，会因为父母的原因而失去学习兴趣，面对考试失利的情境，遇到挫折无法积极应对，长此以往，对于学习成绩差的状况会产生自卑感，失去自信。那么在面对学业挫折等负性事件缺少心理支持的情况下，非独生子女的挫败感体验较多，对于自我价值的实现欲望较为强烈，面对与学习相关问题，急于求成，易获得较多悲观情绪体验，学业挫折感增强。许多独生子女在家庭结构的限制下，没有兄弟姐妹给予支持，往往独自承受压力，遇到难题时多是默默消化。另外，独生子女有着较为充分的成长优势：父母给予丰富的经济、物质资源；充分的关怀和照顾；成长环境优越等。但是家庭的过高期望和过度的关爱会适得其反，使部分独生子女在学习适应性上无法达到良好水平，面对学习压力"喘不过气"，体验到的挫折感较非独生子女更多。

3.中职生学业挫折感的来源变量分析

研究结果显示，来自城镇的中职生学业挫折感总分、学习动机挫折感、学习环境挫折感、考试挫折感、学习压力挫折感、学习适应挫折感、学习自信心挫折感得分都显著高于来自乡村的中职生。有研究表明，在一定程度上，乡村孩子相较城镇孩子在成长过程中经历的挫折要多，他们有独立意识且能够积极解决问题，应对挫折的方式和能力都比较强（黄沁舒，2011）。在一定的物质基础条件下，来自城镇的中职生没有经历过多的挫折事件，相比之下，来自乡村的中职生在学业上遇到挫折能够及时克服化解，这与陈维等人（2016）的研究结果较为一致。中职生处于青春期，身体发展本就不太稳定，由于生存成长环境的原因，乡村中职生自幼面临和接触的困境更多，在较为艰苦的环境中对于挫折和压力无法逃避，多是以正面的态度应对问题，不断累积经验，在非正式的学习环境中解决问题的能力、自我发展等方面也有所提高。同时，大部分乡村学生具有坚毅的品格，吃苦耐劳，在面对"知识改变命运"的机会下都能积极应对学习困难，因而学业挫折感以及各因子的得分低于城镇中职生。

4.中职生学业挫折感的年级差异分析

研究结果显示，不同年级的中职生学业挫折感总分、学习动机挫折感、考试挫折感、学习适应挫折感的得分都存在显著差异。首先，一年级学生的学业挫折感总分、考试挫折感、学习适应挫折感得分高于二年级学生。其次，一年级学生的学习动机挫折感得分高于二、三年级学生。有研究表明，面对挫折，低年级中职生较高年级中职生会使用更多的应对策略（彭小英，2013），这说明低年级中职生较易产生挫折感。一方面，中职学生进入一个全新的学习环境，并且对学习的内容从未接触过，需要一段时间适应，不能及时适应以及无法适应的中职生较易产生学业挫折感；另一方面，一年级是学习新知识的开始阶段也是十分重要的阶段，掌握基础知识才能进阶，没有夯实的基础，也会影响其后的学习状态。

5.中职生学业挫折感的学科差异分析

研究结果显示，文、理科中职生在学业挫折感总分以及除学习适应挫折感外的其他维度上都存在显著差异，且文科中职生在学业挫折感总分以及各维度上的得分显著高于理科中职生。因为亲戚长辈学习理科以后工作待遇高的说法而选择学习理科的人数不胜数，加之处于青春期的大部分学生缺乏主见，决定权、执行力等方面能力较为逊色，所以许多中职生在毫无准备的情况下接受了"安排"。另外因为国情的实际需要以及国家对人才的需求，技术人才短缺，高精尖人才更是难寻致使无论是就业前景还是工作待遇方面都使理科生有了"一席之地"。由于形势原因，文科中职生容易产生心理压力。首先，学习动机易产生挫败感，面对学业上的困难会产生悲观情绪，长时间如此会导致自我效能感降低，学习自信心下降。其次是文科中职生社会上的人才需求量略逊于理科中职生，就业机会大幅度的减少、竞争大，使得文科中职生就业压力愈来愈大，在精神紧张的状态下，学业压力所带来的挫折感不断增强，很有可能会产生厌学、逃学等不良现象。综合以上情况，文科中职生学业挫折感易高于理科中职生。

6.重点中职学校与普通中职学校学生学业挫折感差异分析

研究结果显示，重点中职院校和普通中职院校学生学业挫折感总分、学习动机挫折感、考试挫折感得分存在显著差异。普通中职院校学生学业挫折感总分以及各维度得分显著高于重点中职院校学生。这可能是因为中职院校在社会上不受重视，人们对于职业院校的普遍认识都存在着一定的偏见。中职学生本就是因为成绩原因进入学校，并且他们原本的学业消极情绪多于积极情绪（严鹏展、程思傲、孙芳萍，2011）。职业学校对于技术实践、专业训练等实操方面的重视多于基础考试，在不同程度上给予学生压力，使学生获得的成就感以及成功体验降低。另外，部分普通职业学校的学习氛围一般，中职生体验到的是更为消极的学习生活，学校归属感差，面对学业上的挫折，消极悲观情绪强烈，易产生自卑心理。而重点中职院校的学习环境、氛围以及教学水平相对比普通中职院校要优越得多，学生的学习态度会更加端正，学习能力也得到提高，因而体验到的学业挫折感相对较少（严鹏展、程思傲、孙芳萍，2011）。

7. 中职生学业挫折感的成绩差异分析

研究结果显示，不同学习成绩排名的中职生在学业挫折感总分以及除学习环境挫折感外的各维度上存在显著差异，并且得分高低与学习成绩排名呈现负相关的关系。并且有研究表明，成绩排名靠后学生的挫折水平得分高于成绩排名中前的学生（苑青，2011）。这可能是因为成绩较好的中职生收获到的成功体验相对较多，这在一定程度上也给予了他们克服学业挫折的决心。而成绩不理想的中职生由于学业表现较差，加之学业上的难题因为自身的能力水平有限而得不到及时有效解决，自我效能感降低，更容易产生和积压消极情绪。由于对学业挫折产生无力感，于是他们对学习"不思进取"，借以逃避失败的体验，殊不知易于形成恶性循环，使学业挫折感体验愈来愈强。

总之，中职生学业挫折感处于较高水平；不同类型（性别、是否独生子女、来源变量、年级、学科、重点与普通中学以及成绩等）的中职学生的学业挫折感均存在显著差异。

第三节　大学生学业挫折感现状分析

对于大学生而言，学习是其在大学校园里的主要任务。然而，国内外关于大学生学业挫折感的研究却是少之又少。因此，对大学生的学业挫折感现状进行了解显得尤为重要。

为了解普通本科生（以下简称大学生）学业挫折感现状与特点，采用"青年学生学业挫折感问卷"对1 899名大学生进行调查。考察其学业挫折感总体水平，以及学业挫折感在性别、年级、是否独生子女、家庭来源、是否师范生、学科专业、成绩排名等方面的差异。结果显示，大学生的学业挫折感水平偏低，其中，学习环境挫折感最低；大学生学业挫折感在性别、是否为独生子女、是否为师范生、家庭来源、年级、专业和学习成绩等人口学变量上存在显著差异（刘远君、吴佩霞、张旭东，2019）。

一、女大学生学业挫折感现状

已有研究发现，将近两成的大学生在学习上遭遇挫折后会产生"较强或很强"的挫折感（张旭东，2014）。有研究认为，学业挫折感将导致学生抱负水平和成就动机降低，进而使得学生进行消极的自我归因并形成消极的自我概念（曾伏云，2002）。分此部对大学生的学业挫折感现状进行了解显得尤为重要。此部分探讨女大学生学业挫折感现状及特点，在了解女大学生的学业挫折感现状的基础上，探讨相应问题，并根据发现的问题提出适当有效的建议（谢伟瑜、梅祖宜、黄华，2020）。

（一）研究方法

1.研究对象

随机抽取在校女大学生进行调查，共发放976份问卷，收回有效问卷962份，问卷有效率为98.57%。其中，独生子女181人，非独生子女781人；来自城镇大学生413人，来自乡村大学生549人；大一226人，大二 325人，大三303人，大四108人；文科556人，理科270人，工科116人，术科20人；师范生326

人，非师范生636人；336人成绩排名在前1/3，504人成绩排名在中1/3，122人成绩排名在后1/3。

2. 研究工具

采用付媛姝、张旭东等人（2022）编制的"青年学生学业挫折感问卷"，参见附件1。

3. 施测过程和数据处理

随机抽取本科院校学生为被试，问卷填写均采用无记名方式。所有数据均使用SPSS20.0进行描述性统计分析、相关分析和回归分析，再使用Amos22.0对所得的数据进行中介效应检验。

（二）研究结果

1. 女大学生学业挫折感的描述性统计

女大学生学业挫折感整体处于中等偏上水平（M=2.89），其中以学习自信心挫折感的水平最高（M=3.18），学习环境挫折感的水平最低（M=2.4675）。

2. 女大学生学业挫折感在人口学变量上的差异检验

结果显示，非独生与独生女大学生在学业挫折感总分上并不存在显著差异；乡村来源与城镇来源女大学生在学业挫折感总分上不存在显著差异；非师范生在学业挫折感总分要高于师范生，存在显著差异（T=-2.16，$P<0.05$）。经过多重比较分析后发现，不同年级女大学生在学业挫折感总分上存在显著差异（F=6.71，$P<0.001$），大三女大学生学业挫折感得分最高，大四女大学生得分最低；女大学生学业挫折感在学科上存在显著差异（F=5.81，$P<0.01$），工科生女大学生得分最高，术科女大学生得分最低；女大学生学业挫折感在成绩排名上存在显著差异（F=11.46，$P<0.001$），成绩排名在后1/3的女学生得分最高，排名在前1/3的女学生得分最低。

总之，女大学生的学业挫折感整体处于中等偏上水平，其中，学习自信心挫折感最高，学习环境挫折感最低。

二、高职生学业挫折感现状

对于高职学生来说，随着就业岗位对技术人才的技能要求的提高，他们学习的专业知识难度也逐渐增加，课业负担越来越重，学习成了他们的主要生活内容，而学业挫折也就成了他们主要的挫折来源。学业挫折会对高职生的学习生活带来消极影响（李春玉、李清、张旭东，2020）。

（一）研究方法

1. 研究对象

采取随机抽样的方法对全国18个省区市、32所高职院校的2 600名学生实施问卷调查，回收有效问卷2 326份，有效回收率为89.46%。其中，男生1311人，女生1 015人；高职一年级1 169人，二年级1 046人，三年级111人；独生子女580人，非独生子女1 746人；师范生434人，非师范生1 892人；城镇大学生为809人，乡村大学生为1 517人；理科生957人，文科生910人，工科生301人，术科生158人；班级成绩排名靠前1/3的有681人，而排名靠中1/3共有1 339人，后1/3的共有306人。

2. 研究工具

采用付媛姝、张旭东等人（2022）编制的"青年学生学业挫折感问卷"，参见附件1。

3. 实测过程与数据处理

随机抽取被试发放问卷，学生以无记名方式填写调查问卷；数据统计分析采用SPSS22.0进行。

（二）研究结果

1. 高职生学业挫折感总体特征

结果显示，高职生学业挫折感总体均分为2.707，略低于平均水平；各维度中学习自信心挫折感（$M=2.88$）的均分最高，而学习适应挫折感（$M=2.54$）的均分最低。

2. 高职生学业挫折感的差异检验

结果显示，高职生学业挫折感存在显著的性别差异，男生的环境挫折感、适应挫折感得分显著高于女生，女生的动机挫折感、考试挫折感、自信挫折感得分显著高于男生。高职生学业挫折感存在显著的家庭来源差异，来自城镇的高职生和来自乡村的高职生的动机挫折感存在显著差异，乡村高职生的动机挫折感得分显著高于城镇高职生。独生与非独生高职生学业挫折感存在显著差异，独生子女的环境挫折感、适应挫折感的得分显著高于非独生子女，而非独生子女的动机挫折感得分显著高于独生子女；师范和非师范高职生学业挫折感存在显著差异，师范生的考试挫折感、压力挫折感的得分高于非师范生，而非师范生的环境挫折感得分高于师范生。经过多重比较分析后发现，高职生学业挫折感的年级差异显著，大三学生的动机挫折感、考试挫折感、压力挫折感、自信挫折感、学业挫折感的得分均显著低于大一和大二学生的得分；高职生学业挫折感的学科差异显著，文科生、理科生在动机挫折感、考试挫折感、自信心挫折感、学业挫折感的得分上显著高于术科生；工科生在动机挫折感、考试挫折感、自信挫折感的得分上高于术科生；理科生、工科生在环境挫折感的得分上显著高于文科生；文科生在自信心挫折感的得分上显著高于理科生。高职生学业挫折感的成绩排名差异显著，不同成绩排名的高职生在动机挫折感、考试挫折感、压力挫折感、适应挫折感、自信挫折感、学业挫折感的得分上存在显著差异，其中动机挫折感、考试挫折感、压力挫折感、适应挫折感、自信挫折感、学业挫折感的得分高低均与成绩排名呈现负相关。

总之，高职生的学业挫折感整体处于中等水平；不同类型（性别、年级、专业、是否为独生子女、是否为师范生、成绩排名）的高职生学业挫折感存在显著差异。

第五章　高中生学业挫折感的影响机制研究

本章采用问卷调查法从两个方面探讨高中生学业挫折感的影响机制：（1）探讨高中生心理弹性对学业挫折感的影响，考察核心素养和手机依赖的链式中介作用；（2）探讨中职生手机依赖对学业挫折感的影响，考察核心素养的中介作用。

第一节　高中生心理弹性对学业挫折感的影响机制

有研究表明，学业挫折感与心理弹性密切相关，学生学业挫折感越强烈，就越容易表现出更少的心理弹性和更弱的胜任力，更容易放弃一些自我表现的任务和目标（ParkL E.，2007）。高中生心理弹性对核心素养具有正向预测作用；学生的学业挫折感强，容易导致手机依赖；手机依赖与心理弹性、核心素养密切相关，核心素养在心理弹性与手机依赖之间的中介作用显著（李清、黄华、张旭东等，2021）。

一、普通高中生心理弹性对学业挫折感的影响机制

高中生的心理弹性、学业挫折感、核心素养、手机依赖关系之间到底是什么关系？这是一个值得探讨的问题。但遗憾的是，迄今为止，尚未有这四种因素之间关系的探讨，也缺少高中生作为对象的研究。依据上述分析，可提出如下假设。H1：核心素养在心理弹性和学业挫折感之间起部分中介作用。H2：手机依赖在心理弹性和学业挫折感之间起部分中介作用。H3：核心素养和手机依赖在心理弹性和学业挫折感之间起链式中介作用。到底是否如此，要

通过研究得以检验。具体内容已刊登在《中国健康心理学杂志》2021年第11期第1707~1712页（通讯作者：张旭东），此处仅简要介绍。

（一）研究对象与方法

1.研究对象

本研究抽取了普通高中生作为被试，采用问卷调查方法，随机发放问卷3 051份，共收集有效问卷2 540份，有效率为83.25%。其中男生1 241人，女生1 299人；独生子女626人，非独生子女1 914人；城镇高中生为1 026人，乡村高中生为1 514人；重点学校高中生1 627人，普通学校高中生913人；高一845人，高二1 231人，高三464人；文科生496人，理科生1 655人，术科生121人，暂无分科268人；班级成绩排名靠前1/3的有726人，排名靠中1/3共有1 328人，排名靠后1/3的共有486人。

2.研究工具

（1）青少年心理弹性量表

采用李海垒、张文新、张金宝等人（2008）修订的"青少年心理弹性量表"，量表由51道题目组成，其中包括11个维度，分别是教师关怀、亲戚关怀、家庭平等与自主、社会能力、自我觉察、学校社会积极参与、同伴高期望值、同伴亲密关系、问题解决与自我效能、家庭高期望值、目标与志向。经检测，青少年心理弹性量表信度较好，Cronbach's α系数为0.948，11个维度的内部一致性系数分别为0.895，0.924，0.812，0.777，0.775，0.786，0.850，0.857，0.774，0.758，0.624。问卷采用4点计分法，得分越高，代表心理弹性越强。

（2）青年学生学业挫折感问卷

采用付媛姝、张旭东等人（2022）编制的"青年学生学业挫折感问卷"，参见附件1。

（3）青年学生核心素养问卷

根据林崇德《构建中国化的学生发展核心素养》一文的理论构想（林崇德，2017），张旭东等人编制了"青年学生核心素养问卷"，参见附件2。

（4）手机依赖性量表

采用黄海、牛露颖、周春燕等人（2014）编制的"手机依赖指数量表"，该量表包含失控性、戒断性、逃避性、低效性4个维度，共17个题目。总量表及4个维度的内部一致性系数分别为0.92，0.86，0.84，0.88，0.79。每个条目采用1（一点也不）～5（总是）5点正向计分，得分越高表示手机依赖程度越重。

3. 数据处理

本研究对高中生进行问卷调查收集数据，并使用SPSS22.0统计软件包和Process宏程序插件进行数据处理与分析。

（二）结果与分析

1. 共同方法偏差

采用Harman单因素检验法（周浩、龙立荣，2004），将心理弹性、核心素养、手机依赖与学业挫折感量四个变量放在一起同时进行共同方法偏差检验，结果发现，按照特征根大于1的标准，未旋转的因素分析共析出了27个因子，第一个因子只解释了总变异量的17.43%，小于40%。因此，本研究不存在共同方法偏差问题。

2. 主要变量的描述统计和相关分析

表5-1列出了各变量的平均数和标准差及皮尔逊积差相关系数。研究表明，所有变量之间呈两两显著相关。其中，心理弹性与核心素养、手机依赖与学业挫折感呈显著正相关，心理弹性与手机依赖、学业挫折感呈显著负相关，核心素养与手机依赖、学业挫折感呈显著负相关。

表5-1　各变量描述性统计和相关分析结果

	M	SD	1	2	3	4
1.心理弹性	2.86	0.51	1			
2.核心素养	3.57	0.59	0.62***	1		
3.手机依赖	2.71	0.79	−0.07**	−0.13***	1	
4.学业挫折感	2.72	0.71	−0.20***	−0.21***	0.48***	1

注：* 代表$p<.05$，** 代表$p<.01$，*** 代表$p<.001$。下同。

3. 链式中介效应分析

在心理弹性与学业挫折感的关系中，既包括核心素养的部分中介效应，也包括核心素养和手机依赖的部分中介效应（图5-1）。

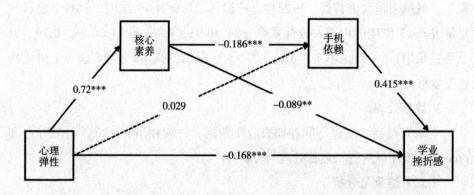

图5-1　核心素养与手机依赖在心理弹性和学业挫折感的影响间的中介模型

总之，高中生心理弹性与学业挫折感（$r=-0.20$，$p<0.001$）和手机依赖（$r=-0.07$，$p=<0.01$）之间均呈显著负相关，与核心素养存在显著正相关（$r=0.62$，$p<0.001$）；高中生心理弹性能显著负向预测学业挫折感（$t=-0.09$，$p=<0.01$），显著正向预测核心素养（$t=0.72$，$p=<0.001$）；核心素养和手机依赖在心理弹性对学业挫折感影响间的链式中介作用成立。

二、高中女生心理弹性对学业挫折感的影响机制

随着市场竞争日渐加剧，人才选拔也更加严格。作为备战高考的高中生，学业成绩一贯被学校、家长、老师、同学作为评价的最重要标准，学业压力也成为他们最主要的压力来源（李桂青、谭光霞，2015）。高中生群体的教育问题一直以来备受社会各界的广泛关注，但我国社会、学校、家庭的教育更多地强调如何成功，而在如何应对失败等问题上指导甚少。因而高中生在经历学业挫折情境后常常会手足无措，极易遭受挫折感。此外，高中阶段性别差异日趋明显，已有研究从不同角度揭示了男女生心理问题在高中阶段的性别差异。所以，本研究着重选择感知较为细腻、情感较为脆弱、负性情绪较易产生、学业挫折感水平较高的女生群体作为研究对象（王帆等，2014）。国内学者针对心理弹性的研究逐渐增多，查阅相关资料可知，学习压力（姬彦红，2013）、学业成绩（李桂青、谭光霞，2015）、学校适应（张光珍等，2017）等因素都与心理弹性呈显著相关。也有研究表明，个体心理弹性越高，挫折心理越低，不同心理弹性水平的人对挫折情境的认知也是不同的（臧运洪、伍

麟，2016）。故而进一步探讨心理弹性对高中女生学业挫折感的影响，以便帮助其发掘自身积极的人格特质，从而降低学业挫折感，提升心理健康水平。

（一）研究对象与方法

1.研究对象

本研究选取1 420名普通高中生实施问卷调查，回收有效问卷1 299份，有效回收率为91.48%。包含高中男生680名，高中女生619名。选取高中女生被试数据，其中，独生子女155人，非独生子女464人；城镇家庭来源333人，农村家庭来源286人；高一131人，高二318人，高三170人；重点学校266人，普通学校353人。

2.研究工具

（1）青少年心理弹性量表

采用李海垒、张文新、张金宝等人（2008）修订的"青少年心理弹性量表"，量表由51道题目组成，其中包括11个维度，分别是教师关怀、亲戚关怀、家庭平等与自主、社会能力、自我觉察、学校社会积极参与、同伴高期望值、同伴亲密关系、问题解决与自我效能、家庭高期望值、目标与志向。经检测，青少年心理弹性量表信度较好，Cronbachs' α系数为0.948，11个维度的内部一致性系数分别为0.895，0.924，0.812，0.777，0.775，0.786，0.850，0.857，0.774，0.758，0.624。问卷采用4点计分法，得分越高，代表心理弹性越强。

（2）青年学生学业挫折感问卷

采用付媛姝、张旭东等人（2022）编制的"青年学生学业挫折感问卷"，参见附件1。

（3）青年学生核心素养问卷

根据林崇德《构建中国化的学生发展核心素养》一文的理论构想（林崇德，2017），张旭东等人编制了"青年学生核心素养问卷"，参见附件2。

3.施测过程与数据处理

随机抽取被试进行调查，完成数据采集后，利用统计软件SPSS 22.0和Amos 21进行分析。

（二）结果与分析

1. 高中女生心理弹性、学业挫折感与核心素养的相关分析

对心理弹性总分、核心素养总分与学业挫折感总分各因子做相关分析，结果如5-2所示，高中女生心理弹性与学业挫折感呈显著负相关，心理弹性与核心素养呈显著正相关，学业挫折感与核心素养呈显著负相关。

表5-2　高中女生心理弹性、学业挫折感、核心素养的相关

	平均数	标准差	1	2	3
1.心理弹性	2.825	0.482	1		
2.学业挫折感	2.946	0.689	−0.160**	1	
3.核心素养	3.506	0.599	0.539**	−0.171**	1

2. 高中女生心理弹性、学业挫折感与核心素养的逐步回归分析

（1）高中女生学业挫折感对心理弹性的逐步回归分析。以心理弹性总分及各因子作为 X，学业挫折感总分作为 Y，采取逐步回归分析的方式，以了解心理弹性对学业挫折感的预测力，具体见表5-3。由表5-3可知，心理弹性的3个因子进入回归方程，问题解决与自我效能和同伴高期望值对学业挫折感具有负向预测作用，而学校社会积极参与对学业挫折感具有正向预测作用。（注："X"为预测变量，"Y"为因变量，下同）

表5-3　高中女生学业挫折感对心理弹性的逐步回归分析

因变量	预测变量	R	R^2	调整R^2	F	B	β	t
学业挫折感总分	方程模型	0.238	0.056	0.052	12.271	3.557		28.583***
	问题解决与自我效能					−0.201	−0.177	−3.757***
	同伴高期望值					−0.121	−0.135	−2.963**
	学校社会积极参与					0.095	0.096	2.129*

（2）高中女生核心素养对心理弹性的逐步回归分析。以心理弹性总分及其各因子为 X，以核心素养总分为 Y，进行逐步回归分析，结果如表5-4所示，心理弹性总分及其5个因子进入回归方程。其中，心理弹性总分及自我觉察、

问题解决与自我效能、目标与志向3个因子均对核心素养具有正向预测作用，家庭高期望值和同伴亲密关系对核心素养具有负向预测作用。

表5-4　高中女生核心素养对心理弹性的逐步回归分析

因变量	预测变量	R	R^2	调整R^2	F	B	β	t
核心素养总分	方程模型	0.625	0.391	0.384	56.022	1.611		13.323***
	心理弹性总分					0.514	0.413	4.741***
	自我觉察					0.139	0.168	3.954***
	问题解决与自我效能					0.160	0.163	3.364**
	家庭高期望值					−0.142	−0.153	−3.564***
	同伴亲密关系					−0.112	−0.140	−3.092**
	目标与志向					0.086	0.088	2.127*

（3）高中女生学业挫折感对核心素养的逐步回归分析。将核心素养总分及各因子设为预测变量，学业挫折感总分设为因变量，采取逐步回归分析的方法，结果如表5-5所示，在核心素养中，自我管理因子进入回归方程，并对学业挫折感具有负向预测作用。

表5-5　高中女生学业挫折感对核心素养的逐步回归分析

因变量	预测变量	R	R^2	调整R^2	F	B	β	t
学业挫折感总分	方程模型	0.301	0.091	0.089	61.657	3.755		35.300***
	自我管理					−0.257	−0.301	−7.852***

3. 构建模型

（1）核心素养的Amos结构方程检验。根据上述的相关分析，可知心理弹性、学业挫折感、核心素养三者之间呈显著相关，具备进行中介效应检验的条件。为了验证本研究的主要假设：核心素养在心理弹性和学业挫折感之间具有中介作用，采用Amos软件构建心理弹性、学业挫折感、核心素养的结构方程模型，进一步验证核心素养的中介效应，具体内容如表5-6和图5-2所示。

表5-6　高中女生核心素养作为中介变量的拟合指数

	χ^2	df	χ^2/df	TLI	NFI	GFI	RMSEA
修正模型前	1 490.013	296	5.034	0.831	0.815	0.837	0.081
修正模型后	637.901	269	2.371	0.942	0.925	0.925	0.047

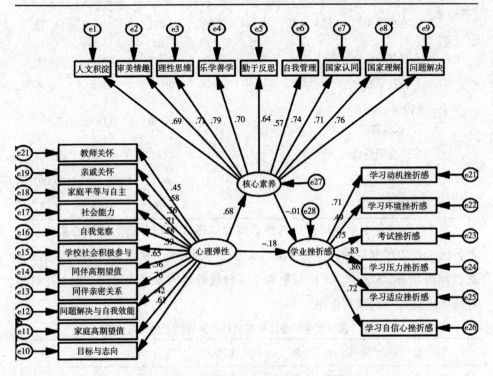

图5-2　核心素养在心理弹性与学业挫折感之间的中介模型

　　本研究提出的关系假设为心理弹性可以直接影响学业挫折感，也可以通过核心素养作用于学业挫折感。在该假设关系的基础上，本研究构建结构方程模型，由表5-6可见，中介模型修正前的拟合指数CMIN/DF，TLI，NFI，GFI，RMSEA的指标均没有达标，因此模型拟合度还达不到常用模型评价标准。修正后的模型拟合指数 CMIN/DF＝2.371，CMIN/DF小于3，模型拟合度良好；RMSEA为0.047，RMSEA小于0.05，模型拟合度良好；TLI、NFI和GFI均大于0.9，说明修正后的模型拟合度良好。本研究采用修订后的模型作为中介，如表5-7结果显示，心理弹性对核心素养的路径显著，心理弹性对学业挫折感的路径显著，但核心素养对学业挫折感的路径不显著（p=0.859，

$p>0.05$），因而，未能在Amos软件中验证核心素养在心理弹性和学业挫折感间的中介作用。

表5-7 结构方程模型的路径系数

路径	Estimate	S.E.	C.R.	P
核心素养←心理弹性	0.677	0.089	11.194	0.000***
学业挫折感←核心素养	−0.012	0.071	−0.177	0.859
学业挫折感←心理弹性	−0.177	0.109	−2.594	0.010*

（2）核心素养的中介效应检验。上述中介作用检验结果呈现，核心素养在心理弹性对学业挫折感的影响中未能呈现中介作用。由于Amos软件需要同时检验多组变量，对数据的要求极高，而常用的回归方式则能够允许变量逐一进行检验。为了再一次检验核心素养的中介作用，本研究采用温忠麟等人（2004）提出的中介效应检验程序，进行回归分析，假定核心素养在心理弹性对学业挫折感的影响中，饰演中介变量的角色。假设模型见图5-3。

由前面的分析可知，核心素养、心理弹性和学业挫折感三者相互之间呈显著相关，符合中介效应检验的基础条件。

中介效应检验具体步骤如下：第一步，以心理弹性作为自变量，学业挫折感作为因变量，采用进入的方法做回归分析，检验c；第二步，以心理弹性作为自变量，核心素养为因变量，采用进入回归的方法，检验a；第三步，以心理弹性和核心素养作为自变量，学业挫折感作为因变量，采用进入回归的方法，检验b和c'，具体结果如表5-8所示。

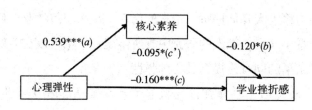

图5-3 核心素养为中介变量的假设模型

表5-8 核心素养的中介效应检验结果

	标准化回归方程	回归系数检验
第一步	$y=-0.160x$	SE=0.057，$t=-4.018$***
第二步	$m=0.539x$	SE=0.042，$t=15.894$***
第三步	$y=-0.095x$	SE=0.067，$t=-2.027$*
	$-0.120m$	SE=0.054，$t=-2.547$*

注: SE为标准误差；x: 心理弹性；y: 学业挫折感；m: 核心素养。

表5-8表明，心理弹性对学业挫折感的总效应c显著（$\beta=-0.160$，$p<0.001$），心理弹性对核心素养的路径系数a显著（$\beta=0.539$，$p<0.001$），心理弹性和核心素养结合成为自变量对学业挫折感的路径系数b，c'显著（b: $\beta=-0.120$，$p<0.05$；c': $\beta=-0.095$，$p<0.05$）。根据检验程序，由于a，b，c，c'显著，因此，核心素养在心理弹性和学业挫折感之间起部分中介作用，中介效应占总效应的40.43%。

（二）讨论

1.高中女生心理弹性、学业挫折感与核心素养的相关分析

从本研究的相关分析结果来看，高中女生的心理弹性、学业挫折感与核心素养两两相关显著。心理弹性总分与学业挫折感呈显著负相关，即心理弹性水平越高，学业挫折感水平越低。挫折感的产生反映了学生的心理承受力仍较低（臧运洪、伍麟，2016）。如若当高中女生面对学习成绩不理想、学习任务繁重、学习竞争激烈等学业压力时，能够从容地采取积极的方式应对，内心的接纳与调节能力将大大降低挫折感带来的伤害，从而获得学业上良好的适应结果。这在邝廷舜（2011）等人的研究中有所体现：学生可以在能处理好挫折导致的直接消极结果的同时，提高其心理弹性。

本研究结果显示，心理弹性与核心素养呈显著正相关。拥有良好心理弹性水平对学生的全面发展具有积极的推进作用。当核心素养与创新教学相结合，研究发现，通过对初中生体育课程改革以提高学生的身体素质，同时也可以提高学生的心理素质和心理弹性水平，发展学生综合能力（马裕文，2018）。当然，对于为了成功的大学生活、职业发展与终身学习做准备的高中

生也一样。基于核心素养观，关注高中生目前的身心发展需要，为不同潜能的学生创造条件，有利于健全其身体心理素质。因此，养成良好的心理弹性水平和核心素养的提高密切相关。

本研究结果表明，高中女生应从容应对学业挫折，减少消极心理体验，学业挫折感越低，核心素养水平则越高。林崇德（2017）认为，全面发展的学生在自主性、社会性和文化性三方面的表现较为突出。学生学会学习，正视自我，选择合理的学习动机，习得人文、科学等各领域的知识和技能，才能更好地应对学业上的打击与压力。当今，"挫折教育"已然成为我国素质教育发展中不可或缺的一部分。课程设置让学生在学习过程中体验挫折，以增强心理承受挫折能力，减轻学业挫折感带来的消极影响，是基于核心素养观下的一种教育活动。因此，在高中女生学习与体验挫折教育课程的过程中，培养吃苦耐劳、积极乐观的心理品质，有助于提高其应对挫折的能力，借此，核心素养教育也能得到进一步的发展与完善。

2. 高中女生心理弹性、学业挫折感与核心素养的回归分析

本研究显示，心理弹性中的问题解决与自我效能和同伴高期望值对学业挫折感具有负向预测作用，而学校、社会积极参与对学业挫折感具有正向预测作用。可解释为当高中女生个体具有善于解决问题的能力并与同伴建立良好的关系、获得同伴的积极关注时，她们将体验到较少的学业挫折感，以及较少地参与学校、社会的激烈竞争也能使高中女生降低学业挫折感。已有研究表明：具备良好沟通能力的个体在遭遇困难时容易从他人那里获得支持与帮助，同时，个体解决问题的实践锻炼有利于其在困难面前灵活做出适应现实环境变化的调节行为，因此对挫折感有预测作用（曹静梅，1993）。这启示我们，降低高中女生的学业挫折感可从改善人际关系与提高个人解决问题的能力等方面着手。

本研究表明，心理弹性总分及自我觉察、问题解决与自我效能、目标与志向均对核心素养具有正向预测作用，而家庭高期望值和同伴亲密关系对核心素养具有负向预测作用，即当高中女生能够正确认识自己，通过学校的成功教育和职业指导，提高自我效能感并确立坚定的目标，可预测个人核心素养的水平，落实并推进我国的素质教育。而当高中女生在学业、生活中受到父母、亲

人的过高期望，同学、朋友的过多关注则会造成压力，以及产生难以排解的消极情绪，这将影响个人的综合发展。林崇德等人（2017）指出：体现"核心素养"综合性特质的素质教育注重培养学生的人格修养与个性发展。学生作为独立个体，认识自我价值、挖掘个人潜能，有效应对复杂多变的环境，树立明确的人生方向，才能够实现美丽人生。

本研究发现，核心素养的自我管理因子对学业挫折感具有负向预测作用。可理解为当高中女生具有良好的自我管理能力以及自信、自主、自律时，利于降低学业挫折感所带来的消极影响。在此方面，我国有学者曾进行研究：采取自我激励方法来培养学生的自信心，坚持自我鞭策的方式形成自觉行为，运用挫折教育理论增强学生应对挫折的耐受力，这对提高学生的综合素质起到了明显的推进作用（何有缘等，2009）。因此，个体核心素养的自我管理能力越强，则心态越好，遭受各方面挫折的不利影响也就越少。

3. 高中女生心理弹性、学业挫折感与核心素养的模型分析

本研究以心理弹性作为自变量、核心素养为中介变量、学业挫折感作为因变量，构建核心素养在心理弹性和学业挫折感之间的中介作用模型，不仅探讨了何种因素会影响高中女生的学业挫折感，还对影响因素是"如何"（怎样）影响高中女生的学业挫折感的进行了探讨。

根据温忠麟等人提出的中介检验程序，本研究结果显示，核心素养在心理弹性与学业挫折感之间的中介效应显著，且起着部分中介作用。说明高中女生的心理弹性不仅能直接预测学业挫折感，还能通过核心素养的中介作用来间接影响高中女生的学业挫折感，即高中女生良好的心理弹性能提高其核心素养，从而进一步降低学业挫折感。有研究表明，学生核心素养包含学习能力与认知，这与学生能否审视个人学习状态、调节学习策略、灵活处理问题密切相关（林崇德，2018）。缺乏自信、自我效能感低的学生，常常以消极的态度看待问题，不能及时调整自己的不良情绪，容易在繁重的学业任务上受挫。相反，兼备信心与能力的学生，她们积极乐观，拥有妥善管理自己情绪的能力，在困难面前能够积极寻找解决办法，所以学业挫折水平偏低（申鲁军，2016）。由此可见，心理弹性可以通过核心素养间接有效地缓解高中女生的学业压力与学业挫折感。

综上所述，核心素养是个体消极情绪体验（学业挫折感）的保护因素，当个体想要减少学业挫折感时，可以通过更多的核心素养作为间接支持。

总之，高中女生心理弹性、学业挫折感与核心素养之间两两相关显著；高中女生心理弹性对核心素养具有显著正向预测作用，心理弹性的问题解决与自我效能、同伴高期望值对学业挫折感具有负向预测作用，学校社会积极参与对学业挫折感具有正向预测作用，而核心素养的自我管理因子对学业挫折感具有负向预测作用；核心素养在心理弹性与学业挫折感之间具有部分中介作用，中介效应占总效应的40.43%。

三、中职生心理弹性对学业挫折感的影响机制

本研究旨在探讨中职生心理弹性、核心素养与学业挫折感三者之间的关系以及核心素养是否在心理弹性与学业挫折感之间存在中介作用（曾淑仪、谭婉莹、张旭东等，2020）。该文已刊登在《中国健康心理学杂志》2020年第12期第1881~1887页（通讯作者：张旭东），此处仅简要介绍。

（一）研究对象与方法

1.研究对象

本研究抽取了广东省肇庆、中山、深圳、东莞、梅州五个地级市共6所中职院校的1 631名中职生作为被试，采取随机抽样的方法实施问卷调查，回收有效问卷1 320份，有效回收率为80.93%。其中，男生594人，女生726人；中职一年级学生601人，二年级学生649人，三年级学生70人；独生子女279人，非独生子女1 041人；城镇中职生为412人，乡村中职生为908人；理科生1 009人，文科生311人；重点学校学生1 180人，普通学校学生140人；班级成绩排名前1/3的有346人，排名靠中1/3的共有783人，排名靠后1/3的共有191人。

2.研究工具

（1）青少年心理弹性量表

采用李海垒、张文新、张金宝等人（2008）修订的"青少年心理弹性量表"，量表由51道题目组成，其中包括11个维度，分别是教师关怀、亲戚关怀、家庭平等与自主、社会能力、自我觉察、学校社会积极参与、同伴高期望值、同伴亲密关系、问题解决与自我效能、家庭高期望值、目标与志向。

经检测，青少年心理弹性量表信度较好，Cronbach's α系数为0.948，11个维度的内部一致性系数分别为0.895，0.924，0.812，0.777，0.775，0.786，0.850，0.857，0.774，0.758，0.624。问卷采用4点计分法，得分越高，代表心理弹性越强。

（2）青年学生学业挫折感问卷

采用张旭东等人编制的"青年学生学业挫折感问卷"，参见附件1。

（3）青年学生核心素养问卷

根据林崇德《构建中国化的学生发展核心素养》一文的理论构想（林崇德，2017），张旭东等人编制了"青年学生核心素养问卷"，参见附件2。

3. 施测过程与统计处理

采取随机抽样的方法发放问卷，被试采用不记名的方式填写问卷；数据处理与统计分析采用SPSS 22.0和Hayes编制的Process宏程序插件进行。

（二）结果与分析

1. 共同方法偏差检验

由于本研究所有的数据均来自被试自陈报告，结果可能受到共同方法偏差的影响。因此，采用Harman单因素检验法检验共同方法偏差（周浩、龙立荣，2016），将学业挫折感、心理弹性、核心素养三个变量放在一起同时进行探索性因素分析，结果发现，大于1的特征值因子有 25个，第一个因子仅能解释总方差变异的21.54%，小于40%。因此，本研究不存在严重的共同方法偏差。

2. 中职生心理弹性、学业挫折感、核心素养的相关分析

对中职生心理弹性、学业挫折感、核心素养三个变量做描述性统计和皮尔逊积差相关分析，统计结果如表5-9所示。中职生心理弹性、学业挫折感和核心素养各个维度均存在显著的相关关系。中职生心理弹性与学业挫折感之间呈显著负相关，中职生心理弹性与核心素养之间呈显著正相关。中职生核心素养与学业挫折感之间呈显著负相关。

表5-9　中职生心理弹性、学业挫折感、核心素养的相关分析

	平均数	标准差	1	2	3
1.心理弹性	2.852	0.529	1		
2.学业挫折感	2.602	0.699	−0.205**	1	
3.核心素养	3.527	0.638	0.676***	−0.211**	1

3. 核心素养在心理弹性和学业挫折感之间的中介效应检验

为了探析核心素养在心理弹性和学业挫折感的作用机制，采用SPSS 22.0和Hayes的Process3.3进行核心素养的中介效应检验，将核心素养作为中介变量，心理弹性作为预测变量，学业挫折感作为因变量进行中介效应分析（图5-4）。

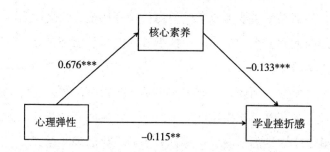

图5-4　核心素养在中职生心理弹性和学业挫折感之间的中介模型

总之，中职生心理弹性与学业挫折感之间存在显著负相关（*r*=−0.205，*P*<0.01）；中职生核心素养与学业挫折感之间存在显著负相关（*r*=−0.211，*P*<0.01）；中职生心理弹性与核心素养之间存在显著正相关（*r*=0.676，*P*<0.01）；中职生心理弹性不仅对学业挫折感有显著负向预测作（*β*=−0.205，*t*=−7.605，*P*<0.001），而且通过核心素养对学业挫折感起到显著负向预测作用（*β*=−0.115，*t*=−3.165，*P*<0.01），中职生心理弹性对核心素养起显著正向预测作用（*β*=0.676，*t*=33.327，*P*<0.001）；核心素养在心理弹性与学业挫折感之间起部分中介作用，且中介效应占总效应的43.9%。提高中职生心理弹性水平、加强其核心素养建设能够减少他们的学业挫折感体验，使其更积极地投入学业中。

第二节　中职生手机依赖对学业挫折感的影响机制

随着全国职业教育工作大会的召开，职业教育在迎来发展的同时，也对职校学生的素质和能力提出了更高的要求，带给他们更大的学业压力和挑战。在普遍存在学业基础薄弱、学习困难、学习能力偏低等问题的中职生面前（苏敏等，2017），这种学业压力和挑战很大程度上增加了他们在学习活动中遇到问题和障碍的概率，其体验到的学业挫折感不可避免地会增强。Sk Rahed Razzak（2018）在研究中发现，高中生体验到的挫折感越大，其学业成绩越低。从国内关于学业挫折感的探讨可以发现，学业挫折感的影响因素可以分为内外两部分。外部因素主要涉及学校教育、家庭环境、社会压力等（曾伏云，2002），内部因素主要涉及个体的抗挫折心理能力、核心素养、应对方式等心理行为变量（杨威等，2021）。由国内的研究可发现，内部因素对学业挫折感的影响作用不可忽视。因此，研究中职生学业挫折感问题，探讨学业挫折感与其他内部心理行为因素（如手机依赖）的关系，从而有针对性地提出应对方法和策略，对减少中职生的学业挫折感具有十分重要的现实意义。

2021年，教育部要求对中小学生使用手机进行严格管理，2021年1月，教育部办公厅印发了《关于加强中小学生手机管理工作的通知》，各地教育行政部门也纷纷出台政策响应。由此可见，因手机使用不当引发的各种问题越发引起国家和社会各界的重视，与此同时，青少年手机依赖问题也越来越严重（李燕、张艳艳，2020）。补偿性使用理论认为（2018），当人们经历压力或负面影响时，更容易通过增加手机的使用来缓解情绪不适。中职生作为青少年中一个庞大的群体，面临着更加复杂的校园环境、家庭环境和社会环境，承受着较大的心理压力和更多的负面影响（张欣，2020），这容易促使他们增加使用手机的频率。另外，中职生的辨别能力较差，容易受到外界不良因素的影响（王臻、孙远刚，2019），同时，部分中职生在学习上缺乏积极主动的学习态度，学习目标模糊，主观能动性欠缺，自控力较差，因而致使其沉迷手机，手机网络成瘾现象较严重（苏敏等，2017；李迎娣，2017）。有研究结果显示，对手机的依赖程度越高的中职生身体素质与器官功能越差，其日常活动功能也越差（于纪、王凌燕，2016），容易脱离现实生活，影响良好的人际关系发展，产生诸多心理健康问题（王洁艳、张静，2017），同时也给学业带来了不少的消极影响，如学业拖延行为增加（冀嘉嘉等，2014）、学业倦怠严重（黄雅洁、周洁，2016）、学业成就减少（姚伟民，2020）等。已有研究发现，大学生手机依赖程度越高，感受到的学业挫折感越强（谢伟瑜等，2020）。从这些研究中可得知，手机依赖是影响中职生学业挫折感的重要因素。因此，通过研究中职生手机依赖现状和影响因素，对于改善其手机依赖状况、减少学业挫折感，促进身心健康发展具有重要的意义。

尽管已有研究为手机依赖与学业挫折感之间的关系提供了理论和实证的支持，但是手机依赖具体是如何作用于学业挫折感的？它们之间是否存在着某些内部机制？有研究提出，手机依赖不仅可以直接影响学生的学业挫折感，而且可以通过影响学生的心理过程进而影响其学业挫折感（陈泉凤等，2020）。因此，在手机依赖对学业挫折感的影响过程中，也有可能会通过一些内部中介机制发挥作用，如心理弹性、核心素养。

有研究表明，心理弹性作为一种内在保护因子，在影响学生学业上有着非常重要的作用。如蔡颖等人（2010）的研究表明，心理弹性高的中学生，能够感受到更少的考试压力。张光珍等人（2017）的研究显示，心理弹性越高的中学生，学习问题越少。王安妮等人（2015）的研究也发现，心理弹性水平较高的高三学生学习能力更强，学业自我效能感更高，在学业上更表现出更多的积极性评价。同时，心理弹性和手机依赖可能存在相互作用进而对学业挫折感产生影响。手机依赖的严重程度会影响个体心理弹性水平的高低。手机依赖较严重的个体会因为经常觉察到消极情绪而导致其心理弹性水平降低（程玲等，2020）。由此推测，在中职生手机依赖对学业挫折感的影响过程中，可能有心理弹性作为中介变量在其中起作用。

核心素养作为个体丰富资源的一种，能够从侧面体现一个学生的学习能力以及他所能达到的学业成就。有研究发现，核心素养与学业挫折感之间联系密切，核心素养能够影响学生在学业上的情绪体验，这种情绪或消极或积极（李清等，2020）。同时，它还受到手机依赖和心理弹性的影响。研究者发现，学生对手机的过度使用会阻碍核心素养的发展，如果学生心理适应能力更好、问题解决能力更强，那么，其核心素养也会发展得更好、水平更高（王振豫等，2020）。由此可见，心理弹性可能是通过影响核心素养的发展来影响学生的学习能力、学业成就、学业水平等方面，进而减少或提高学生在学业上的挫折情绪体验。

综上所述，迄今为止，尚未有学者将手机依赖、学业挫折感、心理弹性、核心素养这四个变量结合起来研究探讨，同时，也缺少将中职生作为对象的研究。因此，本研究将引入心理弹性和核心素养这两个个体内部资源作为中介变量去探讨中职生手机依赖和学业挫折感之间的内部心理机制作用，以期为降低中职生手机依赖程度、缓解学业挫折感提供可行性的对策和理论支持。其模型如图5-5所示。

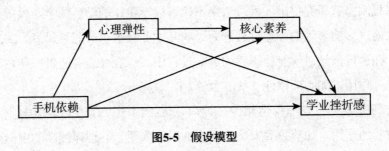

图5-5 假设模型

一、研究对象与方法

（一）研究对象

本研究采用整体施测的方法，抽取了广东省1 631名中职生，剔除388份无效数据，共收取1 243份有效数据，回收有效率为76.21%。其中，城镇中职生为380人，乡村中职生为863人；男生558人，女生685人；中职一年级549人，二年级626人，三年级68人；独生子女256人，非独生子女987人；重点学校1 121人，普通学校122人；理科生295人，文科生948人；班级成绩排名在前1/3的有321人，排名在中1/3的共有747人，排名在后1/3的共有175人。

（二）研究工具

1.手机依赖量表

采用黄海、牛露颖、周春燕等人（2014）编制的"手机依赖指数量表"，该量表包含失控性、戒断性、逃避性、低效性4个维度，共17个题目。总量表及4个维度的内部一致性系数分别为0.92，0.86，0.84，0.88，0.79。每个条目采用1（一点也不）～5（总是）5点正向计分，得分越高表示手机依赖程度越重。

2. 青年学生学业挫折感问卷

采用付媛姝、张旭东等人（2022）编制的"青年学生学业挫折感问卷"，参见附件1。

3. 青少年心理弹性量表

采用李海垒、张文新、张金宝等人（2008）修订的"青少年心理弹性量表"，量表由51道题目组成，其中包括11个维度，分别是教师关怀、亲戚关怀、家庭平等与自主、社会能力、自我觉察、学校社会积极参与、同伴高期望值、同伴亲密关系、问题解决与自我效能、家庭高期望值、目标与志向。经检测，青少年心理弹性量表信度较好，Cronbach's α系数为0.948，11个维度的内部一致性系数分别为0.895，0.924，0.812，0.777，0.775，0.786，0.850，0.857，0.774，0.758，0.624。问卷采用4点计分法，得分越高代表心理弹性越强。

4. 青年学生核心素养问卷

根据林崇德《构建中国化的学生发展核心素养》一文的理论构想（林崇德，2017），张旭东等人编制了"青年学生核心素养问卷"，参见附件2。

（三）数据施测与处理

本研究对中职生进行问卷调查并收集数据，并通过SPSS25.0和Hayes编制的Process宏程序插件进行数据处理。

二、结果与分析

（一）共同方法偏差检验

采用Harman单因素检验法检验共同方法偏差（周浩、龙立荣，2004），将手机依赖、学业挫折感、心理弹性、核心素养四个变量放在一起同时进行探索性因素分析，结果表明，共提出30个公共因子的特征值大于1，第一个公因子解释变异量为19.07%，小于40%。说明在本研究中不受到严重的共同方法偏差的影响。

（二）中职生手机依赖、学业挫折感、心理弹性、核心素养的相关关系

对中职生手机依赖、学业挫折感、心理弹性、核心素养四个变量做描述性统计和皮尔逊积差相关分析，统计结果如表5-10所示。中职生手机依赖、学业挫折感、心理弹性和核心素养各个维度均存在显著的相关关系。中职生手机依赖与学业挫折感之间呈显著正相关；中职生手机依赖与心理弹性呈显著负相关；中职生心理弹性与学业挫折感之间呈显著负相关；中职生手机依赖与核心素养呈显著负相关；中职生心理弹性与核心素养之间呈显著正相关；中职生核心素养与学业挫折感之间呈显著负相关。

表5-10　中职生手机依赖、学业挫折感、心理弹性、核心素养描述性统计结果和相关分析

	M	SD	1	2	3	4
1.手机依赖	2.65	0.77	1			
2.学业挫折感	2.56	0.65	0.47^{***}	1		
3.心理弹性	2.87	0.51	-0.14^{***}	-0.29^{***}	1	
4 核心素养	3.55	0.59	-0.24^{***}	-0.31^{***}	0.68^{***}	1

（三）回归分析

1.中职生手机依赖对学业挫折感的回归分析

为检测手机依赖总分各因子是否对学业挫折感有显著预测力，采用逐步回归分析法，将学业挫折感总分作为因变量，手机依赖总分及四个因子作为预测变量。结果如表5-11所示，手机依赖总分、低效性因子逐步进入回归方程，且两者对学业挫折感均有显著正向预测作用。

表5-11　中职生手机依赖对学业挫折感的逐步回归分析

因变量	预测变量	R	R^2	调整R^2	F	β	B	t
学业挫折感	方程模型	0.48	0.23	0.23	184.94^{***}	1.49		
	手机依赖						0.33	7.97^{***}
	低效性						0.17	4.12^{***}

2.中职生手机依赖对心理弹性的回归分析

为检测手机依赖总分及四个因子是否对心理弹性有显著预测力，采用逐步回归分析法，将心理弹性总分作为因变量，手机依赖总分及四个因子作为预

测变量。结果如表5-12所示，手机依赖总分逐步进入回归方程，且对心理弹性有显著负向预测作用。

表5-12 中职生手机依赖对心理弹性的逐步回归分析

因变量	预测变量	R	R^2	调整R^2	F	B	B	t
心理弹性	方程模型	0.14	0.02	0.02	23.38***	3.11		
	手机依赖						−0.14	−4.84***

3. 中职生手机依赖对核心素养的回归分析

为检测手机依赖总分及四个因子是否对核心素养有显著预测力，采用逐步回归分析法，将核心素养总分作为因变量，手机依赖总分及四个因子作为预测变量。结果如表5-13所示，手机依赖总分、逃避性因子、低效性因子逐步进入回归方程，其中，手机依赖总分和低效性因子对核心素养有显著负向预测作用，逃避性因子对核心素养有显著正向预测作用。

表5-13 中职生手机依赖对核心素养的逐步回归分析

因变量	预测变量	R	R^2	调整R^2	F	B	β	t
核心素养	方程模型	0.26	0.07	0.07	29.77***	4.06		
	手机依赖						−0.23	−4.12***
	逃避性						0.10	2.30*
	低效性						−0.10	−2.22*

4. 中职生心理弹性对学业挫折感的回归分析

为检测心理弹性总分及其各因子是否对学业挫折感有显著预测力，采用逐步回归分析法将学业挫折感总分作为因变量，心理弹性总分及其各因子作为预测变量。结果如表5-14所示，心理弹性总分、社会能力因子、自我觉察因子、同伴亲密关系因子和家庭高期望值因子逐步进入回归方程，其中，心理弹性总分、自我觉察因子和同伴亲密关系因子对学业挫折感有显著负向预测作用，社会能力因子、家庭高期望值因子对学业挫折感有显著正向预测作用。

表5-14　中职生心理弹性对学业挫折感的逐步回归分析

因变量	预测变量	R	R^2	调整R^2	F	B	β	t
学业挫折感	方程模型	0.33	0.10	0.10	29.37***	3.56		
	心理弹性						−0.32	−5.16***
	社会能力						0.16	3.78***
	自我觉察						−0.11	−3.15**
	同伴亲密关系						−0.11	−2.84**
	家庭高期望值						0.09	2.36*

5. 中职生心理弹性对核心素养的回归分析

为检测心理弹性总分及其各因子是否对核心素养有显著预测力，采用逐步回归分析法，将核心素养总分作为因变量，心理弹性总分及其各因子作为预测变量。结果如表5-15所示，问题解决与自我效能因子、自我觉察因子、目标与志向因子、学校社会积极参与因子、社会能力因子、家庭平等与自主因子、同伴高期望值因子逐步进入回归方程，且均对核心素养有显著的正向预测作用。

表5-15　中职生心理弹性对核心素养的逐步回归分析

因变量	预测变量	R	R^2	调整R^2	F	B	β	t
核心素养	方程模型	0.72	0.52	0.52	191.28***	1.18		
	问题解决与自我效能						0.22	8.04***
	自我觉察						0.16	5.95***
	目标与志向						0.14	5.86***
	学校社会积极参与						0.13	4.89***
	社会能力						0.12	4.13***
	家庭平等与自主						0.11	4.03***
	同伴高期望值						0.07	2.77**

6. 中职生核心素养对学业挫折感的回归分析

为检测核心素养总分及各因子是否对学业挫折感有显著预测力，采用逐步回归分析法，将学业挫折感总分作为因变量，核心素养总分及各因子作为预测变量。结果如表5-16所示，自我管理因子、核心素养总分逐步进入回归方程，且对学业挫折感有显著的负向预测作用。

表5-16 中职生核心素养对学业挫折感的逐步回归分析

因变量	预测变量	R	R^2	调整R^2	F	B	β	t
学业挫折感	方程模型	0.33	0.11	0.11	77.42***	3.76		
	自我管理						-0.19	-4.66***
	核心素养						-0.16	-3.85***

（三）中介效应分析

采用SPSS 25.0和Hayes（2013）编制的PROCESS程序中的Model6（链式中介模型）来检验心理弹性、核心素养在手机依赖和学业挫折感之间的中介效应。使用偏差校正的百分位Bootstrap法，从容量为1 243的标准化处理后的数据中，有放回地重复取样5 000次，计算中介效应（$a*b$）95%的置信区间。

首先，依次对模型中回归方程的参数做检验，结果如表5-17所示，手机依赖对学业挫折感正向预测作用显著（$\beta=0.47$，$t=18.67$，$P<0.001$）、对心理弹性的负向预测作用显著（$\beta=-0.14$，$t=-4.84$，$P<0.001$）和对核心素养的负向预测作用显著（$\beta=-0.15$，$t=-7.46$，$P<0.001$）；心理弹性对核心素养正向预测作用显著（$\beta=0.66$，$t=32.00$，$P<0.001$）；当手机依赖、心理弹性、核心素养同时进入回归方程时，手机依赖对学业挫折感正向预测作用显著（$\beta=0.42$，$t=16.94$，$P<0.001$），心理弹性（$\beta=-0.17$，$t=-5.03$，$P<0.001$）和核心素养（$\beta=-0.09$，$t=-2.77$，$P<0.01$）均对学业挫折感负向预测显著。

表5-17 变量关系的回归分析

回归模型		拟合指标			回归系数显著性	
结果变量	预测变量	R	R^2	F	β	t
学业挫折感	手机依赖	0.47	0.22	348.41***	0.47	18.67***
心理弹性	手机依赖	0.14	0.02	23.38***	-0.14	-4.84***
核心素养	手机依赖	0.70	0.49	582.88***	-0.15	-7.46***
	心理弹性				0.66	32.00***
学业挫折感	手机依赖	0.52	0.28	156.25***	0.42	16.94***
	心理弹性				-0.17	-5.03***
	核心素养				-0.09	-2.77**

其次，在手机依赖对学业挫折感的直接效应以及心理弹性、核心素养的中介效应里，其Bootstrap95%置信区间的上下限均不包含0（表5-18），表明手机依赖能直接或通过心理弹性及核心素养间接影响学业挫折感。该直接效应（0.423）和链式中介效应（0.045）分别占总效应的90.32%和9.68%。其中介效应模型如图5-6所示。

表5-18　中介效应检验结果

效应类型	效应值	Boot标准误	Boot 95%CI		相对效应
			下限	上限	
总效应	0.468	0.027	0.416	0.523	
直接效应	0.423	0.028	0.370	0.477	90.32%
间接效应	0.045	0.010	0.027	0.065	9.68%

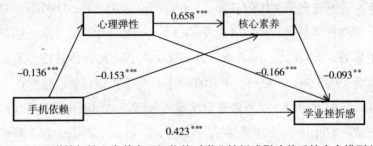

图5-6　心理弹性与核心素养在手机依赖对学业挫折感影响关系的中介模型分析

三、讨论

（一）相关分析

1. 中职生手机依赖与学业挫折感的关系

研究结果显示，中职生手机依赖与学业挫折感呈显著的正相关。这与谢伟瑜等人（2020）的研究结果类似，手机依赖程度越深的大学生越容易体验到学业挫折感。由于学生无法控制自己使用手机而将大量的时间都花费在其中，减少了他们花在学业上的心思，学习热情和学习兴趣都有所降低，在学业上出现了不自主的拖延行为，如布置的作业迟迟不想完成、快要考试了才准备复习等（桂紫洁等，2021），这容易直接导致他们学习成绩的下降。另外，过度沉迷手机容易致使身体素质下降，注意力容易分散，学习效率降低，进一步影响学习能力，在学习上遇到的困难和问题也会随之增加，学习压力增大。有研究表明，青少年手机依赖者在受到负性生活事件影响时会表现出更多的学业倦怠行为，心理健康水平下降（何安明等，2019）。当他们在学业上面对越大的压力时，产生的倦怠情绪就会越多。

2.中职生手机依赖与心理弹性的关系

研究结果显示，中职生心理弹性与学业挫折感呈显著的负相关。这与廖雅琼等人（2017）的研究结果类似，心理韧性水平低的大学生会伴随着更高的手机依赖行为。从成瘾的生物心理社会模型可知，心理因素是导致手机依赖这种成瘾行为发生的重要的易感因素和维持因素（杨波、秦启文，2005）。作为一种稳定的内部心理调节机制，心理弹性能够反映个体在遇到挫折和压力时是否具有良好的适应能力和调控能力。当中职生的心理弹性发展得较差时，其对外界的适应性水平就越低（许谓生，2000），不善于化解在生活、学习、工作中遇到的各种困难和压力，在处理问题时也偏向采用回避、幻想等消极的应对方式（张旭东、黄亚寿，2012），容易产生更大的心理压力和更多的负性情绪。而手机网络作为一个开放的空间正好给人们提供了一个可以回避现实压力以及缓解消极情绪的机会，当中职生这种逃避心理和消极情感一旦在手机网络中得到了满足和缓解，便会无形之中增加他使用手机的频率，让其沉浸在手机网络中，从而产生手机依赖。

3.中职生手机依赖与核心素养的关系

研究结果显示，中职生手机依赖与核心素养呈显著的负相关。这与王振豫等人（2020）的研究结果一致，核心素养发展得越好的高中生，手机依赖程度越低。有研究表明，情绪智力与社会支持（何安明等，2020）、人生意义与自我控制（高晓娟等，2020）、自我觉知（邱致燕等，2020）以及问题解决能力（刘艳、周少斌，2019）等因素都与手机依赖存在着直接的联系。而这些因素都是顺应我国当前社会发展需要、通过不同阶段的教育后学生所应具备的核心素养（林崇德，2017）。由此可见，核心素养发展得越好的中职生，面对学习、生活、人际等各类问题时，更能有一定的问题解决能力，具有一定的社会适应能力，能够及时排解自己的消极情绪，增加自己的积极情绪体验，同时，他们具有社会责任意识，拥有自己的人生规划和生活目标，面对来自手机网络的诱惑时，能够有一个正确的认知和较强的自我管理能力，因而核心素养越高的中职生，对手机依赖的程度越低。

4. 中职生学业挫折感与心理弹性的关系

研究结果显示，中职生学业挫折感与心理弹性呈显著的负相关。这在周妍等人的研究中也有体现，心理弹性水平越高的大学生会拥有更多的积极情绪以及较强的挫折承受力（周妍、蔡明，2013）。已有研究证明，个体的抗挫折心理能力与学业挫折感有着重要的联系，抗挫折心理能力越强，越不容易体验到学业挫折感（李馥荫等，2020）。还有研究表明，在遭受相同挫折的情境下，心理弹性水平高的人比心理弹性水平低的人更能注意到积极的一面，能更加有效地应对负性事件（王玉龙等，2013）。当中职生的心理弹性水平越高时，面对学业困难、学业失败等压力和危机时就越能够采取有效的策略去调节，保持积极乐观的心态，积极寻找解决问题的方法，使自己能够早日走出困境，增强学业自我效能感，提高在学业上的积极情绪体验，进而减少学业挫折感。

5. 中职生学业挫折感与核心素养的关系

研究结果显示，中职生学业挫折感与核心素养呈显著的负相关，核心素养发展得越好的中职生，学业挫折感的体验越少。这与李清等人（2020）的研究结果有所出入。究其原因，可能是研究对象的不完全相同导致。中职生尚处于青春期，其心理处于不稳定、不成熟的状态，更容易出现学习适应性的问题，同时这个时期也是人生的第二个发展加速期，中职生的核心素养在这个加速期得到快速的发展和成长，在对学业的影响上作用更加明显。学会学习作为核心素养其中一个重要的维度，包括了乐学善学、勤于反思、信息意识三个基本要点（林崇德，2017）。核心素养水平越高的中职生，对学习的兴趣越浓厚，乐于学习的同时也善于学习，理解和掌握知识的能力也越强，同时，能够及时对自己的学习状态进行反思和调整，在学习上遇到困难和问题时能够根据实际情况有效地获取信息，选择合适的解决问题策略和方法，所产生的学业挫折感就较少。

6. 中职生心理弹性与核心素养的相关关系

研究结果显示，拥有高核心素养的中职生，也会拥有高水平的心理弹性。在王振豫等人（2020）的研究中也有类似的结果。作为适应社会化发展的必备品格，学生的健康生活素养也同样占据着重要的地位，健康生活素养包括了珍爱生命、健全人格、自我管理等要点（林崇德，2017），应关注学生积极的心理品质，发展学生积极、健康的思维，将学生培养成健康生活、人格健全、适应社会的人（杜新儿、陈坤龙，2019）。心理弹性作为中职生保持心理健康的保护性因子，能够让他们在面对应激事件时激发出自己的内在心理能量，获得良好的适应性（陈福侠、樊富珉，2014）。由此可见，核心素养发展得好的中职生，更具备积极的心理品质，遇到挫折事件时，能够及时调节和管理自己的情绪，抗挫折能力较强；同时对待自我有一个正确的认知，在压力情境下能够采取有效的认知策略去应对，心理弹性水平较高。

（二）回归分析

1. 中职生手机依赖对学业挫折感的影响分析

研究结果显示，中职生手机依赖总分与低效性因子均能显著正向预测学业挫折感。黎嘉焮等人（2016）的研究结果显示，手机依赖的严重程度与学业的消极情绪有着密不可分的联系。学业挫折感是由于学生在学习活动中遇到阻碍或困难而无法解决、无法达到自己的预期而产生的一种情绪状态，如考试不理想、作业写不出、上课跟不上进度等，这些都往往给学生带来痛苦、沮丧、烦恼、悲伤等消极的情绪体验，导致学生学习兴趣下降、学习动机不足、抱负水平降低甚至影响到个人的认知能力（曾伏云，2002）。因此，手机依赖是学业挫折感的正向预测因素。闫志明等人（2018）的研究表明，当手机依赖中的低效性影响越大时，学生的学业自我效能感越低。一个学业自我效能感越高的中职生，他的学习自信心越强，对学习的投入也越多，面对学习中遇到的困难和挑战也更有自信心和积极性（蔡林、贾绪计，2020）。当中职生因为过度使用手机而造成在日常学习生活中的效率低下时，他的学习能力也会随之受到影响，进而造成学业自我效能感的下降，开始减少在学习上的投入，在学业上遇到困难时也会开始怀疑自我的能力，以消极的方式和态度去应对，体验到更多的学业挫折感。由此可知，低效性也可以成为学业挫折感的正向预测因素。

2. 中职生手机依赖对心理弹性的影响分析

研究结果显示，中职生手机依赖总分能够负向预测心理弹性。詹海都等人（2020）的研究表明，手机依赖程度与个人的积极心理品质有关，手机依赖程度越低的人，拥有越多如真诚、自制、希望与信念等积极的心理品质。黄玲玲等人（2020）的研究显示，手机依赖程度越高的学生自我肯定水平越低，越容易出现焦虑症和抑郁症。由此可知，手机依赖行为与个人的心理因素存在着密切的联系，手机依赖容易给个体带来心理问题，影响心理健康，从而降低心理弹性水平。高园园等人（2018）的研究指出，手机依赖越严重的个体，对焦虑、孤独等消极情绪的觉察更快。Fredrickson（1998）认为，个体的思维、认知和行动资源都容易被消极情绪窄化，例如因体验到恐惧而做出逃跑行为，产生逃避、回避心理。由此我们可以得知，当中职生手机依赖程度越严重时，能够察觉到更多的消极情绪，而消极情绪带来的负性影响不利于心理弹性的发展，从而造成心理弹性水平较低。

3. 中职生手机依赖对核心素养的影响分析

结果显示，手机依赖总分和低效性因子对核心素养有显著负向预测作用，逃避性因子对核心素养有显著正向预测作用。谢铃莉、季雨楠、李晨阳（2019）的研究显示，学生的社会适应能力会随着手机依赖的严重程度而下降。社会适应能力关乎个体能否通过自己的社会行为方式维持与社会环境稳定、和谐的关系（郭英、陈李笑，2013）。社会适应能力越差的中职生，越难适应新的环境，心理调节能力越弱，人际交往能力越低，缺少职业生涯规划、人生目标模糊，进而影响个人的社会化进程，对个人发展不利（郭向阳、马琳，2012）。由此可见，手机依赖伴随较低的社会适应能力，阻碍着中职生核心素养的发展。因此，手机依赖是核心素养的负向预测因素。程建伟等人（2018）的研究表明，手机依赖中的低效性因子对学生成就感低具有显著的正向预测作用。这说明了当中职生将大量的时间花费在手机上而降低了在生活、学习、工作上的效率时，他的学习能力会受到影响，获得的成就感下降，学习的兴趣、积极性、动机都会随之减少，进而影响核心素养的培养。因此，低效性因子可以作为核心素养的负向预测因素。网络成瘾理论中的"需要-满足"模型指出人们会对手机网络产生一种心理上的需求和期望，当个体的交往、归属、尊重等基本需求没有在现实生活中得到满足时，为寻求满足，他便会将这种需求转移到网络世界（唐立，2016）。当中职生面临现实生活中的压力和烦恼无法排解时，手机网络能够满足他心理上的需求，让他的身心得到暂时的缓解和放松。同时，手机具有接收、储存、传递信息的便捷性，它能够方便中职生随时随地汲取知识，通过长此以往的积累，增加他们的学识，扩大他们看问题的角度，丰富他们的见闻和经历，使其充实自身的知识库，让核心素养得到较好的发展。因此，逃避性因子也可以成为核心素养的正向预测因素。

4.中职生心理弹性对学业挫折感的影响分析

研究结果显示，心理弹性总分、自我觉察因子和同伴亲密关系因子能够显著负向预测中职生的学业挫折感。有学者的研究提出，增加学生在学业上的积极情绪体验，可以通过培养他们的积极心理品质，使他们的身心较少受到挫折情境的影响，从而减少学业挫折感（陈泉凤等，2020）。伴随着积极心理学的兴起，关于提升心理弹性的研究更加强调通过培养学生自身积极的心理品质来实现（张烨君，2019）。由此可见，心理弹性越大的中职生，他们拥有的积极心理品质越多，感受到的学业挫折也越少，心理弹性能够负向预测学业挫折感。自我觉察是指个体将注意力集中于自身的一种心理状态，包括对个体、对自身以及对周围环境的觉察（李海亮，2018）。觉察本身具有治疗和调节情绪的作用（李君，2017）。自我觉察能力强的中职生，自我接纳水平高，在面对学业挫折时，善于从内部出发，以问题为中心，做出自我的调整，让自身不易受到学业挫折的影响，能够对学业挫折采取正确、有效的措施，体验到的挫折感也较少。因此，自我觉察因子可以正向预测学业挫折感。易芳等人（2017）的研究表明，同伴关系是影响中小学生学业成绩的重要社会环境因素，同伴接纳对学业成绩有正向积极的作用。李海垒等人（2014）的研究也显示，青少年的学业压力诸如考试失败、升学等可以在同伴支持下得到缓冲。由此得知，同伴亲密关系在影响中职生学业的因素中占据着一个非常重要的地位，同伴群体能够在情感、资源上给予中职生一定的能量和支持，有效减少他们在学业中体验到的挫折感。同伴亲密关系因子可以作为学业挫折感的负向预测因素。

社会能力因子、家庭高期望值因子对学业挫折感有显著正向预测作用。社会能力是指个体理解和处理人际关系的能力，表现在与人合作交流和共情等方面（李海垒等，2008）。中职生共情和社交能力越强，情感体验越丰富，易受他人情绪感染，能够理解他人的感受，在交往活动中所体验到的学业挫折感也较多。Mandeep Kaur（2016）在父母参与和青少年学业压力与学业成绩的关系研究中发现，当父母参与度高时，青少年的学业挫折和学业焦虑更大。当父母在学业上对子女的期望过高时，容易给子女带来负面的影响，如学业压力增大、焦虑感愈强（龚婧，2018），进而增加他们在学业上的消极情绪体验，所产生的挫折感也越多。因此，社会能力因子、家庭高期望值因子能够显著正向预测学业挫折感。

5. 中职生心理弹性对核心素养的影响分析

研究结果显示，问题解决与自我效能因子、自我觉察因子、目标与志向因子、学校社会积极参与因子、社会能力因子、家庭平等与自主因子、同伴高期望值因子均对核心素养有显著的正向预测作用。

有研究表明，问题解决能力和自我效能感越高的学生，社会适应性越好（谢玲平等，2014）。当中职生的问题解决能力和自我效能感越高时，在学习上投入的努力程度也越高，学习能力较强，能够积极地面对困难和挑战，解决问题的能力也能得到训练和加强，同时，有较好的人际关系，能够主动寻求他人的支持和帮助，具备积极的社会适应性。而这些能力正是核心素养培养的重要内容。因此，问题解决与自我效能因子是核心素养的正向预测因素。自我觉察和社会能力与心理社会发展功能存在着显著的正向关联（席居哲等，2011），是个体社会化的重要推动力（谢笑春，2014）。中职生在社会化过程中通过自我觉察不断地进行发展和自我完善，进一步去理解、适应社会，促进自己与他人、与群体的合作、沟通和交流，提升自己的核心素养。因此，自我觉察因子和社会能力因子能够正向预测核心素养。

有明确志向与目标的中职生，会更多地关注目标达成。有研究显示，青少年不仅会通过调节环境、优化环境资源来促进目标达成，而且也会通过调节自身来顺应环境促进目标达成（孙娇等，2020）。在这个目标达成的过程中，中职生的个人能力和综合素质都在不断地提升，核心素养得到了培养和发展。积极参加学校课外活动和社会实践活动、家庭环境平等和谐自主的中职生能够学习和积累到更多的人文知识，对外来事物能够保持更加开放、积极的心态，眼界更开阔，知识面更广，这些都能使他们的核心素养水平得到提高。有研究显示，当同伴期望较高时，能够发挥积极的效应，让学生表现出较多的积极态度（宋宙红、谢书书，2013）。由此可知，当中职生受到较高的同伴期望时，能够感觉到愉快、自信、被重视等积极情绪，在有压力的同时，也有了前进的动力，为不负同伴的期望，而努力增强自身的实力，让自身的核心素养得到良好的发展。因此，目标与志向因子、学校社会积极参与因子、家庭平等与自主因子、同伴高期望值因子都能成为核心素养的正向预测因素。

6.中职生核心素养对学业挫折感的影响分析

研究结果显示，自我管理因子、核心素养总分能够显著负向预测学业挫折感。自我管理能力是指个体能够通过主动调整自己的内心活动以及外在行为来控制冲动、克服困境以寻求发展、获得良好适应性的能力，它包括学习管理、资源利用、自我控制、自我效能等能力（黄萍，2016）。自我管理能力较差的中职生，往往表现为自制力差，无法专心学习、学习效率不高，导致成绩不理想，学习压力较大，面对考试失败、学业困难时，也很难及时调整好自己的情绪和心态，容易产生较高的学业挫折感。由此我们可得知，自我管理因子能够负向估计学业挫折感。核心素养较高的中职生，认知水平高，能够正确认识自我，给自己设定适当的学习目标，即使在学习中遇到困难也能够勤于思考、善于反思，积极地寻找解决问题策略，及时化解困难。因此，他们所体验到的学业挫折感会低于核心素养较低的学生。核心素养可以负向估计学业挫折感。

（三）中介模型分析

本研究以手机依赖作为自变量，学业挫折感作为因变量，心理弹性和核心素养作为中介变量，探讨中职生手机依赖对学业挫折感的影响及其内部机制作用。通过分析模型中的路径系数可知：（1）手机依赖能直接正向影响学业挫折感；（2）手机依赖可以通过心理弹性负向影响学业挫折感；（3）手机依赖可以通过核心素养负向影响学业挫折感；（4）手机依赖可以通过心理弹性影响核心素养从而进一步作用于学业挫折感。这一结果解释了手机依赖对中职生学业挫折感有重要影响，且这种影响可以通过心理弹性和核心素养来实现，心理弹性和核心素养是减少中职生手机依赖、降低学业挫折感的保护因子。

首先，手机依赖能够直接正向预测学业挫折感，这与前人的研究结果一致（陈泉凤等，2020）。当中职生对手机的依赖程度越严重时，花费在手机上

的时间和精力就会越多，导致在学习上的投入减少，学习兴趣减弱，学习效率
降低，学习能力退步，学习成绩下滑，在学业上产生了更多的挫折感。而为了
缓冲学业挫折感带来的不良情绪冲击，中职生又会加剧对手机的使用，造成手
机依赖越来越严重，进而形成一种恶性循环（李杨等，2020）。

　　其次，手机依赖能够通过心理弹性的部分中介作用正向影响学业挫折
感。手机依赖会导致个体心理弹性水平的下降，这与刘红霞的研究结果一致
（刘红霞，2015）。中职生对手机产生过度的依赖，说明其自我调节能力较差
（俞锋，2019），当遇到挫折和压力时，很难及时地恢复和适应，容易引发更
多的负面情绪，造成心理弹性水平较低。而心理弹性作为个体心理健康的保护
性因子，能够正向预测中职生的学业成就。心理弹性越好的中职生，心理素质
越强，不会轻易被学业上的困难和问题击倒，能够正确地认识和对待学业挫折
和学业压力，并能选择有效的、积极的策略去应对，缓解因其产生的挫折感，
学业成就较高（钟道汉、肖文，2020）。

　　再次，手机依赖还能通过核心素养的部分中介作用正向影响学业挫折
感。手机的过度使用会造成中学生健康素养水平低（张诗晨等，2018）。健康
素养包括健康意识、体力活动、人际关系、压力管理、精神成长等方面（张诗
晨等，2014），是核心素养里面的重要部分。当中职生过度使用手机，会对其
健康素养造成消极的影响，进而阻碍核心素养的发展。已有研究表明，核心素
养的自我管理因子能够负向预测学业挫折感（李清等，2020），核心素养负向
作用于学业挫折感。当中职生具备越高的核心素养时，他对学习的自我管理能
力就越强，会在学业上表现出更多的自主性学习行为，面对学业带来的挑战，
也能够通过自我调节寻找策略去应对，将压力转变为动力，以实现学习目标，
达成高学业成就，不易产生学业挫折感。

　　最后，手机依赖还可以通过心理弹性影响核心素养从而进一步作用于学
业挫折感。资源保存理论认为个体能够尽最大的努力去获取、保护与维持他
们的现有资源，若资源出现损耗，那么个体将会感知到较大的心理压力，为避
免资源耗尽，个体会通过进一步投入资源进行自我调整，缓解心理压力（段锦
云等，2020）。中职生为避免在手机依赖对学业挫折感的影响中损耗过多的资
源，产生较大的心理压力，必然会进一步投入资源。面对手机依赖带来的各种

负性情感和消极反应，其心理容易受到冲击由相对平衡状态转变为不平衡状态，而为了能够缓解手机依赖带来的不良影响，就要调动心理压力的保护性因子——心理弹性，以让自己的身心达到平衡。而如果没有达到预期的平衡，那么个体就会容易产生消极的自我认知，进行自我怀疑、自我否定，形成错误的自我评价，陷入低迷状态，各项能力的发展也会受到阻碍，核心素养得不到提升，进而影响到自己的学习、生活等各个方面，带来生活学习障碍，产生更多的学业挫折体验。

综上所述，本研究构建了一个链式中介模型来探讨中职生手机依赖对学业挫折感的内部作用机制，并证明了心理弹性和核心素养在中职生手机依赖对学业挫折感的影响过程中起到了链式中介作用。由此可得知，减少中职生手机依赖程度可以直接影响其学业挫折感的降低，同时，一个拥有较好核心素养和较高心理弹性的中职生，能够恰当地使用手机、正确地面对学业挫折，因此，可以通过发展中职生的心理弹性、核心素养，来降低中职生的手机依赖，缓解其学业挫折感。

总之，手机依赖、学业挫折感分别与心理弹性、核心素养呈显著负相关，手机依赖与学业挫折感呈显著正相关，心理弹性与核心素养呈显著正相关；手机依赖不仅能够直接正向预测学业挫折感，而且能够通过心理弹性和核心素养的独立中介作用及心理弹性和核心素养的链式中介作用间接预测学业挫折感。

第六章　大学生学业挫折感的影响机制研究（上）

当今世界各国在科技领域的竞争日趋激烈，对人才培养规格的要求不断提高。随着教育部狠抓本科教育质量、取消"清考"制度和对本科毕业论文进行抽检等举措的实施（教育部，2020），给大学生敲响了警钟，增加了他们的学业挑战度和学业压力，增大了他们遭遇学业挫折情境的概率，致使部分学生产生了学业挫折感。学业上的受挫可能导致个人丧失对某门课程的兴趣和参与的热情，甚至对自己失败的行为感到无助，这可能会降低个人的成就动机（Neff et al.，2005）。微弱的学业挫折感可以促进学生更好地学习，而过强的学业挫折感可能削弱学生的成就动机，形成消极的自我概念，进而影响个体在社会中的发展（曾伏云，2020）。因此，研究学业挫折感影响机制具有现实意义。

第一节　大学生核心素养对学业挫折感的影响机制

本研究采用问卷调查法：（1）探讨理工科大学生核心素养对学业挫折感的影响，考察抗挫折心理能力的中介作用和应对方式的调节作用；（2）探讨青年学生核心素养对学业挫折感的影响，考察文化程度的中介作用。

一、理工科大学生核心素养对学业挫折感的影响机制

本研究提出研究假设，H1：抗挫折心理能力在理工科大学生核心素养与学业挫折感之间起中介作用。H2：应对方式在核心素养与学业挫折感之间起调节作用。H3：应对方式在核心素养与抗挫折心理能力之间起调节作用。综

合假设1、假设2和假设3，形成了一个有调节的中介模型（见图6-1）（吴敏茹、曾淑仪、张旭东等，2021）。该文已刊登在《中国健康心理学杂志》2021年第11期第1718-1727页（通讯作者：张旭东），此处仅简要介绍。

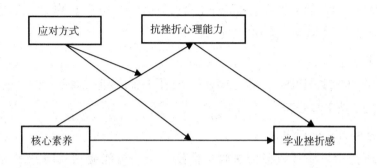

图6-1　抗挫折心理能力的中介作用及应对方式的调节作用假设模型图

（一）研究对象与方法

1. 研究对象

本研究抽取了全国18个省市共32所本科院校和高职院校的1 800名大学生作为被试，采取随机抽样的方法实施问卷调查，回收有效问卷1 500份，有效回收率为83.33%。其中，男生829人，女生671人；一年级学生584人，二年级学生623人，三年级学生241人，四年级学生52人；独生子女357人，非独生子女1 143人；师范生300人，非师范生1 200人；城镇大学生为474人，乡村大学生为1 026人；理科生1 071人，工科生429人；班级成绩排名在前1/3的有512人，排名在中1/3共有776人，排名在后1/3的共有212人。

2. 研究工具

（1）青年学生核心素养问卷。根据林崇德《构建中国化的学生发展核心素养》一文的理论构想（林崇德，2017），张旭东等人编制了"青年学生核心素养问卷"，参见附件2。

（2）青年学生学业挫折感问卷。采用付媛姝、张旭东等人（2022）编制的"青年学生学业挫折感问卷"，参见附件1。

（3）抗挫折心理能力问卷。采用张旭东等人编制的"大学生抗挫折心理能力问卷"，参见附件3。

（4）应对方式问卷。采用解亚宁（1998）编制的"简易应对方式量表"，该量表包括积极应对和消极应对两个维度，共20个条目。其中积极应对分量表包括12个条目，消极应对分量表包括8个条目，采取0～3级评分方式（0代表不采取，3表示经常采取）。积极应对和消极应对得分越高，说明该类应对方式越强。经过检验，该问卷的克隆巴赫α系数为0.76；积极应对量表和消极应对量表的α系数分别为0.76和0.78。

3. 统计处理

采用SPSS22.0和Hayes编制的Process宏程序插件进行数据分析处理。

（二）结果与分析

1. 共同方法偏差检验

本研究均采用自我报告法收集数据，结果可能受到共同方法偏差的影响。采用Harman单因子检验（周浩、龙立荣，2004），结果表明，共有13个因子特征根大于1，最大因子方差解释的变异为16.01%，小于40%的临界标准，因此不存在严重的共同方法偏差。

2. 各变量的平均数、标准差及相关矩阵

描述及相关分析结果表明（表6-1），核心素养与抗挫折心理能力、积极应对方式呈显著正相关，与学业挫折感、消极应对方式呈显著负相关；抗挫折心理能力与学业挫折感、消极应对呈显著负相关，与积极应对呈显著正相关；学业挫折感与积极应对呈显著负相关，与消极应对呈显著正相关；积极应对与消极应对呈显著正相关。

表6-1　描述统计、相关分析结果

	M	SD	1	2	3	4	5
1. 核心素养	3.25	0.61	1				
2. 抗挫折心理能力	3.52	0.56	0.28**	1			
3. 学业挫折感	2.77	0.54	−0.34**	−0.38**	1		
4. 积极应对	1.87	0.43	0.35**	0.36**	−0.19**	1	
5. 消极应对	1.34	0.56	−0.13**	−0.20**	0.25**	0.17**	1

注: $*P < 0.05$, $**P < 0.01$, $***P < 0.001$, 下同。

3. 核心素养与学业挫折感的关系：有调节的中介模型检验

总之，本研究结果显示：理工科大学生核心素养、学业挫折感、抗挫折心理能力与应对方式两两之间相关显著（$P<0.05$）；核心素养对学业挫折感具有显著的负向预测作用（$\beta=-0.26$，$t=10.77$，$P<0.001$）；抗挫折心理能力能够在核心素养与学业挫折感的关系中起中介作用（$\beta=-0.09$，$P<0.01$）；核心素养对学业挫折感的直接预测作用及抗挫折心理能力在二者关系中的中介作用均会受到应对方式的调节（学业挫折感：$\beta=-0.04$，$t=-2.03$，$p<0.05$；抗挫折心理能力：$\beta=0.09$，$t=4.91$，$p<0.001$）。理工科大学生核心素养通过抗挫折心理能力的作用，可以降低学业挫折感；与消极应对方式相比，采用积极应对方式的理工科大学生，其核心素养更可能通过抗挫折心理能力的作用而降低学业挫折感。具体如图6-2所示。

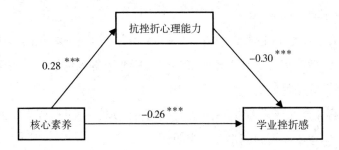

图6-2　抗挫折心理能力在核心素养与学业挫折感之间的中介效应（标准化）

二、青年学生核心素养对学业挫折感的影响：文化程度的调节作用

本研究旨在探讨青年学生的核心素养对学业挫折感的影响程度，从而提出文化水平调节作用的假设，理论模型框架图如图6-3所示，并通过研究分析证明假设的可靠性，旨在进一步完善和拓展青年学生心理健康的理论体系，提高青年学生的核心素养，减少学业挫折感为其带来的负面效应。

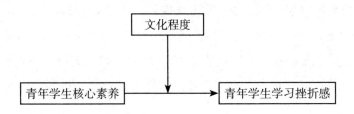

图6-3　青年学生文化程度的调节作用假设模型图

（一）研究对象与方法

1.研究对象

本研究中的青年学生分为四类：本科生、高职生、高中生和中职生。采用随机抽样的方法，对6 406名青年学生展开问卷调查，收回5 838份有效问卷，有效率为91.13%。四个群体的人数分布如下：本科生1 408人，高职生2 052人，普通高中生1 158人，中职生1 220人。其中，男生2 564人，女生3 274人；独生子女1 397人，非独生子女4 441人；来自城镇的青年学生2 242人，来自农村的青年学生3 596人；班级成绩排名在前1/3的有1 738人，排名靠中1/3的有3 140人，排名在后1/3的有960人。

2.研究工具

（1）青年学生核心素养问卷。根据林崇德《构建中国化的学生发展核心素养》一文的理论构想（林崇德，2017），张旭东等人编制了"青年学生核心素养问卷"，参见附件2。

（2）青年学生学业挫折感问卷。采用付媛姝、张旭东等人（2022）编制的"青年学生学业挫折感问卷"，参见附件1。

3.统计处理

本研究以随机抽样的形式进行问卷调查，并要求受试者以不具名的形式填写问卷；通过SPSS22.0和Hayes编写的Process宏程序实现数据的输进、处理和剖析。

（二）结果与分析

1.共同方法偏差检验

在此项研究中，所有资料均以受试者自我报告的方式测量获得，故而，所得出来的数据结果可能出现共同方法偏差。采用SPSS软件Harman单因素检验（周浩、龙立荣，2004），对青年学生的核心素养和学业挫折感进行了探索性因素分析，发现有13个特征值因子超过1，22.82%为第一公因子的方差解释率，该结果可以被视为不存在严重的共同方法偏差，因为其方差解释率小于40%。

2.青年学生学业挫折感、文化程度与核心素养的相关分析为进一步确定本研究三个变量之间的关系，先对青年学生的文化程度、学业挫折感总体和核心素养总体这三个变量做描述性统计，然后用皮尔逊积差以及斯皮尔曼等级相关对研究的三个变量进行相关分析，最终分析结果如表6-2所示。文化程度、学业挫折感以及核心素养在青年学生群体中两两相关。在青年学生群体中，有显著负相关的是文化程度（调节变量）、核心素养（自变量）与学业挫折感（因变量）；而存在显著正相关的是文化程度（调节变量）与核心素养（自变量）这两个研究的变量。

表6-2　学业挫折感、文化程度与核心素养的平均数、标准差及变量总体间的相关系数

变量	M	SD	1	2
1.文化程度	1.41	0.49		
2.学业挫折感	2.72	0.65	-0.07^{**}	
3.核心素养	3.42	0.64	0.19^{**}	-0.27^{**}

3. 文化程度对青年学生核心素养与学业挫折感之间关系的调节效应分析

采用多层线性回归考察核心素养、文化程度对青年学生学业挫折感的预测作用及交互作用。对变量进行中心化处理，以核心素养总分为预测变量，以学业挫折感总分为因变量，进行多层线性回归分析，第一层将核心素养放入；第二层将核心素养和文化程度放入；第三层将预测变量和调节变量的交互项（乘积进行过中心化处理）放入。结果如表6-3所示，核心素养能显著预测学业挫折感（$\beta=-0.27$，$p<0.001$），文化程度与核心素养的乘积项也能显著预测学业挫折感（$\beta=-0.16$，$p<0.001$），即文化程度在本研究的自变量与因变量关系中起调节作用。

表6-3　青年学生核心素养与文化程度对学业挫折感的逐步回归分析

	Block	R^2	ΔR^2	F	β	t
1	核心素养中心化	0.07	0.07	459.89^{***}	-0.27	-21.445^{***}
2	核心素养中心化	0.07	0.07	230.81^{***}	-0.27	-20.748^{***}
	文化程度				-0.02	-1.296
3	核心素养中心化 × 文化程度	0.08	0.08	159.79^{***}	-0.16	-4.065^{***}

用Process程序中的Medel1（调节模型）来检验核心素养与文化程度的交互作用对学业挫折感的作用。图6-4直观描述了文化程度和学业挫折感的调节

作用，由图可知，文化程度为本科时，核心素养对学业挫折感的负向预测作用
更显著。

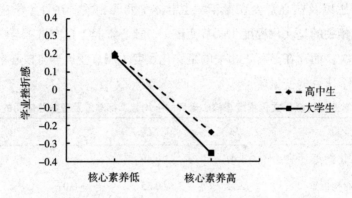

图6-4 文化程度在核心素养对学业挫折感预测中的调节作用

（三）讨论

1.青年学生核心素养、学业挫折感、文化程度三者之间的关系

（1）青年学生核心素养与学业挫折感的关系。研究发现，青年学生的核心素养与学业挫折感是明显的负向相关，其核心素养愈高，学业挫折感愈少，这与吴敏茹等人（2021）和曾淑仪等人（2020）的研究结果一致。从根本上说，注重学生的核心素养，就是要把重点放在"培育怎样的人才"这个根本问题上（桑雷，2020）。而培育人才则要回到教育、回归课堂，可见，核心素养和学业挫折感息息相关。周天一（2022）在研究中指出，在学生核心素养面临的培养困境中，学生在基于核心素养的自我认知能力是存在缺陷的，即对自身应该塑造的核心素养认知不清。学生对自己的核心素养没有清晰的认识，则容易对自己未来规划或者应该"取长补短"的地方没有一个明确的方向，这就容易造成学生在学习的时候不知为什么而学、该学什么，故而更易在学习过程中产生学业挫折感。林崇德（2017）在研究中表示，在核心素养的自主发展中，健全人格重点指的是有积极的心理品质、遇到困难等能调整自己的情绪，拥有抗挫折能力等。故而，核心素养高的学生在学习上遇到挫折时，能更好地调整学习带给自己的挫败感，也会用更乐观的态度去面对学习问题，有着更强的抗挫能力，从而使其学业挫折感更低。

（2）青年学生核心素养与文化程度的关系。研究发现，青年学生核心素

养与文化程度之间呈显著的正相关，即文化程度越高的青年学生，核心素养也更高。人的核心素养离不开文化空间，好的文化空间，才能濡化好的素养（尹少淳，2015），即学生在文化学习、积淀和熏陶上，会更容易提高自身的核心素养。相比于高中生，大学生普遍受到的文化熏陶和积累是较多的；另外，大学的文化、学术氛围会更加自由和有更多的选择，在学术、教学资源丰富的大学中，大学生会有更多的实践机会以及更高的创新力和创造力，即在文化空间中，大学生比高中生会有更高的理论基础和更强的实践能力。因此，文化程度高的学生，会有更好的文化空间，从而有着更完善的核心素养。近几年来，核心素养这一概念越来越受教育界的重视，在学科教育上很多学者也融入了核心素养这一概念在课堂中，在知网上输入"核心素养"进行查询，会发现小学、初中、高中的教师都在研究如何将核心素养更好地通过学科教育发挥出来。在刘东（2020）的研究中，明确指出了高中实施核心素养的重要性，认为高中阶段学生心智成熟，实施并发展科学精神等核心素养品质培养，会取得更好的效果。因此，相比于高中生，大学生已在高中或其他阶段接受过核心素养的培养，加之进入大学后，知识面的扩展和责任担当意识的增强等，也更完善了大学生的核心素养。故而，文化程度高的学生，核心素养会更好。

（3）青年学生学业挫折感与文化程度的关系。研究结果显示，青年学生学业挫折感与文化程度之间呈显著的负相关，即文化程度越高的青年学生，学业挫折感越低。这一结论与葛明贵等人（2003）的研究结果相似，即青少年应付挫折的水平会随着年龄的增长和社会经验的不断丰富而有所提高和日益完善。在心理学领域中，挫折分为挫折感和挫折行为，挫折是在后天的环境中遇到的，而应对挫折的方法对策则需要不断地积累经验和调整才能拓展和完善。所以，当青年学生在面对学业挫折感时，社会阅历和经验丰富的大学生会比还未完全接触社会的高中生有更完备的抗挫策略和更具抗挫能力。另外，在孟四清、翟艳（2017）的研究中曾提出，中学生容易产生挫折感与他们个性不完善有关，如情绪起伏大、认识片面、想法不现实等。这一方面和人的发展阶段有关，初高中生处在身心发展的快速和关键时期，自我中心强且世界观还在形成时期，心理因素还不够成熟，因此，相较于成年和个性发展较为完善的大学生，初高中学生面临学习挫折时，心理承受力差。另一方面，穆苗苗（2011）

在研究中表示，父母对待初中生们减少一些干涉和保护有利于其独立性和耐挫力的锻炼。但由于初高中学生处在青春叛逆期，大多父母担心孩子学坏，对他们的保护、管教和惩罚等往往会越权越界，因此导致学生的逆反心理更为严重。而在李彦章（2001）的研究中发现，家长的惩罚、权威控制、指责嘲讽和约束会随着学生年级的增高而愈来愈少，特殊的是，父母的惩罚在孩子读初二年级时有所回升。因此，随着年级增高，学生在父母教养方面享受着更多的理解、自由和尊重，所以大学生耐挫力会比初高中学生更强，父母的教养方式或许是影响学业挫折感的因素之一。同时，文化程度越高的学生，在学习上有着自己摸索下来的学习方法和学习习惯，能较为顺利地应对任何学习上的困难与挫折；他们在学业任务上，提出、分析和解决问题上有着更强的能力；而在人际交往上，文化程度高的学生更容易认识与自己志同道合的同伴，在社会支持系统上有着更多的帮助，有利于提高其问题的解决效率和质量。因此，文化程度高的青年学生，其学业挫折感会更低。

2. 文化程度对青年学生核心素养与学业挫折感之间关系的调节效应

本研究进一步发现，文化程度能够调节核心素养与学业挫折感的关系。详细来讲，文化程度为本科时，青年学生的核心素养更能负向预测青年学生的学业挫折感。学习挫折、人际关系挫折和情感挫折为青少年主要遭遇的挫折（李彩彩，2015）。相对于其他挫折，学业挫折感会更为普遍，以培养核心素养为重点，重视学生的综合素质，这对学生和教育教学都有着很大的帮助，对降低学生的学业挫折感也更有利。

（1）王浩（2001）的研究结果显示，大学生的自我概念与学业成就呈显著的正相关，自我概念通过个人自我和能力自我来实现对大学生学业成就的促进。自我概念是个体对自身的总体认识和评价，林崇德（2017）在研究中曾提过，核心素养自主发展中的自我管理，能正确认识和评估自我是重点之一。可以理解为，自我概念的形成是也是核心素养发展的关键部分。相较于处在心理发展期的高中生，文化程度高的大学生在年龄、经历过重大事件上（如高考等）有优势，会有更为完善的自我概念，在学业上会有更高的成就感，即体验更少的学业挫折感。

（2）申建朝、张智（2007）的研究认为，外在因素和内在因素是中学生耐挫力差的两个主要原因，外部因素是否会引起挫折以及造成挫败的程度，主要与中学生的心理因素有关，中学生的学识修养、个性品质以及对挫折的容忍能力等心理因素尤为重要。而知识修养类似核心素养中的人文积淀，需要时间的积淀和知识的广泛涉猎，可以理解为文化程度高的学生在普遍情况下会有更多的知识积累和个性的完善，而这些集中于核心素养的因素能够影响产生挫折的程度，越为丰富的核心素养，则影响产生挫折的程度越低。

（3）在近期的研究中，孙丽芝等人（2022）针对大学生的课余时间利用情况进行研究，发现积极利用课余时间在自我管理与学业成就之间有显著的中介作用。在核心素养的自我管理中，合理分配和使用时间与精力是重点之一（林崇德，2017）。虽然高中生在时间安排上会更为紧密，但时间管理上还是大多遵循学校的安排，在应试教育下，高中生的课余时间并不能像大学生一样自由地去发展自己的兴趣爱好，且课余时间相对较少。而相比起高中生，大学生的课余时间会更为充裕，且在时间安排上几乎是自行安排的，由于大学对于毕业有着一定的要求，所以在毕业限定的要求下，大部分大学生会利用这些时间去发展自己的兴趣爱好，或进行专业上的进修、科研等。因此，文化程度较高的大学生在课余时间上能利用的比较多，且时间安排得靠自身的自觉性和自律性，安排时间的同时也能发展自身的其他技能，而这也更好地锻炼了核心素养中的自我管理。故而，文化程度高的大学生会比高中生拥着更多的课余时间，而在大学学校的要求下，大部分大学生能积极利用时间，有着更高的学业成就，从而降低学业挫折感。

（4）文化程度高的青年学生，面对的学习环境、学习压力、学习适应等方面是更为复杂多面的，当他的核心素养越强，即表示能处理更为复杂的学业压力和挫折，相较而言，当面对同样的学习任务时，文化程度高的学生会比文化程度低的学生具有更低的挫折感；此外，文化程度高的学生在元认知和策略上会表现出较强的优势，这就意味着他们在思考与学习活动上有较好的认识与掌控能力，并能较好地发展自己的核心素养能力，因而较少感到学业上的挫败感。

总之，青年学生的学业挫折感与核心素养（$r=-0.27$，$p<0.01$）、文化程度（$r=-0.07$，$p<0.01$）存在显著负相关；青年学生核心素养与文化程度之间

存在显著正相关（$r=0.19$，$p<0.01$）；文化程度能够调节青年学生核心素养与学业挫折感之间的关系，大学生的核心素养比高中生的核心素养更能负向预测学业挫折感。

第二节　大学生抗挫折心理能力对学业挫折感的影响机制

本研究采用问卷调查法从三个方面探讨大学生学业挫折感的影响机制：（1）探讨大学生抗挫折心理能力对学业挫折感的影响，考察积极心理品质在其中所起的中介作用；（2）探讨大学生抗挫折心理能力对学业挫折感的影响，考察核心素养的中介作用和应对方式的调节作用；（3）探讨高职生抗挫折心理能力对学业挫折感的影响，考察核心素养和应对方式在两者之间所起的中介作用。

一、大学生抗挫折心理能力对学业挫折感的影响：积极心理品质的中介作用

研究发现，对于一些乐观积极向上的大学生来说，他们可能生来就拥有更为积极的心态去追寻生命的意义，这就意味着他们对自己的未来更加充满信心，不惧怕挫折和挑战，能积极探讨生命的价值和意义（曾文秀、吴佩霞、张旭东等，2017）。因而，培养大学生的积极心理品质将有助于大学生形成良好的心理素质，以更好地处理生活和学习中遇到的问题，促进大学生提高心理健康水平，进而健全人格。从现有研究来看，从积极心理学视角对大学生积极品质促进的系统性分析尚且显得相对不足（刘维婷，2017）。探讨大学生学业挫折感、抗挫折心理能力以及积极心理品质的相关关系，为调适大学生的学业挫折感提供科学依据和指导，可以提高大学生学习能力，促进他们的心理健康发展。本研究则主要探究大学生的积极心理品质与学业挫折感、抗挫折心理能力之间可能存在的关系和作用机制，为优化大学生的积极心理品质提供指导（李清、余坤、张旭东等，2020）。相关文章已刊登在《中国健康心理学杂志》2019年第7期第1077–1084页（通讯作者：张旭东），此处仅简要介绍。

（一）研究对象与方法

1. 研究对象

采用随机抽样的方法，对全国20个省共32所本科院校的2 100名大学生实施问卷调查，回收有效问卷1 651份（82.22%）。其中，大学一年级学生637人，二年级学生596人，三年级学生380人，四年级学生38人；师范生401人，非师范生1 250人；来自城镇的大学生为735人，来自乡村的大学生为916人；独生子女601人，非独生子女1 050人；男生683人，女生968人；理科生1 043人，文科生533人，术科生75人；成绩排名在前1/3的有603人，排名在后2/3的共有1 048人。

2. 研究工具

（1）抗挫折心理能力问卷。采用张旭东等人编制的"大学生抗挫折心理能力问卷"，参见附件3。

（2）青年学生学业挫折感问卷。采用付媛姝、张旭东等人（2022）编制的"青年学生学业挫折感问卷"，参见附件1。

（3）大学生积极心理品质问卷。依据Martin E.P.，Seligman等人的相关理论，张旭东等人编制了"积极心理品质问卷"，参见附件5。

采用SPSS 22.0和Amos 21.0进行数据分析处理。

（二）研究结果

1. 各变量的平均数、标准差及相关矩阵

表6-4结果显示，大学生的抗挫折心理能力与学业挫折感呈显著的负相关，与积极心理品质呈显著正相关；积极心理品质与学业挫折感呈显著负相关。

表6-4　各变量描述统计与相关（r）

	平均数	标准差	1	2	3
1.抗挫折心理能力	3.631	0.553	1		
2.学业挫折感	2.728	0.647	−0.407**	1	
3.积极心理品质	3.384	0.519	0.297***	−0.146**	1

注：*$P<0.05$，**$P<0.01$，***$P<0.001$。下同。

2. 积极心理品质的中介作用检验

基于上述的相关分析可知，学业挫折感、积极心理品质、抗挫折心理能力三者间具有显著的相关关系，可进一步检验积极心理品质的中介作用。分别

设 X 为自变量抗挫折心理能力，Y 为因变量学业挫折感，M 为中介变量积极心理品质，并采用温忠麟等人（2004）的中介检验程序对学业挫折感、积极心理品质、抗挫折心理能力进行回归分析。

3.中介效应的结构建模

积极心理品质在抗挫折心理能力与学业挫折感之间起到部分中介效应。这表示抗挫折心理能力对学业挫折感有显著负向预测作用，且抗挫折心理能力通过积极心理品质对学业挫折感有显著负向预测作用。

通过对大学生学业挫折感、抗挫折心理能力与积极心理品质的关系进行研究分析，探寻积极心理品质在学业挫折感与抗挫折心理能力之间所起到作用。本研究采用Amos对抗挫折心理能力、学业挫折感与积极心理品质之间的关系进行中介效应检验，研究结果显示模型拟合度指数良好，表明积极心理品质起到部分中介作用。

总之，大学生抗挫折心理能力与学业挫折感之间存在显著负相关（$r=-0.407$，$p<0.01$）；大学生抗挫折心理能力与积极心理品质之间存在显著正相关（$r=0.297$，$p<0.01$）；大学生学业挫折感与积极心理品质之间存在显著负相关（$r=-0.146$，$p<0.01$）；大学生抗挫折心理能力不仅对学业挫折感有显著负向预测作用，而且通过积极心理品质对学业挫折感起到显著负向预测作用，而大学生积极心理品质对学业挫折感起显著负向预测作用。结论：大学生积极心理品质在学业挫折感与抗挫折心理能力之间起到部分中介作用。

二、大学生抗挫折心理能力对学业挫折感的影响：核心素养的中介作用和应对方式的调节作用

学业挫折感是指学生在学习活动中遭遇挫折情境而产生的消极情绪体验（曾伏云，2002）。学业上的受挫可能导致个人丧失对某门课程的兴趣和参与的热情，甚至对自己失败的行为感到自责，这可能会降低个人的成就动机（Neff et al.，2005）。有实验研究发现（Peddycord-Liu，2013），困惑和挫折感的同时出现对短期内提高学习效果是有利的，但不利于长期学习。当前，国外缺乏对学业挫折感的研究，更多是着重对学业负担、学业失败等引发学业挫折感的因素进行研究。Perry发现学业失败与学业控制有着密切的

关系，高学业控制的学生更少关注学业失败，不易因学业引发负面情绪（Perry R P, et al., 2005）。Harrington发现难以忍耐挫折的学生和能够忍耐挫折的学生会采取不同的策略来应对压力以减少挫折感（Harrington, 2005）。

对于学业挫折感产生的原因，研究者们从不同的角度进行了考察，其中抗挫折心理能力被认为是影响学业挫折感产生的重要因素。抗挫折心理能力是指个体遭受挫折后，能够承受和排解挫折的总水平，即个体承受挫折和排解挫折的一种能力（欧何生等，2013）。有学者指出，弹性个体，例如抗挫折心理能力强的个体，比其他人更容易产生积极情绪（王艳梅等，2006）。因此，抗挫折心理能力强的个体能够从压力和消极情绪中，通过自嘲、幽默等方式来产生积极情绪，从而迅速有效地恢复状态，并灵活地改变自己以适应环境（Block & Kremen, 1996; Tugade & Fredrickson, 2004）。这些研究表明，抗挫折心理能力可能在大学生的学业挫折感中扮演重要角色。我们提出假设H1：抗挫折心理能力直接影响学业挫折感。

抗挫折心理能力能够引发积极情绪，而积极情绪具有建构功能，能拓宽个体的注意和认知，这有利于个体建构持久性资源，在这一过程中个体能够在与外界的互动中获取资源，并成为日后进行活动的重要依据。核心素养作为一种持久性资源，可能在抗挫折心理能力对学业挫折感的影响中起作用。核心素养是指学生在接受相应学段教育过程中应该具备的、能够适应个人终身发展和社会发展需要的必备品格与关键能力，它有助于学生满足基本需要、发展健全身心、适应未来变化（辛涛等，2016）。具备核心素养的个体具有创新性、自我导向和自我激励，能够灵活处理包括学业挫折在内的各种疑难问题，核心素养是适应未来社会的根本动力（林崇德，2016）。

核心素养所涉及的领域范围包括：在语言、数学、科学等方面的与文化知识有关的素养，在学会学习、身心健康、自我管理等方面的与自我有关的素养以及在社会责任、价值观念、沟通合作等方面的与社会有关的素养（黄四林等，2016）。Guerra等人（2010）提出，积极的青年应具备积极的自我意识、自我控制、决策技能、道德信仰体系和亲社会联系的五种能力。国内一项以高职生为研究对象的研究发现，抗挫折心理能力与核心素养之间呈显著正相关，即抗挫折心理能力越强，核心素养越高（李清等，2020）。还有研究表明，抗挫折能力可以影响学生发展核心素养（邢艳春等，2018），且核心素养的培养有助于学生克服困难、解决问题。本研究提出假设H2：核心素养作为抗挫折心理能力和学业挫折感之间的中介因素。

应对方式是指个体为满足环境的需要而做出的认知和行为上的努力（Lazarus，1993），根据应对方式对心身的影响方式，可将其分为积极应对和消极应对两种。积极的应对方式多表现为以问题为中心，即个体力图解决实际问题，而消极的应对方式多以情绪为中心，表现为个体通过回避、否认等应对策略减少自身的不良情绪。若个体采用积极应对方式，可能会调用更多的心理资源，例如核心素养，反之则少（Matud，2004）。有研究发现，核心素养对应对方式呈显著的正向预测作用，即核心素养越高的人，其采取积极应对方式的可能性越大（李清等，2020）。陈彦垒等人（2012）发现，经常采用积极应对方式的学生，其成功应对学业挫折与挑战的能力也越好。李华君（2013）的研究表明，积极的应对方式能够让人更容易体验到愉快、自豪的学业情绪，提高其学习动机和兴趣，减少其学业挫折感。由此可见，应对方式作为一种心理应激的调节因素，在影响学生学习上有着极其重要的地位。综上，我们提出研究假设H3：应对方式调节核心素养和学业挫折感的关系。

综上所述，本研究构建了一个有调节的中介模型（图6-5），即抗挫折心理能力通过核心素养的中介作用影响大学生学业挫折感，且应对方式调节后半段路径，以期回答抗挫折心理能力"如何"和"在何种情况下"影响大学生学业挫折感的问题，这对于受到学业挫折的理工科学生的心理干预工作具有重要意义，可为其积极心理和行为建设提供参考。

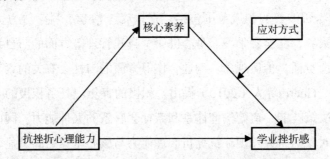

图6-5　核心素养的中介作用及应对方式的调节作用假设模型图

（一）研究对象与方法

1. 研究对象

本研究采取随机抽样的方法，抽取了全国18个省市共32所本科院校和高职院校的1 800名理工科学生作为被试，对他们实施问卷调查，回收1 500份有效问卷，有效回收率为83.33%。其中，男生829人，占比55.27%，女生671人，占比44.73%。

2. 研究方法

（1）抗挫折心理能力问卷。采用张旭东等人（2013）编制的"抗挫折心理能力问卷"，参见附件3。

（2）青年学生学业挫折感问卷。采用付媛姝、张旭东等人（2022）编制的"青年学生学业挫折感问卷"，参见附件1。

（3）青年学生核心素养问卷。根据林崇德《构建中国化的学生发展核心素养》一文的理论构想（林崇德，2017），张旭东等人编制了"青年学生核心素养问卷"，参见附件2。

（4）简易应对方式问卷。该问卷由解亚宁（1998）编制，共20道题，包括积极应对和消极应对两个维度。其中积极应对分量表包括12道题，消极应对分量表包括8道题，从0分（不采取）到3分（经常采取）3级计分。积极应对和消极应对得分越高，说明该类应对方式越强。本次研究全量表的Cronbach's α系数为0.76；积极应对量表和消极应对量表的Cronbach's α系数分别为0.76和0.78。

3. 统计处理

采用SPSS22.0和Hayes编制的Process3.3宏程序插件进行数据分析处理。

4. 共同方法偏差检验

本研究采用Harman的单因素检验法对可能存在的共同方法偏差进行检验。经过因素分析结果得出了31个特征值大于1的因子，第一个因子解释的变异量是16.01%，远小于40%的判断标准（Podsakoff et al.，2003），故本研究不存在明显的共同方法偏差效应。

（二）结果与分析

1. 相关分析

描述及相关分析结果表明（表6-5），学业挫折感与抗挫折心理能力呈显著负相关（$p<0.01$），与核心素养呈显著正相关（$p<0.01$），与积极应对呈显著正相关（$p<0.01$），与消极应对呈显著负相关（$p<0.01$）；抗挫折心理能力与核心素养呈显著正相关（$p<0.01$），与积极应对呈显著正相关（$p<0.01$），与消极应对呈显著负相关（$p<0.01$）；核心素养与积极应对呈显著正相关（$p<0.01$），与消极应对呈显著负相关（$p<0.01$）。

表6-5　各变量的描述性统计及相关矩阵（$N=1\,500$）

	$M \pm SD$	1	2	3	4	5
1.抗挫折心理能力	3.52 ± 0.56	-				
2.学业挫折感	2.77 ± 0.54	-0.38^{**}	-			
3.核心素养	3.25 ± 0.61	0.28^{**}	-0.34^{**}	-		
4.积极应对	1.87 ± 0.43	0.36^{**}	-0.19^{**}	0.35^{**}	-	
5.消极应对	1.34 ± 0.56	-0.20^{**}	0.25^{**}	-0.13^{**}	0.17^{**}	-

注：*表示$p < 0.05$，**表示$p < 0.01$，***表示$p < 0.001$。下同。

2. 有调节的中介效应检验

将所有变量进行标准化处理，采用Hayes（2012）提供的SPSS宏程序Process的模型4，考察核心素养在抗挫折心理能力和学业挫折感之间的中介作用。

回归分析结果如表6-6所示，模型图如图6-6所示。由表6-6可知，抗挫折心理能力对核心素养的正向预测作用显著（$\beta=0.28$，$t=11.37$，$p<0.001$），抗挫折心理能力能够显著负向预测学业挫折感（$\beta=-0.30$，$t=-12.63$，$p<0.001$），核心素养能显著负向预测学业挫折感（$\beta=-0.26$，$t=-10.77$，$p<0.001$）。

表6-6　核心素养在抗挫折心理能力与学业挫折感之间的中介模型的回归分析（标准化）

变量	学业挫折感		核心素养		学业挫折感	
	β	t	β	t	β	t
抗挫折心理能力	−0.38	−15.73***	0.28	11.37***	−0.30	−12.63***
核心素养					−0.26	−10.77***
R^2	0.14		0.08		0.20	
F	247.47***		129.27***		191.17***	

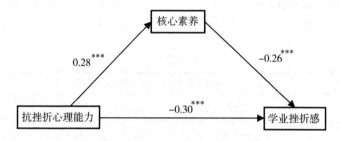

图6-6　核心素养在抗挫折心理能力与学业挫折感之间的中介效应（标准化）

采用偏差校正非参数百分位Bootstrap法重复抽样5 000次对中介效应进行检验，结果如表6-7所示。在抗挫折心理能力对学业挫折感的总效应、直接效应以及核心素养的中介效应里，其Bootstrap95%置信区间的上下限均不包含0，表明抗挫折心理能力能直接或通过核心素养间接影响学业挫折感。

表6-7　核心素养在抗挫折心理能力与学业挫折感之间的中介效应分析

效应类型	效应值	BootSE	95%CI
总效应	−0.38	0.03	［−0.43，−0.33］
直接效应	−0.30	0.03	［−0.35，−0.26］
间接效应	−0.08	0.01	［−0.09，−0.05］

其次，采用Hayes编制的Process宏程序中的Model14，考察应对方式在中介模型中的调节作用。应对方式的分数由积极应对的标准分减去消极应对的标准分之后得到，分数大于0，代表被试在应激状态下偏向采用积极应对方式，小于0则主要采用消极应对方式（戴晓阳，2010）。结果（表6-8、表6-9）表明，将应对方式放入模型后，核心素养和应对方式的乘积项对学业挫折感的预

测作用显著（$\beta = -0.04$，$t = -2.03$，$p < 0.05$）。

表6-8　有调节的中介模型检验

变量	核心素养		学业挫折感	
	β	t	β	t
抗挫折心理能力	0.28	11.37***	−0.24	−9.43***
核心素养			−0.22	−8.64***
应对方式			−0.12	−5.74***
抗挫折心理能力 × 应对方式			−0.04	−2.03*
R^2	0.08		0.22	
F	129.27***		107.09***	

表6-9　应对方式不同水平上的中介效应

	应对方式	效应值	BootSE	95%CI
	−1.29（$M-1SD$）	−0.05	0.01	[−0.07, −0.03]
核心素养的中介作用	0.00（M）	−0.06	0.01	[−0.08, −0.04]
	+1.29（$M+1SD$）	−0.07	0.01	[−0.10, −0.05]

　　为了进一步了解核心素养与应对方式如何交互作用影响大学生的学业挫折感，按照相关研究的分析程序对具有显著性的交互项进行简单斜率分析（方杰等，2015）。把应对方式分数高于、低于平均数标准差的被试分为高应对方式组和低应对方式组，分别计算两个组在核心素养预测大学生学业挫折感问题的简单斜率。图6-7结果显示，对于高应对方式组，核心素养可以负向预测大学生的学业挫折感（$\beta=-0.26$，$t=-8.06$，$p<0.001$），对于低应对方式组，核心素养虽然也能负向预测大学生的学业挫折感，但其预测作用较小（$\beta=-0.17$，$t=-4.81$，$p<0.001$）。这表明随着个体采用更积极的应对方式，核心素养对学业挫折感的预测作用呈增大趋势，且核心素养在大学生抗挫折心理能力与学业挫折感中的中介效应也呈上升趋势（表6-9）。

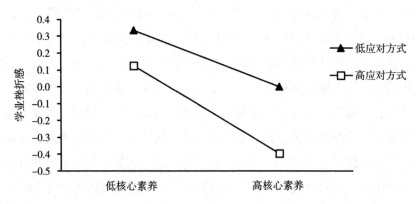

图6-7 应对方式在大学生核心素养对学业挫折感之间的调节作用（标准化）

（三）讨论

抗挫折心理能力对大学生学业挫折感的影响已经开始获得实证支持（李清等，2019）。然而，关于内在机制的问题在很大程度上是未知的。本研究建立了一个有调节的中介模型，以检验抗挫折心理能力是否会以核心素养为中介和以应对方式为调节与大学生学业挫折感产生联系。结果表明，抗挫折心理能力对大学生学业挫折感的影响可以被核心素养部分中介，以及中介效果可以被应对方式调节。具体来说，一方面，抗挫折心理能力可以正向预测大学生核心素养，核心素养可以负向预测大学生学业挫折感。另一方面，核心素养与学业挫折感之间的关系受到应对方式的调节，表现为与低应对方式组的大学生对比，高应对方式组大学生的学业挫折感受到核心素养的影响更大。换句话说，高核心素养以及积极的应对方式是避免大学生产生学业挫折感的保护因素。

1. 核心素养的中介作用

研究结果显示，核心素养在抗挫折心理能力和学业挫折感之间的部分中介作用显著。抗挫折心理能力是一种自我保护性质的心理资源，积极情绪可能会伴随抗挫折心理能力的作用而产生。核心素养则是直接对接个体终生以及面向社会的必备能力，是稳定的、更广阔范围意义的、具有长久支撑力的，可能是孕育积极情绪的有力支撑。

依据Fredrickson的积极情绪扩展—建构理论，一方面，积极情绪能够使个体的注意、认知、行为的范围得以扩展，驱使个体在面对挫折、遇到困难时能够更敏锐地察觉周边环境，有效地获取、分析信息，不断汲取有利于目标实现的知识和经验，从而激发出新的思维模式，搭建新的问题解决模式，采取积极的应对方式。其具有的缓释功能可纠正、修复、消解消极情绪带来的滞存影响，这证实了抗挫折心理能力对学业挫折感的直接作用。另一方面，积极情绪能建构和增强个体的可持续资源，在这一过程中个体能够在与外界的互动中获取资源，并成为日后进行活动的重要依据。这证实了抗挫折心理能力能够通过核心素养的中介作用去影响学业挫折感这一路径。据此可以推断，在面对挫折事件时，个体容易因聚焦事件本身而使得注意、认知窄化，进而使得行为局限，导致个体认定自己失败或成功希望渺茫且无从改变而产生挫折感；个体会尝试针对性地使用抗挫折心理能力来应对，而为了缓释挫折感的滞存影响，则会进一步寻求更广阔范围内的资源来支持，如核心素养。积极情绪同思维拓展、资源建构的关系并不是单向的，它们是相互作用、相互引发的，早期的积极情绪体验拓宽了个体的注意和认知，这有利于个体应对逆境和构建资源，而良好的应对又预示着未来产生积极情绪（高正亮、童辉杰，2010）。

2. 应对方式的调节作用

研究结果发现，应对方式能显著调节"抗挫折心理能力→核心素养→学业挫折感"模型的后半段中介路径。首先，应对方式能够调节核心素养与学业挫折感的关系，具体表现为在高核心素养这一水平下，相比于消极应对方式的学生，积极应对方式的大学生学业挫折感更低；在低核心素养这一水平下，相比于消极应对方式的学生，积极应对方式的大学生学业挫折感更低；在核心素养低、又采取消极应对方式时，个体学业挫折感最高，在核心素养高，采取积极应对方式时，个体学业挫折感最低。出现这种结果的原因可能是消极的应对方式使个体在面对负性事件时更容易失去信心，产生逃避心理和无力感，使得核心素养无法发挥作用，不知如何有效应对学业上遇到的困境，从而产生了更多的学业挫折感。

而积极的应对方式能够帮助个体在面对负性事件时产生更多的正性情感，使其对事件有一个积极的评价，缓冲事件带来的负面影响（尹星等，2010），及时寻求帮助和解决方法，使得核心素养能够在挫折和压力下更好地发挥作用，减少因学业困难所带来的消极情绪体验。消极的应对方式通过主观降低期望或行为上的自我设限来实现，实际上抑制了核心素养的作用激活和发挥，而对于低核心素养的人群来说，消极方法与资源不足的双重影响会触发二次挫折，使得个体对于挫折感的抵抗更弱；而积极的应对方式具有一种前瞻性的心理建构作用，能唤起积极情绪以恢复被挫折感消耗的心理资源。换言之，其本质是充分利用可利用的资源使得挫折事件的影响下降，而核心素养的作用将会在此时得到放大和提供力量的支持，即使对于低核心素养的人而言，积极的应对方式本身也有一定抵抗挫折感的能力。

总之，大学生抗挫折心理能力通过核心素养的作用，降低学业挫折感。与消极应对方式相比，采用积极应对方式的大学生，其抗挫折心理能力更可能通过核心素养而降低学业挫折感。

三、高职生抗挫折心理能力对学业挫折感的影响机制

本研究旨在探讨核心素养和应对方式在抗挫折心理能力与学业挫折感之间的中介作用，旨在对高职生学业挫折感的内部作用机制进行深入探究（李清、余坤、谢静怡等，2020）。相关文章已刊登在《中国健康心理学杂志》2020年第6期第918-924页（通讯作者：张旭东），此处仅简要介绍。

（一）研究对象与方法

1. 研究对象

本研究抽取了全国18个省市共32所高职院校的2 600名大学生作为被试，采取随机抽样的方法实施问卷调查，回收有效问卷2 326份，有效回收率为89.46%。其中，男生1 311人，女生1 015人；高职一年级1 169人，二年级1 046人，三年级111人；独生子女580人，非独生子女1 746人；师范生434人，非师范生1 892人；城镇大学生为809人，乡村大学生为1 517人；理科生957人，文科生910人，工科生301人，术科生158人；班级成绩排名在前1/3的有681人，而排名在中1/3共有1 399人，排名在后1/3的共有306人。

2. 研究工具

（1）青年学生学业挫折感问卷。采用付媛姝、张旭东等人（2022）编制的"青年学生学业挫折感问卷"，参见附件1。

（2）抗挫折心理能力问卷。采用张旭东等人（2013）编制的"抗挫折心理能力问卷"，参见附件3。

（3）青年学生核心素养问卷。根据林崇德《构建中国化的学生发展核心素养》一文的理论构想（林崇德，2017），张旭东等人编制了"青年学生核心素养问卷"，参见附件2。

（4）应对方式问卷。采用解亚宁（1998）编制的"简易应对方式量表"，该量表包括积极应对和消极应对两个维度，共20个条目。其中积极应对分量表包括12个条目，消极应对分量表包括8个条目，采取0～3级评分方式（0代表不采取，3表示经常采取）。积极应对和消极应对得分越高，说明该类应对方式越强。经过检验，该问卷的克隆巴赫α系数为0.76；积极应对量表和消极应对量表的α系数分别为0.76和0.78。

采用SPSS22.0、Mplus7.0进行数据分析处理。

（二）研究结果

1. 高职生抗挫折心理能力、学业挫折感、核心素养和应对方式的相关分析

对各变量进行描述性统计和 Pearson 相关分析，结果见表6-10，可以看出抗挫折心理能力、学业挫折感、核心素养和应对方式两两显著相关。学业挫折感与核心素养的相关不显著，可能是因核心素养中关于应对学业挫折感方面的素养所占比例较小造成的。核心素养中涉及的有关应对学业挫折感方面的因素有理性思维、乐学善思、勤于反思、健全人格、自我管理以及问题解决，可见其在18个学生发展核心素养中所占比例较小。

表6-10　高职生抗挫折心理能力等四个变量的相关矩阵

	1	2	3	4
1.抗挫折心理能力	-			
2.学业挫折感	−0.424**	-		
3.核心素养	0.084**	0.040	-	
4.应对方式	0.167**	−0.210**	0.209**	-

注：*$P<0.05$，**$P<0.01$，***$P<0.001$，下同。

2. 链式中介模型检验

根据温忠麟（2014）的中介检验程序，将抗挫折心理能力作为自变量，学业挫折感作为因变量，核心素养、应对方式为中介变量，使用Mplus7.0编

写程序来对是否存在中介效应进行研究，结果表明，根据吴明隆的SEM整体模型适配的标准或临界值，中介模型修正前的拟合指数CMIN/DF、TLI的指标未达标，因此需要根据修正指标对模型做进一步的修正，修正后的模型拟合指数为CMIN/DF=12.205，该值相比于修正之前有所下降；RMSEA=0.069，SRMR=0.063，均小于0.08，模型拟合可以接受；CFI=0.911，TLI=0.901，两者均大于0.9，说明修正后模型拟合度良好。因此本研究采用修正后的模型作为中介模型。

本研究以抗挫折心理能力作为自变量，核心素养、应对方式作为中介变量，学业挫折感作为因变量，构建核心素养、应对方式在抗挫折心理能力对学业挫折感的影响之间的中介作用模型。

总之，高职生学业挫折感与抗挫折心理能力之间存在显著负相关（$r=-0.424$，$P<0.01$）；高职生核心素养与抗挫折心理能力存在显著正相关（$r=0.084$，$P<0.01$）；高职生应对方式与抗挫折心理能力存在显著正相关（$r=0.167$，$P<0.01$）；高职生应对方式与核心素养存在显著正相关（$r=0.209$，$P<0.01$）；高职生抗挫折心理能力对学业挫折感有显著负向预测作用；核心素养中的审美情趣、勤于反思对学业挫折感有显著正向预测作用，核心素养中的自我管理对学业挫折感具有显著负向预测作用；应对方式对学业挫折感具有显著负向预测作用，应对方式中的消极应对方式对学业挫折感具有显著正向预测作用。

高职生核心素养、应对方式在抗挫折心理能力与学业挫折感之间存在链式中介作用。

第三节　大学生生命智慧对学业挫折感的影响机制

随着高等教育体系规模的扩大，截至2022年9月，我国高等教育毛入学率达到57.8%，我国高等教育已由大众化阶段进入普及化阶段。大学生人数的增加意味着大学生面临的就业竞争与学习压力将有所上升。目前在学业方面，学习挫折是大学生中常见的现象（朱美芬，2002），这使得学业挫折感引起了教育界的重视。Neff（2005）发现，认为自己学业失败的学生，随着其自我同情程度的增加，越倾向采用积极的情绪应对策略。Harrington（2005）发现，难以忍耐挫折的学生和能够忍耐挫折的学生会采取不同的策略来应对压力以减少挫折感。而国内也很少有关于学业挫折感方面的实证研究，较多是从整体的角度来对挫折感进行探讨，其涉及的范围较广，常包含人际、情感、适应、就业等方面（龚雪，2015）。由过往研究可知，学业挫折感有助于改善学生学习体验并为学生带来积极的影响，因此对学业挫折感的研究是不可缺少的。此外，有研究从学业方面探究挫折感的影响因素，发现抗挫折心理能力负向预测学业挫折感（李清、余坤、高东瑜等，2019），还有研究表明抗挫折心理能力能够通过生命智慧的中介作用影响挫折感（刘雅莉，2011），因此在本研究中将引入生命智慧这一因素，探究生命智慧和学业挫折感之间的影响机制。

此外，学业倦怠与学业挫折感在内涵上具有一定程度的相似性，在理论上，学业倦怠很可能与学业挫折感有着密切的关系，但还没有相关的实证研究。学业倦怠又是衡量学生心理健康的重要指标之一（朱政光等，2018），价值观和生命智慧皆能预测心理健康，生命智慧是积极人格特征在认知、行为上的其中一种体现。同时，目前尚未有学者研究生命智慧、学业挫折感、学业倦怠、价值观四者之间的关系，因此本书提出链式中介模型假设，即生命智慧通过价值观和学业倦怠的作用影响学业挫折感，通过探讨四者之间的关系和验证链式中介模型假设，为提高生命智慧，降低学业挫折感提出对策。

一、研究方法

（一）研究对象

本研究采取随机抽样的方法，对864名大学生实施问卷调查，回收有效问卷728份，有效回收率为84.26%。其中，男生337人，女生391人；大学一年级267人，大学二年级182人，大学三年级264人，大学四年级15人；成绩排名在前1/3的共257人，成绩排名在中1/3的共350人，成绩排名在后1/3的共121人；独生子女266人，非独生子女462人；师范生69人，非师范生659人；理科生305人，文科生246人，工科生177人。

（二）研究工具

1. 青年学生学业挫折感问卷

采用付媛姝、张旭东等人（2022）编制的"青年学生学业挫折感问卷"，参见附件1。

2. 生命智慧问卷

采用张旭东等人编制的"大学生生命智慧问卷"，参见附件6。

3. 价值观问卷

采用张麒编制的"大学生价值观调查问卷"（2001），该问卷由12个一阶因子组成，分别为：独立进取、维护传统、享受人生、冒险求成、社会同情、承认权威、诚实守信、超自然信奉、追求美、非教条盲从、求知好奇、自我中心。12个一阶因子可以归为3个维度（二阶因子）：个人生活价值取向，反映个体的生活信念和态度、追求的生活目标及其方式；社会生活价值取向，反映个体社会生活中的人际交往准则；权威意志取向，反映个体对权威的认识和对个人命运的外界影响力的相信情况。该问卷的内在一致性信度Cronbach's α系数为0.821，个人生活价值取向、社会生活价值取向和权威意志取向的内在一致性信度Cronbach's α系数依次为：0.8342，0.7553，0.7083，说明该问卷具有较好的信度和效度。问卷采用Likert式5点正向计分的方法，1表示一点也不，价值观很消极；以此类推，5表示非常重要，价值观很积极。得分越高代表价值观越积极。

4. 学业倦怠问卷

采用吴艳等人（2010）编制出的"青少年学习倦怠量表"，该量表共有16个条目，其中包括三个维度，分别为：身心耗竭、学业疏离及低成就感。该问卷的Cronbach's α系数为0.689~0.858之间。问卷采用Likert式5点记分的方法，"1"表示很不符合，学业倦怠很低，以此类推，"5"表示很符合，得分越高，说明学业倦怠越高。

（三）实测过程与数据处理

随机抽取被试发放问卷，学生以匿名方式填写调查问卷；数据统计分析采用SPSS 22.0进行。

二、结果与分析

（一）共同方法偏差检验

由于本研究均采用自我报告的方式收集数据，可能存在共同方法偏差的问题。采用Harman所倡导的单因素共同方法偏差检验法（周浩、龙立荣，2004）对收集的数据进行共同方法偏差检验，结果显示，未旋转的探索性因子分析结果提取出特征根大于1的因子共35个，第一个因子只解释了总方差变异的15.44%，小于40%。因此，本研究可不考虑由共同方法偏差造成的影响。

（二）大学生生命智慧、学业挫折感、价值观、学业倦怠的关系

1.大学生生命智慧与学业挫折感的相关关系

将大学生生命智慧总分及各因子与学业挫折感总分及各因子做双变量相关分析，结果见表6-11。由表6-11可知，生命智慧、生命认知因素、生命非认知因素、技能因素、学习因素、学校因素、适应因素、交往因素、择业因素、恋爱因素、健康因素分别与学业挫折感、学习动机挫折感、学习环境挫折感、考试挫折感、学习压力挫折感、学习适应挫折感、学习自信心挫折感呈显著负相关。

表6-11 大学生生命智慧与学业挫折感的相关分析

	学业挫折感总分	学习动机挫折感	学习环境挫折感	考试挫折感	学习压力挫折感	学习适应挫折感	学习自信心挫折感
生命智慧总分	−0.31***	−0.21***	−0.21***	−0.23***	−0.25***	−0.31***	−0.22***
生命认知因素	−0.24***	−0.16***	−0.18***	−0.14***	−0.21***	−0.24***	−0.15***
生命非认知因素	−0.31***	−0.26***	−0.09**	−0.26***	−0.25***	−0.27***	−0.29***
技能因素	−0.20***	−0.12**	−0.24***	−0.12**	−0.14***	−0.23***	−0.04
学习因素	−0.30***	−0.28***	−0.06	−0.26***	−0.27***	−0.23***	−0.25***
学校因素	−0.25***	−0.13**	−0.28***	−0.15***	−0.21***	−0.22***	−0.17***
适应因素	−0.23***	−0.12**	−0.19***	−0.16***	−0.24^s***	−0.24***	−0.12***
交往因素	−0.19***	−0.11**	−0.20***	−0.11***	−0.13****	−0.22***	−0.12**
择业因素	−0.24***	−0.16***	−0.12**	−0.20***	−0.21***	−0.25***	−0.18***
恋爱因素	−0.16***	−0.09*	−0.16***	−0.10**	−0.09*	−0.20***	−0.10**
健康因素	−0.10**	−0.03	−0.15***	−0.06	−0.07	−0.15***	−0.03
家庭因素	−0.14***	−0.04	−0.18***	−0.08*	−0.10**	−0.20***	−0.06

2. 大学生生命智慧与学业倦怠的相关关系

将大学生生命智慧总分及各因子与学业倦怠总分及各因子做双变量相关分析，结果见表6-12。由表6-12可知，生命智慧总分及其各维度与学业倦怠总分、低成就感呈显著负相关；身心耗竭与生命智慧总分、生命认知因素、生命非认知因素、技能因素、交往因素、恋爱因素、家庭因素呈显著负相关；学业疏离与生命智慧总分、生命认知因素、生命非认知因素、技能因素、学校因素、适应因素、交往因素、择业因素、恋爱因素、健康因素、家庭因素呈显著负相关。

表6-12　大学生生命智慧与学业倦怠的相关分析

	学业倦怠总分	身心耗竭分量表	学业疏离分量表	低成就感分量表
生命智慧总分	−0.40***	−0.09*	−0.26***	−0.45***
生命认知因素	−0.31***	−0.10**	−0.23***	−0.28***
生命非认知因素	−0.33***	−0.07*	−0.12**	−0.45***
技能因素	−0.31***	−0.08*	−030***	−0.23***
学习因素	−0.23***	0.01	−0.04	−0.43***
学校因素	−0.21***	0.04	−0.13***	−0.31***
适应因素	−0.30***	−0.05	−0.23***	−0.29***
交往因素	−0.31***	−0.09*	−0.23***	−0.29***
择业因素	−0.29***	−0.05	−0.14***	−0.37***
恋爱因素	−0.26***	−0.08*	−0.19***	−0.23***
健康因素	−0.30***	−0.07	−0.25***	−0.26***
家庭因素	−0.31***	−0.10**	−0.30***	−0.18***

3. 大学生生命智慧与价值观的相关关系

将大学生生命智慧总分及各因子与价值观总分及各因子做双变量相关分析，结果见表6-13。由表6-13可知，生命智慧总分及其因子分别与价值观、个人生活价值取向、社会生活价值取向呈显著正相关，权威意志取向与生命智慧总分、生命非认知因素、学习因素、择业因素呈显著正相关。

表6-13　大学生生命智慧与价值观的相关分析

	价值观总分	个人生活价值取向	社会生活价值取向	权威意志取向
生命智慧总分	0.62***	0.61***	0.56***	0.09*
生命认知因素	0.45***	0.46***	0.39***	0.06
生命非认知因素	0.52***	0.51***	0.41***	0.14***
技能因素	0.43***	0.42***	0.46***	−0.03
学习因素	0.21***	0.18***	0.15***	0.16***
学校因素	0.44***	0.40***	0.46***	0.04
适应因素	0.46***	0.47***	0.44***	0.01
交往因素	0.47***	0.44***	0.48***	0.04
择业因素	0.45***	0.46***	0.34***	0.12**
恋爱因素	0.37***	0.38***	0.33***	0.01
健康因素	0.47***	0.43***	0.51***	0.02
家庭因素	0.49***	0.47***	0.53***	−0.03

4. 大学生价值观与学业倦怠的相关关系

将大学生价值观总分及各因子与学业倦怠总分及各因子做双变量相关分析，结果见表6-14。由表6-14可知，价值观总分及各因子与低成就感呈显著负相关；价值观、个人生活价值取向、社会生活价值取向与学业倦怠总分、学业疏离呈显著负相关；价值观、个人生活价值取向、社会生活价值取向与身心耗竭呈显著正相关；权威意志取向与学业倦怠总分、身心耗竭、学业疏离呈显著正相关；权威意志取向与低成就感呈显著负相关。

表6-14　大学生价值观与学业倦怠的相关分析

	学业倦怠总分	身心耗竭分量表	学业疏离分量表	低成就感分量表
价值观总分	−0.08*	0.16***	−0.03	−0.26***
个人生活价值取向	−0.11**	0.12**	−0.07	−0.25***
社会生活价值取向	−0.20***	0.02	−0.22***	−0.16***
权威意志取向	0.25***	0.28***	0.35***	−0.15***

5.大学生价值观与学业挫折感的相关关系

将大学生价值观总分及各因子与学业挫折感总分及各因子做双变量相关分析，结果见表6-15。由表6-15可知，价值观、个人生活价值取向、社会生活价值取向与学业挫折感总分、学习环境挫折感、考试挫折感、学习压力挫折感、学习适应挫折感呈显著负相关；权威意志取向与学习环境挫折感、学习适应挫折感呈显著正相关；学习自信心挫折感与价值观、个人生活价值取向呈显著负相关。

表6-15　大学生生命智慧与学业挫折感的相关分析

	学业挫折感总分	学习动机挫折感	学习环境挫折感	考试挫折感	学习压力挫折感	学习适应挫折感	学习自信心挫折感
价值观总分	−0.12**	0.03	−0.15***	−0.11**	−0.15***	−0.17***	−0.10**
个人生活价值取向	−0.15***	−0.01	−0.16***	−0.12**	−0.18***	−0.19***	−0.13***
社会生活价值取向	−0.11**	0.06	−0.24***	−0.07	−0.14***	−0.21***	−0.01
权威意志取向	0.06	0.03	0.14***	−0.04	0.06	0.09*	−0.07

6.大学生学业挫折感与学业倦怠的相关关系

将大学生学业挫折感总分及各因子与学业倦怠总分及各因子做双变量相关分析，结果见表6-16。由表6-16可知，学业倦怠总分及其各因子与学业挫折感总分、学习动机挫折感、考试挫折感、学习压力挫折感、学习适应挫折感呈显著正相关；学业倦怠总分、学业疏离、低成就感与学习环境挫折感呈显著正相关；学业倦怠总分、身心耗竭、低成就感与学习自信心挫折感呈显著正相关。

表6-16　大学生学业挫折感与学业倦怠的相关分析

	学业挫折感总分	学习动机挫折感	学习环境挫折感	考试挫折感	学习压力挫折感	学习适应挫折感	学习自信心挫折感
学业倦怠总分	0.40***	0.33***	0.17***	0.26***	0.34***	0.45***	0.20***
身心耗竭	0.22***	0.21***	0.05	0.14***	0.19***	0.23***	0.12**
学业疏离	0.19***	0.09*	0.19***	0.10*	0.18***	0.32***	0.02
低成就感	0.39***	0.38***	0.08*	0.29***	0.32***	0.34***	0.28***

（三）大学生生命智慧、学业挫折感、价值观、学业倦怠的回归分析

1.大学生生命智慧对学业挫折感的回归分析

以学业挫折感总分为因变量，以生命智慧总分及其各因子为预测变量，

进行逐步回归分析，结果如表6-17所示，生命智慧、学习因素、健康因素逐步进入回归方程，可有效解释学业挫折感14%的变异量。生命智慧、学习因素对学业挫折感有显著负向预测作用，健康因素对学业挫折感有显著正向预测作用。

表6-17　大学生生命智慧对学业挫折感的逐步回归分析

因变量	预测变量	R	调整R^2	F	B	β	t
学业挫折感	生命智慧	0.38	0.14	41.84***	4.05	−0.36	−6.94***
	学习因素					−0.18	−4.68***
	健康因素					0.18	3.79***

2. 大学生生命智慧对价值观的回归分析

以价值观总分为因变量，以生命智慧总分及其各因子为自变量，进行逐步回归分析，结果如表6-18所示，生命智慧、家庭因素逐步进入回归方程，可有效解释价值观38%的变异量。生命智慧、家庭因素对价值观有显著正向预测作用。

表6-18　大学生生命智慧对价值观的逐步回归分析

因变量	预测变量	R	调整R^2	F	B	β	t
价值观	生命智慧	0.62	0.38	226.46***	1.70	0.54	13.05***
	家庭因素					0.101	2.57***

3. 大学生生命智慧对学业倦怠的回归分析

以学业倦怠总分为因变量，以生命智慧总分及其各因子为自变量，进行逐步回归分析，结果如表6-19所示，生命智慧、家庭因素逐步进入回归方程，可有效解释学业倦怠17%的变异量。生命智慧、学习因素对学业倦怠有显著负向预测作用，而学校因素、生命非认知因素对学业倦怠有显著正向预测作用。

表6-19　大学生生命智慧对学业倦怠的逐步回归分析

因变量	预测变量	R	调整R^2	F	B	β	t
学业倦怠	生命智慧	0.42	0.17	39.28***	4.11	−0.60	−7.17**
	学校因素					0.15	3.22**
	学习因素					−0.08	−2.21*
	生命非认知因素					0.16	2.17*

4. 大学生价值观对学业倦怠的回归分析

以学业倦怠总分为因变量，以价值观总分及其各因子为自变量，进行逐步回归分析，结果如表6-20所示，权威意志取向、价值观逐步进入回归方程，可有效解释学业倦怠10%的变异量。价值观对学业倦怠有显著负向预测作用，而权威意志取向对学业倦怠有显著正向预测作用。

表6-20　大学生价值观对学业倦怠的逐步回归分析

因变量	预测变量	R	调整R^2	F	B	β	t
学业倦怠	权威意志取向	0.33	0.10	43.17***	3.08	0.36	9.05***
	价值观					−0.24	−6.03***

5. 大学生价值观对学业挫折感的回归分析

以学业挫折感总分为因变量，以价值观总分及其各因子为自变量，进行逐步回归分析，结果如表6-21所示，个人生活价值取向、权威意志取向逐步进入回归方程，可有效解释学业倦怠3%的变异量。个人生活价值取向对学业挫折感有显著负向预测作用，而权威意志取向对学业挫折感有显著正向预测作用。

表6-21　大学生价值观对学业挫折感的逐步回归分析

因变量	预测变量	R	调整R^2	F	B	β	t
学业挫折感	个人生活价值取向	0.18	0.03	11.50***	3.27	−0.17	−4.56***
	权威意志取向					0.10	2.66**

6. 大学生学业倦怠对学业挫折感的回归分析

以学业挫折感总分为因变量，以价值观总分及其各因子为自变量，进行逐步回归分析，结果如表6-22所示，学业倦怠、低成就感逐步进入回归方程，可有效解释学业倦怠21%的变异量。学业倦怠、低成就感对学业挫折感有显著正向预测作用。

表6-22　大学生学业倦怠对学业挫折感的逐步回归分析

因变量	预测变量	R	调整R^2	F	B	β	t
学业挫折感	学业倦怠	0.46	0.21	98.72***	0.94	0.27	7.37***
	低成就感分量表					0.27	7.23***

（四）中介效应分析

本研究假设价值观与学业倦怠在大学生生命智慧对学业挫折感的影响中起链式中介作用，根据温忠麟和叶宝娟（2014）的中介检验流程，采用SPSS 22.0以及Hayes的Process 3.0程序对价值观与学业倦怠做进一步的中介检验。在本研究中将所有被试当成Bootstrap总体，使用偏差校正的百分位Bootstrap法，有放回地重复取样得到一个样本容量为5 000的Bootstrap样本，估计这5 000个Bootstrap样本的中介效应95%置信区间检验中介效应。

对模型中的回归方程的参数做估计，结果如表6-23所示，生命智慧显著正向预测价值观（$\beta=0.52$，$P<0.001$）；生命智慧显著负向预测学业倦怠（$\beta=-0.50$，$P<0.001$），价值观显著正向预测学业倦怠（$\beta=0.30$，$P<0.001$），当生命智慧、价值观、学业倦怠一起进入回归方程时，生命智慧显著负向预测学业挫折感（$\beta=-0.20$，$P<0.001$），学业倦怠显著正向预测学业挫折感（$\beta=0.40$，$P<0.001$），价值观对学业挫折感的预测作用不显著（$\beta=0.05$，$P>0.05$）。

表6-23　变量关系的回归分析

因变量	预测变量	R	R^2	F	B	β	t
价值观	生命智慧	0.61	0.38	442.90***	1.71	0.52	21.05***
学业倦怠	生命智慧	0.46	0.21	95.75***	3.57	-0.50	-13.65***
	价值观					0.29	6.62***
学业挫折感	生命智慧	0.43	0.19	55.18***	2.31	-0.23	-4.35***
	价值观					0.05	0.82
	学业倦怠					0.40	8.39***
学业挫折感	生命智慧	0.31	0.10	78.44***	4.01	-0.35	-8.86***

由表6-24可知，总效应值为-0.35，Bootstrap 95%的置信区间为[-0.42，-0.27]，不包括0，证明总效应显著。总间接效应值为-0.12，Bootstrap 95%的置信区间为[-0.20，-0.03]，不包括0，证明总间接效应显著。学业倦怠产生的间接效应，Bootstrap 95%置信区间为[-0.26，-0.14]，不包含0，表明学业倦怠在大学生生命智慧对学业挫折感的影响中起中介效

应。价值观产生的间接效应，Bootstrap 95%置信区间为［-0.04，0.09］，包含0，表明价值观未在大学生生命智慧对学业挫折感的影响中起中介效应。价值观与学业倦怠产生的间接效应，Bootstrap 95%置信区间为［0.04，0.09］，不包含0，表明价值观与学业倦怠在大学生生命智慧对学业挫折感的影响中起链式中介效应。

中介效应通过两条路径对学业挫折感产生影响，第一条路径为生命智慧→学业倦怠→学业挫折感，即间接效应2（-0.20，占总效应的57.14%）；第二条路径为生命智慧→价值观→学业倦怠→学业挫折感，即间接效应3（0.06，占总效应的17.14%）。具体模型如图6-8所示。

表6-24　总效应、直接效应及中介效应分解表（bootstrap=5 000）

	效应值	Bootstrap SE	Boot CI下限	Boot CI上限
总效应	-0.35	0.04	-0.42	-0.27
直接效应	-0.23	0.05	-0.33	-0.13
总间接效应	-0.12	0.04	-0.20	-0.03
间接效应1	0.03	0.03	-0.04	0.09
间接效应2	-0.20	0.03	-0.26	-0.14
间接效应3	0.06	0.01	0.04	0.09

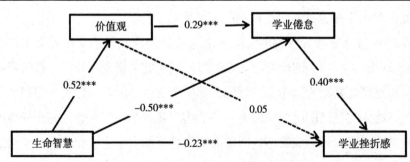

图6-8　价值观与学业倦怠在生命智慧对学业挫折感的影响间的中介模型

三、讨论

（一）大学生生命智慧、学业挫折感、价值观、学业倦怠的相关分析

1. 大学生生命智慧与学业挫折感的相关关系

研究表明，生命智慧总分及其各维度与学业挫折感总分及其各因子呈显著负相关。这与邓倩文、张旭东等人（2015）的研究结果较为类似。究其原因，其一，高生命智慧的个体有良好的沟通技巧和学习智慧，在学习上遇到不懂的问题时，也能寻求他人的帮助和支持；另外，高生命智慧水平的大学生清楚地知道自己的生命意义与价值，这让他们能够在遭遇学习挫折时减轻因学业失败带来的打击，维持自我效能感和自尊心，继续以积极的人生态度看待学业挫折，而积极的人生态度也能够降低个体所体验到的挫折感。其二，生命控制感是生命智慧在情感知觉上的体现，有研究表明，在高应激的情况下，内外在控制感达到一定程度时激活生命控制感，使个体放弃自我中心而专注于自我作为（李虹、林崇德、商磊，2007），高生命智慧的大学生在面对学习压力情景时不会过于相信外界对于自我的控制或者自我对于外界的控制，而是更能够关注自己的行动，倾向于采取行动来解决问题，以此来减少压力带给自己的压迫感，同时随着问题的逐渐解决，个体在行动的过程中收获效能感，从而降低了学业挫折感，因此高生命智慧水平的大学生有着较低的学业挫折感。

2. 大学生生命智慧与学业倦怠的相关关系

生命智慧总分及其各维度与学业倦怠总分、低成就感呈显著负相关。这与Antonovsky（1979）的研究结果相类似，积极的生命意义能够直接解释低学业倦怠。这可能是因为高生命智慧的大学生有着良好的学习态度与习惯，他们能够更好地分配自己的时间资源来有序地达成各种学习任务，从完成任务的过程中获得学习所带来的成就感，因此高生命智慧的大学生有较低的学业倦怠和较高的学业成就感。生命智慧总分、生命认知因素、生命非认知因素、技能因素、交往因素、恋爱因素、家庭因素与身心耗竭呈显著负相关。这可能是因为高生命智慧的个体拥有对生命的信仰，当他们处在高压的情境下，有自我超越的生命意义作为支撑，从信仰中获得力量，从而忧郁情绪得到减少（李虹，2006）。当面对高压的学习情境时，个体的忧郁情绪越少，则有助于个体用越

少的认知资源去处理负面情绪，从而维持自己内心的心理能量，并有着更少的身心疲惫感。学业疏离与生命智慧总分、生命认知因素、生命非认知因素、技能因素、学校因素、适应因素、交往因素、择业因素、恋爱因素、健康因素、家庭因素呈显著负相关。这可能是因为低生命智慧的个体有着较弱的生命意义感和目标意识，这使得他们更加倾向于拥有空虚和无聊的生活（Melton et al.，2007），不喜欢与他人沟通自己对学习上的看法，缺乏一定的社会适应能力，同时，缺乏对学习的兴趣，难以用热情积极的态度对待学习，因此低生命智慧的大学生的学业疏离水平较高。

3. 大学生生命智慧与价值观的相关关系

研究表明，价值观、个人生活价值取向、社会生活价值取向与生命智慧总分及其因子呈显著正相关。这与高原的研究结果相似，一般自我价值感、总体自我价值感与生命意义感之间呈正相关（高原，2012）。这可能是因为：其一，高价值观的个体对自身和社会有着较为正确的认知，能够合理地设置目标，当个体意识到自己可以有效地管理自己的生活以达到预期的目标时，便产生了生命意义（Feldman et al.，2005）；其二，高价值观的个体衡量成功与失败的价值判断较为积极，他们不会因为一时的失败便对自身的存在产生无意义感和无价值感，也不会因为一时的成功而狂妄自大，反而能从失败或是成功中总结宝贵的经验，更好地适应社会，因此高价值观的个体有着较高的生命智慧。权威意志取向与生命智慧总分、生命非认知因素、学习因素、择业因素呈显著正相关。这与张玉佳、李云、冯佳荷等人（2006）的研究结果相类似，拥有宗教信仰的群体，人生意义、心理一致感和灵性发展水平高。高权威意志取向的个体较为听从权威和信奉超自然，当他们信仰宗教时，他们能够通过信仰神明满足归属与爱的需要，使自己的精神压力得到释放，同时，能够站在宗教文化的角度下理解生命的智慧，因此高权威意志取向的人有较高的生命智慧。

4. 大学生价值观与学业倦怠的相关关系

价值观总分及各因子与低成就感呈显著负相关；价值观、个人生活价值取向、社会生活价值取向与学业倦怠总分、学业疏离呈显著负相关；价值观反映个体对人生目标和达到目标的方式的价值判断，高价值观的个体能在面对失败时调整自己对原有目标的认知和灵活改变达到目标的手段，在合理认知的影响下，个体能够更好地处理学业上的负面情绪，形成较好的心理素质，因此对压力和环境的适应性较好，其学业倦怠水平相对较低（朱政光、张大均、吴佳禾等，2018）。权威意志取向与学业倦怠总分、身心耗竭、学业疏离呈显著正相关；权威意志取向与低成就感呈显著负相关；价值观、个人生活价值取向、社会生活价值取向与身心耗竭呈显著正相关。社会同情是价值观的一个成分，作为价值观亲社会性的一种表现，当高价值观的个体周围的好友出现疲惫情绪时，由于社会同情，高价值观的个体更容易受到周遭人情绪的感染，并耗费自身的认知资源去处理这些情绪，当周围人持续长时间地对学业感到疲惫，其自身也需要耗费更多时间和认知资源去抵御他人负面情绪的感染，因此身心耗竭程度也较高。

5. 大学生价值观与学业挫折感的相关关系

价值观、个人生活价值取向、社会生活价值取向与学业挫折感总分、学习环境挫折感、考试挫折感、学习压力挫折感、学习适应挫折感呈显著负相关；学习自信心挫折感与价值观、个人生活取向呈显著负相关。这与王晓峰、李丹、陈欣银等人（2018）的研究结果相类似，越认同超越进取价值观的青少年，其学业成绩越好，学习问题越少。虽然王晓峰等人研究对象是青少年，但大学生与高中生都为学生的身份，使得该研究对于大学生也有一定的参考意义。当个体的学习问题越少时，便越少从学习中感受到挫折感，因此学业挫折感较低。另外，价值观包含个人生活价值取向、社会生活价值取向，个性与独立是个人和社会生活价值取向的表现，有研究表明，具有注重个性与独立的价值观的人会倾向于向他人寻求帮助（游洁，2005），当个体在学习上遭受到挫折时，他们可以通过寻找亲人朋友的情感支持来降低学业上的挫折感。权威意志取向与学习环境挫折感、学习适应挫折感呈显著正相关。价值观可分为物质主义价值观和后物质主义价值观，而后物质主义价值观者较为关心周遭环境（李亮、宋璐，2014），权威意志取向强的个体较为崇拜经济实力较强的西方国家，受到西方国家的影响而其价值观倾向于后物质主义，这导致他们在认为周遭学习环境不符合自己的理想状态时，容易对环境产生失望感，也因为过于关注学习环境，无法接受环境中的不足之处而难以适应当前环境，从而产生更多的学习环境挫折感、学习适应挫折感，因此权威意志取向越高，学习环境挫折感、学习适应挫折感较高。

6.大学生学业挫折感与学业倦怠的相关关系

学业倦怠总分及其各因子与学业挫折感总分、学习动机挫折感、考试挫折感、学习压力挫折感、学习适应挫折感呈显著正相关；学业倦怠总分、学业疏离、低成就感与学习环境挫折感呈显著正相关；学业倦怠总分、身心耗竭、低成就感与学习自信心挫折感呈显著正相关。这与马利军等人（2009）的研究结果相类似，学业倦怠与厌学情绪呈正相关，学业倦怠与学业挫折感以及厌学情绪都在一定程度上显示出对学习的负面情绪体验，高学业挫折感的个体从学习环境、考试等方面感受到学习压力，在没有合理地采用应对方式时，便无法在学习中收获自我效能感，久而久之便对学习产生了厌倦感，因此高学业挫折感的人有着较高的学业倦怠。

（二）回归分析

1.大学生生命智慧对学业挫折感的回归分析

学习因素对学业挫折感有显著负向预测作用。学习因素反映个体的学习态度、学习策略。有研究显示大学生对情绪调节、过程监控等策略的掌握较好，合理地运用学习策略有利于提高学习成绩（张阔、付立菲、王敬欣，2011），当大学生收获较为满意的学业成绩时，便可以从中收获学习的乐趣，降低学业挫折感，因此大学生的学习智慧越高，其学业挫折感越低。生命智慧对学业挫折感有显著负向预测作用。生命智慧包含了衡量生命价值的智慧，邢秀颖、刘晶、周振等人（2017）的研究表明，个体对生命存在方式的价值判断越积极时，便越追求完美，当大学生在学习生活中偏向消极完美主义时，则会受不合理信念支配，如设置不符合实际情况的标准，以过度严苛的态度去看待失败，学业成绩不理想时，便容易因为不合理信念而认为自己糟糕至极，从而产生挫折感，因此生命智慧越高，学业挫折感越强。健康因素对学业挫折感有显著正向预测作用，可能是因为当大学生花更多的时间去关注自己的身体情况和锻炼身体，忽略了对学业的学习，在遭遇学业失败时便产生了学业挫折感，因此健康智慧越高，学业挫折感越高（邓雪薇、余晓越，2019）。

2. 大学生生命智慧对价值观的回归分析

生命智慧对价值观有显著正向预测作用。生命意义感是生命智慧在认知上的一个重要因素，Snyder认为生命意义感可以分为追寻意义和拥有意义，拥有生命意义即认为，人生过得有意义（Snyder et al., 2001），积极心理学认为其核心就是个体能够对自己的人生经历持有资源取向的态度（Seligman, 2002），大学生积极面对人生经历，在感悟人生经历的过程中自我会进行内在探索，当探索成功时，自我结构会随之发展（张荣伟、李丹，2018），从而使价值观内容得以发展和扩充，因此生命智慧水平越高，价值观水平越高。家庭因素对价值观有显著正向预测作用。家庭因素表现为父母与孩子之间有和谐平等的自由氛围，在此氛围内双方友好沟通。在良好的沟通氛围内，父母可以向儿女讲述人生经历，让子女从父母的经历中学习为人处事的方式以及间接地收获人生意义，有利于培养正确的价值观。

3. 大学生生命智慧对学业倦怠的回归分析

学习因素对学业倦怠有显著负向预测作用。生命智慧中的学习因素越高，则表明个体具有一定的学习技巧和专业适应性，专业适应性体现在个体的专业素养和个性特点上，具有降低学业倦怠的作用（王敬欣、张阔、付立菲，2010），因此学习智慧越高，学业倦怠越低。生命智慧对学业倦怠有显著负向预测作用。高生命智慧的大学生积极追寻生命存在的意义，有研究显示生命意义追寻与自我控制呈显著正相关，懂得追寻生命意义的人的自我控制水平较高（张秀阁、秦婕、黄文玉，2019），高生命智慧的大学生为了降低学业带来的焦虑，能够运用自我控制能力，从而减少学业拖延的次数，降低学业倦怠。学校因素、生命非认知因素对学业倦怠有显著正向预测作用。这可能是因为高学业智慧和生命非认知智慧的大学生非常清楚成功的关键是自己，因此在学习上十分努力，期待得到好结果，若是自己的努力没有得到应有的回报便会将失败归因到努力的程度上，但有时候努力与成功并不是对应的，归因于努力而不考虑其他外界因素也会让人感到负担沉重，久而久之便容易产生学业倦怠，对学业产生消极的态度。

4. 大学生价值观对学业倦怠的回归分析

价值观对学业倦怠有显著负向预测作用。这与Cazan（2015）的研究结果相符合。这可能是因为价值观在学业上可表现为对学习知识的需求和对知识功能的认知，知识价值观支配着大学生的学习观，并影响他们的学习态度、学习行为（王萍、张宽裕，2006）。高价值观的大学生求知欲强，愿意探索自然和世界的本源，而书本恰好能为他们提供探索世界的知识基础。这种对知识的渴求使高价值观大学生的内在学习动力较强，不易厌倦学习，因此价值观越高，学业倦怠越低。权威意志取向对学业倦怠有显著正向预测作用。有学者提到，权威型人格者不具有权威的身份时，对于权威人士是依附和服从的（李小平、杨晟宇、李梦遥，2012）。高权威意志取向者在观念上与权威型人格者相似，观念影响行为，由此可推测高权威意志取向者也倾向于对权威人士表现出顺从行为。父母作为家中的"权威人士"常常对子女的学业成就有较高要求，根据推测，高权威意志取向的大学生会顺从父母的要求，将父母的价值观念进行同化，进而也对自己产生高要求，给自己更多的心理压力，在学习上体验到更多负面的情绪，因此权威意志取向越高，学业倦怠越高。

5. 大学生价值观对学业挫折感的回归分析

个人生活价值取向对学业挫折感有显著负向预测作用。个人生活价值取向包括独立进取、享受人生、冒险求成、追求美、求知好奇、非教条盲从，间接反映了大学生对生活方式的选择。如果大学生追求品格高尚的生活，那么他们在面对压力时就会更多采用积极的应对方式解决问题，较少采用退避、合理化等消极应对方式（王伟、辛志勇、雷雳，2012），积极的应对方式有利于减少个体的心理健康问题，增强抗挫折能力，从而降低学业挫折感，因此个人生活价值取向越高，学业挫折感越低。权威意志取向对学业挫折感有显著正向预测作用，这可能是因为近年来网络上流行在考试前做出仪式性的事情，例如转发锦鲤以保佑顺利通过考试，高权威意志取向的大学生对于超自然的事情较为敏感，受到网络的影响，他们更容易将希望寄托在仪式性的事情上，忽视了自身努力对于考取好成绩的重要性，导致最后成绩并不理想，从而产生学业挫折感，因此权威意志取向越高，学业挫折感越高。

6.大学生学业倦怠对学业挫折感的回归分析

学业倦怠对学业挫折感有显著正向预测作用。这与高明的研究结果相似，学习倦怠与消极学业情绪呈显著正相关（高明，2014），当大学生无法适应学习生活，便容易产生消极的学业情绪，负面学业情绪又反过来让学习者对学业产生排斥感，使得高学业倦怠的大学生陷入一种消极的循环中，在考试、学习动机、学习环境、学习自信心等多方面都无法体验到愉快的情绪，无法满足自我实现的需要，便产生了挫败感。低成就感对学业挫折感有显著正向预测作用。这可能是在学业上感到低成就感的个体对于学校的归属感较低，这导致其更容易放弃与学业相关的任务，即使个体拥有所需的技能或知识（Abdollahi et al.，2018），加上在此之后承担放弃学业任务所带来的连锁负面结果，从而使其受到更多学业上的负面打击，产生学业挫折感，因此低成就感的水平越高，学业挫折感越高。

（三）中介模型分析

本研究以生命智慧作为自变量，价值观、学业倦怠作为中介变量，学业挫折感作为因变量，由相关分析可知生命智慧、学业挫折感、价值观、学业倦怠，这四个变量之间分别呈两两相关关系，通过分析中介模型路径系数，可知生命智慧能够通过学业倦怠的中介作用影响学业挫折感。此外，生命智慧能够通过价值观和学业倦怠的链式中介作用影响学业挫折感。

生命智慧能够通过学业倦怠的中介作用影响学业挫折感。从生命智慧的认知层面上看，有研究显示，在个体感知到日常烦心事的时候，生命意义感能够帮助个体积极应对，表现出更多的心理适应（蒋海飞、刘海骅、苗淼等，2015）；当个体在学习上遇到烦心事或是处于学习进步的瓶颈期，生命意义让个体维持自我价值感，保持自我认同感，即使发生不顺的事情，仍然有信心克服学习上的困难；同时，心理适应与个体心理健康息息相关（Perrewe et al.，1999），由生命意义感所唤起的个体心理适应功能有助于其维持心理健康，减少学习压力带来的负面情绪，从而降低学业倦怠感，若个体的学业倦怠得以降低，则说明个体对学习的倦怠态度和疏离行为有所改善，因为态度和行为能够影响情绪，这使得个体因学习挫折而产生的负面情绪减少，从而降低学业挫折感，因此生命智慧能够通过减少学业倦怠来降低学业挫折感。

生命智慧能够通过价值观和学业倦怠的链式中介作用影响学业挫折感。也就是说生命智慧先影响价值观，再由价值观影响学业倦怠，最后通过学业倦怠影响学业挫折感，形成"生命智慧—价值观—学业倦怠—学业挫折感"路径。首先，生命智慧正向预测价值观。这与Perrewe等人（1999）的研究结果相似。价值观生态论认为良好的社会环境有助于形成积极的价值观（Petersen et al.，2009）。高生命智慧的个体们能与他人和谐相处，进行良好沟通，这让他们处于一个能给自身正向力量的环境中，当收到周围环境中积极的反馈时，便有助于形成积极的价值观，若是他们处于一个自己认为是充满负面信息的世界中，则价值观也会受到负面信息的影响而趋于消极。其次，价值观正向预测学业倦怠。这与Boer（2013）的研究结果不符合。这可能是中西方不同社会文化背景导致的，在社会历史环境和文化氛围的影响下，权威意志取向所表现出来的依从权威行为因符合社会要求，在某种程度上也是积极价值观中的一部分，但当权威意志取向比个人价值取向和社会价值取向在积极的价值观中占比更高时，权威意志取向便对人的行为起着较大的影响作用，个体会由于夸大权威的作用而回避学习问题，在学业上表现出消极的学习态度，因此价值观越积极，学业倦怠水平越高也是有可能的。同时，在集体主义文化中，群体定位个体的自我观念，个体易表现出群体主义价值倾向（兰久富，2006）。生命智慧高的个体更能适应社会，按照社会的要求行事，这使他们更可能出现群体主义价值倾向，并在该价值倾向的影响下看重集体荣誉和家族荣誉，当个体的生命追求意义与集体的目标和评价联系在一起，为了满足集体目标以获得生命意义而表现出追求地位、荣誉的权威意志取向时，由于个体并不是受到内在动机驱使，而是受到自我决定外在动机驱使时，则容易引发消极的学业情绪（宋慧芳，2014）。同时在群体压力和与他人的社会比较下，对学习产生负面评价和失控感，从而增加了学习倦怠，因此在生命智慧对价值观的影响下，价值观作为学业倦怠的正向估计因素。最后，学业倦怠正向预测学业挫折感。学业倦怠包含低成就感、身心耗竭、学业疏离，有研究显示学业倦怠的个体在追求学习成就的过程中缺乏一定的动力（Stoeber et al.，2011），容易在学业上自暴自弃，体验到更多挫折感。在耗尽学习精力并对学业持有消极态度的情况下，个体从认知层面上表现出对学业的消极认知，并在消极认知的影响下表现出消极的学习行为，而消极的学习行为又进一步加深对学业成就的负面影响，当学业成就没有到达自己或者是他人要求时，便产生了消极的情绪体验，在学习活动中受到挫折时，就会感受到越多的学业挫折感。

总之，大学生生命智慧、价值观、学业倦怠和学业挫折感总分及部分因子两两间存在显著的相关关系；生命智慧及生命智慧中的学习因素对学业挫折感有显著负向预测作用，生命智慧中的健康因素对学业挫折感有显著正向预测作用；生命智慧及生命智慧中的家庭因素对价值观有显著正向预测作用；生命智慧、生命智慧中的学习因素对学业倦怠有显著负向预测作用，而生命智慧中的学校因素、生命非认知因素对学业倦怠有显著正向预测作用；价值观对学业倦怠有显著负向预测作用，而价值观中的权威意志取向对学业倦怠有显著正向预测作用；价值观中的个人生活价值取向对学业挫折感有显著负向预测作用，而权威意志取向对学业挫折感有显著正向预测作用；学业倦怠及学业倦怠中的低成就感对学业挫折感有显著正向预测作用。大学生价值观、学业倦怠在生命智慧与学业挫折感之间存在链式中介作用。

第七章　大学生学业挫折感的影响机制研究（下）

　　本研究采用问卷调查法从四个方面探讨大学生学业挫折感的影响机制：（1）探讨大学生自我管理能力对学业挫折感的影响，考察心理生活质量和网络成瘾的链式中介作用；（2）探讨大学生社会支持对学业挫折感的影响，考察心理弹的中介作用；（3）探讨大学生手机依赖对学业挫折感的影响，考察自我管理能力和人生意义的链式中介作用；（4）探讨大学生网络成瘾对学业挫折感的影响，考察心理生活质量的中介作用。

第一节　大学生自我管理能力对学业挫折感的影响机制

　　有研究认为，对学生的学业进步具有积极教育价值的核心技能包括自我管理（徐文彬、肖连群，2015），这为大学生学业挫折感的研究提供了一条思路，即自我管理能力与学业挫折感之间可能存在联系。作为个体相信自己能够完成某项任务的重要支撑力，自我管理能力高的个体对自己完成学业的信心更高，更容易将自己的学业成绩维持在较高水平（Hoi Kwan Ning et al.，2010）。即使排除外在因素，具有良好自我管理的大学生仍然表现出较好的社会适应、人际关系和较高的学业成就（Tangney et al.，2004），学习目标明确的个体成就感相对较高。此外，自我管理能力显著正向预测学业成绩，可以有效预测个人时间和行动管理（陈乐，2016）。由此，提出假设1：自我管理能力能够直接预测学业挫折感。

　　为了更科学地预防以及更有效地干预大学生的学业挫折感，应进一步检验自我管理能力影响学业挫折感的中介机制（温忠麟、叶宝娟，2014）。关于学业挫折感影响因素的探究发现，除了自我管理能力，心理生活质量对于学业挫折感的降低也至关重要（赵凤青、俞国良，2018）。心理生活质量是个体心理发展、完善及成长过程中外部感受和内在体验的水平（焦岚，2012）。当个体察觉自己在生活或学业上的管理能力较差时，其对自己的生活现状很难满意，对自己的价值评价也比较低（贾林祥、王保健，2018），这在一定程度上打击了个体的自信心，久而久之，个体会过度沉浸在负面的状态而减少在学业方面的投入，进而产生学业挫折感。基于此，提出假设2：心理生活质量在自我管理能力影响学业挫折感的过程中起中介作用。

网络成瘾是预测个体学业挫折感的另一重要变量，研究发现，降低网络成瘾程度，可以降低个体的学业挫折感（陈新、李凤华、龙斌等，2007）。个体在现实世界中难以满足的心理需求在网络中得到满足，久而久之，个体会过度依赖网络，进而产生网络成瘾问题（Mai et al.，2012）。网络成瘾是指长时间不当使用网络而导致的行为失控现象，对大学生学业会产生消极影响（林媚、庞诗萍、洪泽枫等，2018）。在个体自我管理能力不足以达到自我期待的情况下，个体容易处于较高焦虑水平，在应激情境下更容易感觉到压力进而导致网络成瘾（张晔、刘勤学、隆舟等，2016），网络成瘾又严重影响了青少年的学习（高文斌、陈祉妍，2006）。因此，当个体自我管理能力较低时，其出现网络成瘾的可能性增加，更容易出现学业挫折感。据此，提出假设3：网络成瘾在自我管理能力影响学业挫折感的过程起中介作用。

虽然心理生活质量和网络成瘾都有可能是自我管理能力与学业挫折感之间的中介变量，但两者存在一定关联，可能并非平行关系。当个体对于当下生活质量的评价较低时，更多采取消极应对方式，这会增加其网络成瘾产生的可能性。心理生活质量高的个体拥有更积极的心理资源，更容易降低面对负性事件的悲观程度（何安明、万娇娇、惠秋平，2019），且心理需求得到满足之后，即使使用网络，也可以减少网络成瘾的可能性（邓林园、方晓义、万晶晶等，2012）。因此，心理生活质量和网络成瘾并不是平行关系，心理生活质量是影响网络成瘾的一个重要原因。为了进一步考察自我管理能力与学业挫折感的关系及其作用机制，提出假设4：自我管理能力可能通过心理生活质量和网络成瘾对学业挫折感产生影响。

综上可知，目前有关学业挫折感的研究尚处于起步阶段，我们对学业挫折感的影响因素及作用机制的理解仍非常有限。本研究将考察自我管理能力对大学生学业挫折感的影响以及心理生活质量和网络成瘾在其中的中介作用，以期更系统地揭示大学生学业挫折感的作用机制，为科学预防和有效缓解大学生学业挫折感提供依据。

一、研究方法

（一）研究对象

本研究随机抽取11所本科院校的800名大学生发放问卷，一共回收有效问卷703份，有效的回收比例为87.88%。其中，男生342人，女生361人；独生子女232人，非独生子女471人；大一学生253人，大二学生209人，大三学生212人，大四学生29人；理科生320人，文科生240人，工科生119人，术科生24人；师范生186人，非师范517人；来自城镇的大学生有357人，来自乡村的大学生有346人；班级成绩水平在前1/3的有244人，在中1/3的有308人，在后1/3的有151人。

（二）研究工具

1. 青年学生学业挫折感问卷

采用付媛姝、张旭东等人（2022）编制的"青年学生学业挫折感问卷"，参见附件1。

2. 心理生活质量评价问卷

采用焦岚（2012）编制的"心理生活质量评价问卷"，该问卷共40个条目，包括价值判断、心理健康、生命质量、幸福体验和心理成长等5个因子。其中心理健康因子的11个项目采取反向计分。该问卷的内部一致性α系数为0.91，各因子的内部一致性α系数分别为0.83，0.90，0.84，0.83，0.85，均在0.80以上。问卷采用5点计分的方法，得分越高表示心理生活质量越高。

3. 自我管理能力问卷

采用韩荙芳（2011）编制的"大学生自我管理能力问卷"，该问卷共38个条目，分为6个因子：知识管理（7项）、人际关系管理（6项）、时间管理（6项）、身心管理（7项）、职业生涯管理（6项）和网络生活管理（6项）。

问卷采用5点计分的方法，"1"表示"完全不符合"，依此类推，"5"表示"完全符合"。得分越高，表示自我管理能力越好。其中2，3，5，19，20，34，35，37，38为反向计分。该问卷的各分量表的内部一致性系数介于0.85和0.87之间，总量表的α系数为0.89。

4. 网络成瘾量表

采用台湾地区学者陈淑惠等人（2003）编制的中文网络成瘾量表修订版（CIAS-R），该问卷共26个项目，包括强迫性上网行为、网络戒断与退瘾反应、网络成瘾耐受性反应、时间管理问题、人际及健康问题等5个因子。该问卷的内部一致性α系数为0.93，各因子的内部一致性α系数介于0.79~0.89之间。问卷采用4点记分的方法，得分越高表示网络成瘾倾向越强。

二、结果与分析

（一）共同方法偏差检验

本研究采用大学生自陈的方式收集数据，可能会出现共同方法偏差，对结论产生影响，更甚者出现误导性结论。为避免此影响，本研究采用Harman的单因素检验方法进行检验（周浩、龙立荣，2004）。结果显示，特征根大于1的公共因子共有32个，其中第一个因子解释了总变异量的17.12%，小于40%。因此，本研究不存在严重的共同方法偏差，可不考虑其造成的影响。

（二）相关分析

1. 大学生学业挫折感与心理生活质量的相关分析

表7-1显示，大学生学业挫折感与心理生活质量呈显著的负相关（$r=-0.40$，$p<0.01$）。即随着个体心理生活质量的降低，大学生产生学业挫折感的概率显著增加，这验证了假设1。除价值判断之外，心理生活质量的其他维度与学业挫折感各维度之间呈显著的负相关关系。

表7-1　大学生学业挫折感与心理生活质量的相关分析

	心理生活质量总分	价值判断	心理健康	生命质量	幸福体验	心理成长
学业挫折感总分	−0.40**	−0.23**	−0.29**	−0.42**	−0.37**	−0.36**
学习动机挫折感	−0.29*	−0.13**	−0.21**	−0.35**	−0.30**	−0.28**
学习环境挫折感	−0.32**	−0.29**	−0.22**	−0.16**	−0.26**	−0.21**
考试挫折感	−0.21**	−0.07	−0.16**	−0.32**	−0.19**	−0.25**
学习压力挫折感	−0.35**	−0.22**	−0.23**	−0.38**	−0.31**	−0.33**
学习适应挫折感	−0.44**	−0.31**	−0.29**	−0.42**	−0.37**	−0.36**
学习自信心挫折感	−0.25**	−0.07	−0.24**	−0.34**	−0.26**	−0.25**

2. 大学生学业挫折感与自我管理能力的相关分析

由表7-2的结果显示，大学生学业挫折感与自我管理能力的相关显著，且为负相关关系（$r=-0.42$，$p<0.01$）。即随着大学生自我管理能力的提高，其产生学业挫折感的概率也将降低。除了学业环境挫折感与时间管理、身心管理、职业生涯管理、网络生活管理之间不存在显著的相关关系外，学业挫折感的其他五个维度与自我管理能力总分及其多个维度之间均存在显著的负相关关系。

表7-2　大学生学业挫折感与自我管理的相关分析

	自我管理能力总分	知识管理	人际关系管理	时间管理	身心管理	职业生涯管理	网络生活管理
学业挫折感总分	−0.42**	−0.35**	−0.26**	−0.28**	−0.26**	−0.29**	−0.18**
学习动机挫折感	−0.37**	−0.30**	−0.17**	−0.29**	−0.25**	−0.27**	−0.14**
学习环境挫折感	−0.13**	−0.11**	−0.23**	−0.01	−0.07	−0.02	−0.06
考试挫折感	−0.34**	−0.27**	−0.12**	−0.27**	−0.23**	−0.27**	−0.13**
学习压力挫折感	−0.39**	−0.36**	−0.20**	−0.25**	−0.20**	−0.29**	−0.22**
学习适应挫折感	−0.40**	−0.35**	−0.33**	−0.22**	−0.20**	−0.24**	−0.20**
学习自信心挫折感	−0.32**	−0.24**	−0.20**	−0.20**	−0.22**	−0.24**	−0.13**

3. 大学生学业挫折感与网络成瘾的相关分析

表7-3显示，大学生学业挫折感总分与网络成瘾总分存在显著的正相关关

系（$r=0.48$，$p<0.01$）。即随着个体网络成瘾程度的加深，其学业挫折感的程度也将加深。同时，网络成瘾各维度与学业挫折感的六个维度均呈显著的正相关关系，即随着网络成瘾各个维度水平的降低，个体学业挫折感的各个维度水平显著降低。

表7-4　大学生学业挫折感与网络成瘾的相关分析

	网络成瘾总分	强迫性上网行为	网络成瘾戒断反应	网络成瘾耐受性	人际与健康问题	时间管理问题
学业挫折感总分	0.48**	0.46**	0.40**	0.42**	0.43**	0.39**
学习动机挫折感	0.42**	0.40**	0.36**	0.37**	0.38**	0.34**
学习环境挫折感	0.29**	0.26**	0.25**	0.22**	0.25**	0.28**
考试挫折感	0.33**	0.33**	0.28**	0.31**	0.30**	0.22**
学习压力挫折感	0.40**	0.39**	0.35**	0.36**	0.33**	0.34**
学习适应挫折感	0.41**	0.39**	0.33**	0.34**	0.36**	0.37**
学习自信心挫折感	0.32**	0.32**	0.25**	0.30**	0.31**	0.22**

4. 大学生心理生活质量与自我管理能力的相关分析

由表7-5可知，大学生自我管理能力与心理生活质量呈显著的正相关关系（$r=0.52$，$p<0.01$）。即随着个体自我管理能力的提升，大学生心理生活质量也显著提高。同时，自我管理能力的六个维度与心理生活质量的五个维度之间均呈显著的正相关关系。

表7-5　大学生心理生活质量与自我管理能力的相关分析

	自我管理能力总分	知识管理	人际关系管理	时间管理	身心管理	职业生涯管理	网络生活管理
心理生活质量总分	0.52**	0.40**	0.61**	0.22**	0.23**	0.30**	0.20**
价值判断	0.39**	0.26**	0.60**	0.11**	0.15**	0.22**	0.12**
心理健康	0.25**	0.29**	0.23**	0.10*	0.05	0.06	0.25**
生命质量	0.56**	0.38**	0.47**	0.37**	0.36**	0.44**	0.10**
幸福体验	0.39**	0.26**	0.46**	0.16**	0.26**	0.23**	0.09*
心理成长	0.52**	0.42**	0.42**	0.33**	0.29**	0.40**	0.10**

5. 大学生心理生活质量与网络成瘾的相关分析

表7-6显示，大学生心理生活质量与网络成瘾之间呈显著的负相关关系（$r=-0.37$，$p<0.01$）。即随着个体心理生活质量的降低，大学生患网络成瘾的概率显著增加。同时，心理生活质量的五个维度与网络成瘾的五个维度之间均呈显著的负相关关系，即随着心理生活质量各个维度水平的降低，个体网络成瘾的各个维度水平显著提高。

表7-6 大学生心理生活质量与网络成瘾的相关分析

	网络成瘾总分	强迫性上网行为	网络成瘾戒断反应	网络成瘾耐受性	人际与健康问题	时间管理问题
心理生活质量总分	-0.37**	-0.33**	-0.31**	-0.28**	-0.34**	-0.34**
价值判断	-0.25**	-0.21**	-0.20**	-0.17**	-0.23**	-0.27**
心理健康	-0.29**	-0.25**	-0.26**	-0.22**	-0.27**	-0.26**
生命质量	-0.30**	-0.29**	-0.23**	-0.26**	-0.28**	-0.23**
幸福体验	-0.29**	-0.28**	-0.27**	-0.21**	-0.25**	-0.27**
心理成长	-0.28**	-0.25**	-0.24**	-0.21**	-0.25**	-0.24**

6. 大学生自我管理能力与网络成瘾的相关分析

由表7-7可知，大学生自我管理能力与网络成瘾之间呈显著的负相关关系（$r=-0.43$，$p<0.01$）。即随着个体自我管理能力的降低，大学生患网络成瘾的概率显著增加。同时，自我管理能力的六个维度与网络成瘾的五个维度之间呈显著的负相关关系，即随着自我管理能力各个维度水平的提高，个体网络成瘾的各个维度水平显著降低。

表7-7 大学生自我管理能力与网络成瘾的相关分析

	网络成瘾总分	强迫性上网行为	网络成瘾戒断反应	网络成瘾耐受性	人际与健康问题	时间管理问题
自我管理能力总分	-0.43**	-0.38**	-0.34**	-0.39**	-0.38**	-0.37**
知识管理	-0.31**	-0.28**	-0.28**	-0.26**	-0.26**	-0.28**
人际关系管理	-0.24**	-0.23**	-0.14**	-0.19**	-0.24**	-0.22**
时间管理	-0.32**	-0.29**	-0.26**	-0.28**	-0.30**	-0.27**
身心管理	-0.26**	-0.25**	-0.23**	-0.25**	-0.24**	-0.17**
职业生涯管理	-0.21**	-0.19**	-0.13**	-0.22**	-0.20**	-0.17**
网络生活管理	-0.34**	-0.26**	-0.33**	-0.31**	-0.26**	-0.35**

（三）回归分析

从上述相关分析发现，自我管理能力、学业挫折感、心理生活质量和网络成瘾四者之间存在不同程度的相关。但各变量间的相关分析只能简单地描述各变量在强度方面的关系，无法对其复杂的相互作用关系做进一步的解释。为明确各变量间的相互作用关系，本研究采用层次回归的方法进行探讨，结果见表7-8～表7-12。

1.大学生自我管理能力与学业挫折感的回归分析

以自我管理能力总分及各维度为X（预测变量，下同），学业挫折感总分为Y（因变量，下同），采用逐步回归分析的方法，以了解自我管理能力对学业挫折感的预测力。表7-8显示，在自我管理能力中，自我管理能力总分及其知识管理维度逐步进入回归方程，可有效解释学业挫折感总分18%的变异量。其中自我管理能力总分和知识管理可负向预测学业挫折感。

表7-8　自我管理能力对学业挫折感的回归分析

因变量	预测变量	R	调整R^2	F	B	β	t
学业挫折感总分	方程模型	0.43	0.18	77.58***	5.04		26.88***
	自我管理能力总分				−0.59	−0.35	−7.12***
	知识管理				−0.14	−0.11	−2.16*

2.大学生自我管理能力对心理生活质量的回归分析

以自我管理能力总分及各维度为X，心理生活质量总分为Y，采用逐步回归分析的方法，以了解自我管理能力对心理生活质量的预测力。表7-9显示，人际关系管理、知识管理、网络生活管理逐步进入回归方程，可有效解释心理生活质量42%的变异量。其中，人际关系管理、知识管理、网络生活管理可正向预测心理生活质量。

表7-9　自我管理能力对心理生活质量总分的回归分析

因变量	预测变量	R	调整R^2	F	B	β	t
心理生活质量总分	方程模型	0.65	0.42	171.70***	1.24		10.05***
	人际关系管理				0.40	0.54	17.75***
	知识管理				0.20	0.20	6.19***
	网络生活管理				0.10	0.10	3.44**

3. 大学生自我管理能力对网络成瘾的回归分析

以自我管理能力总分及各维度为 X，网络成瘾总分为 Y，进行逐步回归分析，以了解自我管理能力对网络成瘾的预测力。表7-10显示，自我管理能力总分及其网络生活管理、职业生活管理维度逐步进入回归方程，可有效解释网络成瘾总分23%的变异量。其中自我管理能力总分、网络生活管理可负向预测网络成瘾，职业生涯管理维度能够部分正向预测网络成瘾。

表7-10 自我管理能力对网络成瘾总分的回归分析

因变量	预测变量	R	调整R^2	F	B	β	t
网络成瘾总分	方程模型	0.48	0.23	70.11***	4.42		28.05***
	自我管理能力总分				−0.70	−0.51	−8.60***
	网络生活管理				−0.15	−0.16	−4.14***
	职业生涯管理				0.14	0.19	3.50***

4. 大学生心理生活质量对学业挫折感的回归分析

以心理生活质量总分及各维度为 X，学业挫折感总分为 Y，采用逐步回归分析的方法，以了解心理生活质量对学业挫折感的预测力。表7-11显示，心理生活质量的生命质量、心理健康、心理成长、幸福体验、价值判断维度逐步进入回归方程，可有效解释学业挫折感总分24%的变异量。其中生命质量、心理健康、心理成长、幸福体验可负向预测学业挫折感。

表7-11 心理生活质量对学业挫折感总分的回归分析

因变量	预测变量	R	调整R^2	F	B	β	t
学业挫折感总分	方程模型	0.50	0.24	46.36***	4.76		30.47***
	生命质量				−0.28	−0.27	−6.07***
	心理健康				−0.16	−0.17	−4.77***
	心理成长				−0.19	−0.19	−4.41***
	幸福体验				−0.14	−0.16	−3.41**
	价值判断				0.16	0.16	3.53***

5. 大学生网络成瘾对学业挫折感的回归分析

以网络成瘾总分及各维度为 X，学业挫折感总分为 Y，采用逐步回归分析的方法，以了解网络成瘾对学业挫折感的预测力。表7-12显示，网络成瘾总分及其强迫性上网行为维度逐步进入回归方程，可有效解释学业挫折感总分23%的变异量。其中网络成瘾总分、强迫性上网行为可正向预测学业挫折感。

表7-12   网络成瘾对学业挫折感总分的回归分析

因变量	预测变量	R	调整R^2	F	B	β	t
学业挫折感总分	方程模型	0.48	0.23	106.62***	1.46		15.75***
	网络成瘾总分				0.43	0.34	4.84***
	强迫性上网行为				0.16	0.15	2.13*

6. 大学生心理生活质量对网络成瘾的回归分析

以心理生活质量总分及各维度为X，网络成瘾总分为Y，采用逐步回归分析的方法，以了解心理生活质量对网络成瘾的预测力。由表7-13可知，在心理生活质量中，心理生活质量的总分进入回归方程，可解释网络成瘾13%的变异量。因此，心理生活质量总分析负向预测网络成瘾。

表7-13   心理生活质量对网络成瘾总分的回归分析

因变量	预测变量	R	调整R^2	F	B	β	t
网络成瘾总分	方程模型	0.37	0.13	109.28***	3.52		26.87***
	心理生活质量总分				−0.38	−0.37	−10.45***

（四）中介模型分析

基于温忠麟等人（2014）提出的中介效应分析流程进行中介效应检验，并采用SPSS22.0以及SPSS宏Process整理和分析数据。本研究将所有被试当作Bootstrap总体，有放回地重复取样得到一个容量为5 000的Bootstrap样本，对此样本的中介效应的95%置信区间进行评估计算，以分析心理生活质量与网络成瘾在自我管理能力与学业挫折感之间的中介作用。

首先，依次检验的结果表明（表7-14）：自我管理能力显著正向预测大学生的心理生活质量（β=0.52，$p < 0.001$）；当自我管理能力和心理生活质量同时考虑时，自我管理能力和心理生活质量均能显著负向预测大学生网络成瘾（自我管理能力：β=−0.32，$p < 0.001$；心理生活质量：β=−0.20，$p < 0.001$）；当自我管理能力、心理生活质量和网络成瘾同时进入回归方程

时，自我管理能力、心理生活质量和网络成瘾均能显著预测大学生学业挫折感，即自我管理能力（$\beta=-0.19$，$p<0.001$）和心理生活质量（$\beta=-0.18$，$p<0.001$）均显著负向预测大学生学业挫折感，网络成瘾正向预测大学生学业挫折感（$\beta=0.33$，$p<0.001$）。考虑到自我管理能力对大学生学业挫折感的直接效应仍然显著（自我管理能力：$\beta=-0.42$，$p<0.001$），因此，心理生活质量和网络成瘾在自我管理能力与大学生学业挫折感之间起部分中介作用。

表7-14　变量关系的回归分析

回归方程		拟合指数			回归系数显著性	
结果变量	预测变量	R	R^2	F	β	t
学业挫折感	自我管理能力	0.42	0.18	149.70***	−0.42	−12.24***
心理生活质量	自我管理能力	0.52	0.27	252.59***	0.52	15.89***
网络成瘾	自我管理能力	0.46	0.21	93.37***	−0.32	−8.19***
	心理生活质量				−0.20	−5.16***
学业挫折感	自我管理能力	0.56	0.31	103.85***	−0.19	−4.84***
	心理生活质量				−0.18	−4.78***
	网络成瘾				0.33	9.42***

注：模型中各变量均为经过标准化处理之后的数据。

其次，中介效应的分析结果以及路径图表明（表7-15和图7-1）：心理生活质量和网络成瘾产生的间接效应的Bootstrap 95%置信区间不含0，说明心理生活质量和网络成瘾在自我管理能力对学业挫折感的影响中起显著的中介作用。总中介效应值为−0.23，占总效应的55.7%。中介效应通过三条路径对学业挫折感产生影响：自我管理能力→心理生活质量→学业挫折感，即间接效应1（效应值：−0.09，占总效应的21.9%），验证了假设2；自我管理能力→心理生活质量→网络成瘾→学业挫折感，即间接效应2（效应值：−0.04，占总效应的8.3%），验证了假设4；自我管理能力→网络成瘾→学业挫折感，即间接效应3（效应值：−0.11，占总效应的25.5%），验证了假设3。

表7-15　中介效应分析

	间接效应值	Boot SE	Bootstrap 下限	95%CI 上限	相对中介效应
总间接效应	−0.23	0.03	−0.29	−0.18	55.7%
间接效应1	−0.09	0.02	−0.14	−0.05	21.9%
间接效应2	−0.04	0.01	−0.06	−0.02	8.3%
间接效应3	−0.11	0.02	−0.15	−0.07	25.5%
直接效应	−0.19				
总效应	−0.42				

注：Bootstrap标准误、Boot CI下限和Boot CI上限分别指通过偏差矫正的百分位Bootstrap法估计的间接效应的标准误差、95%置信区间的下限和上限。

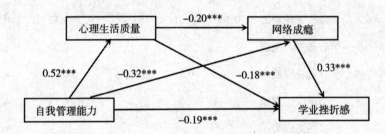

图7-1　自我管理能力对学业挫折感影响的路径图

三、讨论

（一）相关分析

1. 大学生学业挫折感与心理生活质量的关系

本研究发现，大学生的学业挫折感与心理生活质量的各维度均呈显著的负相关。这表明大学生的心理生活质量越好，其学业挫折感的体验越少。已有研究表明，心理健康状况会影响学习状态及学习投入（熊红星、刘凯文、张璟，2020），也就是说拥有高质量心理生活的个体通常会采取积极和灵活的应对策略去处理学业压力、舒缓不良学业情绪，能够更快地调整好自己的学习状态投入学习中，来自学业的挫折体验也会随之减弱。除此之外，心理生活质量的维度中还包括幸福体验和生命质量，这两者与学业挫折感的形成有相联系的地方。幸福体验感强和生命质量高的学生，能够从学习中获得积极的情绪体验，从而较为从容地应对挫折情境，降低学业挫折感的产生。

2. 大学生学业挫折感与自我管理能力的关系

本研究发现，大学生的自我管理能力与学业挫折感有密切关系。具体表现为：自我管理能力与学业挫折感呈显著负相关。即随着大学生自我管理能力的提升，其学业挫折感也会有所下降，这与以往的研究结果相符（曾洁、李钰，2019）。高自我管理能力的个体能够较有效地摒除生活中对学习的不利因素，对知识、时间、网络生活等能够做好有序的管理，通过减少或忽略一些挫折，来创造积极情绪，从而降低学业挫折感。此外，良好的自我管理使得个体面对挫折表现出不屈不挠的态度，能够选择恰当的学习目标，并取得较高的学习成绩，自我控制力良好的大学生，往往表现出更强的适应能力、更高的学业成就（Tangney er al.，2004）。

3. 大学生学业挫折感与网络成瘾的关系

本研究发现，大学生网络成瘾总分与学业挫折感总分存在显著正相关。同时，网络成瘾的各个维度之间与学业挫折感的大部分维度之间存在显著的正相关关系，即网络成瘾程度高的大学生更容易形成学业挫折感。网络成瘾的大学生毫无节制地浪费时间和精力在网络中，积极上进的想法减退，没有动力去采取具体的行动，容易在学习生活中出现拖延行为（杨芙蓉，2012），长此以往，很难全身心投入学业中，进而对学习产生倦怠感，同时消极地评价自我，对学习失去信心，在学业上的挫折体验更强烈。

4. 大学生心理生活质量与自我管理能力的关系

本研究发现，大学生心理生活质量总分及维度与自我管理能力总分及维度之间均存在显著的正相关关系，即自我管理能力高的个体更可能有较高的心理生活质量。究其原因，自我管理能力是一种资源整合能力，在缺乏良好自我管理能力的情况下，学生容易屈服于困难和挫折，表现为低成就感（Le，2005）。作为个体积极寻求自身发展的一种能力，自我管理能够帮助个体取得良好的心理品质（叶宁，2014）。同时，提升自我管理能力能够让个体产生改变自己心理和行为问题的意愿，且有信心将此转变成行动，如果成功，个体就会产生强烈的满足感（唐芳贵、岑国桢，2013）。

5. 大学生心理生活质量与网络成瘾的关系

本研究发现，大学生心理生活质量与网络成瘾呈显著正相关。这与以往的研究结果一致，有研究表明网络成瘾者的成瘾程度与负性情绪之间存在密切的关系，网络成瘾人群会产生更多的抑郁、焦虑等负性情绪，而个体在负性情绪的状态下可能更容易发生网络成瘾，产生循环效应（徐远超、杨裕萍、吴大兴，2013）。换言之，对自身更有积极的态度的个体能够降低网络成瘾程度，也就是说，心理生活质量高的个体沉溺于网络中的可能性较低。

6. 大学生自我管理能力与网络成瘾的关系

本研究发现，大学生自我管理能力总分及维度与网络成瘾总分及维度之间均存在显著的正相关关系。这与彭红雷、孙晓军等人的研究结果一致，"时间管理能力越高的个体越不容易网络成瘾""低时间管理倾向水平的个体由于较低的网络自我控制能力而表现出较高的网络成瘾水平（彭红雷、姜旭英，2011；孙晓军、赵竞、周宗奎等，2015）。自我管理能力低的个体，其耐心和韧性较差，自我调节及控制能力不强，遭遇挫折易产生消极情绪和冲动行为。在网络世界中，他们能够通过各种各样的途径转移自己的注意力，排解自己内心的负性情绪，通过网络满足现实生活中缺失的心理需求（刘杰，2015），长此以往，就容易沉迷于此，形成网络成瘾。

（二）回归分析

1. 大学生自我管理能力对学业挫折感的影响分析

回归分析结果显示，自我管理能力及知识管理能力可负向预测学业挫折感，且作用显著。自我管理能力高的个体能够从长远发展的角度为自己定目标、做计划，并对时间利用进行有效监控，有效利用学习时间，完成学习任务（张梅、黄四林、孙铃等，2018），这大大降低了学业挫折情境发生的可能性。其中，大学生在课堂学习中能够将所学知识组建成一个知识框架，有利于其课后的梳理及知识回顾，如果能够对庞大的知识体系进行一个有效的管理，那么其学习自信心就会随之提高，在学业上的表现会更优异，可能感受到的学业挫折感也会随之降低。具有高自我管理能力的个体打算追求一生的长期发展目标，会有效地利用学习时间，提高学习效率并完成学习任务，从而大大降低了出现学业失败的可能性。

2.大学生自我管理能力对心理生活质量的影响分析

回归分析结果显示，自我管理能力的人际关系管理、知识管理、网络生活管理可显著正向预测心理生活质量。人际关系问题是大学生常见的心理问题，若管理不善，会影响其学习、生活和发展，反之，如果大学生能够积极妥善地处理人际关系，就会与他人相处得更和谐、更融洽，其心理生活质量水平也会比较高。有研究表明，宿舍人际关系较好的同学在心理健康各因子上的得分明显高于宿舍人际关系紧张的同学（王龙娇，2017）。从中不难看出人际关系管理对大学生心理生活质量的影响，良好的人际关系能够促进个人发展。除此之外，知识储备是当今社会个体保持竞争优势的源泉，个体能够对已掌握的知识做到有效管理，会更专注于自身的心理成长问题，其心理生活质量往往处在较高水平。随着网络的发展，网络学习、网络休闲、网络消费等已成为普遍的日常生活方式，大学生在网络生活中存在的不健康行为习惯日益显现（刘淼，2019），个体能够意识到这个问题并做到有效管理，往往会拥有较高的心理生活质量。

3.大学生自我管理能力对网络成瘾的影响分析

回归分析结果显示，自我管理能力及网络生活管理可显著负向预测网络成瘾。已有研究表明，自我管理能力高的个体即使使用网络，其成瘾的可能性也较低，他们能够合理分配网络使用时间（闫青，2015），不会因频繁地上网和刷屏挤占大量的学习时间，削弱了网络带来的一些不良影响。大学阶段对大学生自觉性要求很高，学会有效监督、控制、约束和调节自己的行为、心态、情绪是必须具备的条件，可以通过制订计划、检查执行情况、采取奖惩措施来对自身学习、网络生活进行管理，避免在网络上花费过多时间。

4.大学生心理生活质量对学业挫折感的影响分析

回归分析结果显示，心理生活质量的生命质量、心理健康、心理成长及幸福体验维度可显著负向预测学业挫折感。心理健康良好的个体拥有更强的环境适应能力，心理资源更为丰富，更能够参与到学校各种活动中，投入到学习中（熊红星、刘凯文、张璟，2020）。同时，生命质量、心理健康、心理成长、幸福体验之间存在着千丝万缕的关系，共同成为心理生活质量的一部分，其能够影响个体的学习状态，进而影响个体的学业挫折感。

5.大学生网络成瘾对学业挫折感的影响分析

回归分析结果显示，网络成瘾总分及强迫性上网行为维度可显著正向预测学业挫折感。在大学中，校园网络的普遍使用，外加大学生群体的时间自由度高，大学生网络成瘾的概率大大变高。上网时间及网络社交使用比重均可以正向预测网络成瘾的程度（Smahel et al.，2012），即网络使用时间越长，依赖程度越高，进行网络社交的时间比重越大，那么网络成瘾的可能性就越高。此外，网络使用时长变长，势必会减少个体从事正常学习活动的时间（张锦涛、陈超、王玲娇等，2014），特别是大学生群体，正常的学习时间被大量挤占，必然会影响到他们的学业完成情况，从而产生学业挫折感。

6.大学生心理生活质量对网络成瘾的影响分析

回归分析结果显示，心理生活质量能够显著负向预测网络成瘾。已有研究结果显示，青少年在现实生活中没有获得幸福体验，就会通过网络世界来获得线上满足（AkIn，2012），这在一定程度上证实了个体心理生活质量能够预测网络成瘾。此外，注重大学生心理机制的改变能够改善大学生网络成瘾状况，了解大学生群体心理需求，使其心理需求得到满足，压力得以转换及释放。要想在网络成瘾的预防与干预中取得事半功倍的效果，就要帮助大学生提高自身主观幸福感，并自我肯定（梅松丽、柴晶鑫、郭金花，2015）。

（三）中介模型分析

本研究在探明自我管理与学业挫折感直接关系的基础之上，引入心理生活质量和网络成瘾两个变量构建了一个中介模型。结果显示，自我管理能力不仅可以直接影响学业挫折感，还可以通过学业生活质量和网络成瘾的链式中介作用进一步对学业挫折感产生影响，由此可以推论，提高个体的自我管理能力水平对于干预学业挫折感是有效果的，而对出现学业挫折感的低自我管理能力个体，在干预中应考虑心理生活质量和网络成瘾的作用。

首先，自我管理能力能够正向预测学业挫折感，这与赵丹的研究结论一致，自我管理能力强或受过自我管理训练的个体，学习成绩更高，学业挫折感也相对较低（赵丹，2019）。这是因为拥有高自我管理能力的个体会更懂得如何管理时间、梳理知识，对于不当行为也能够更快意识到，并采取控制措施，这对学业提升有着很大的帮助。

其次，自我管理能力能够通过心理生活质量和网络成瘾的链式中介作用对大学生的学业挫折感产生影响。即当心理生活质量与网络成瘾共同作为中介变量时，会增强自我管理能力对于学业挫折感的预测作用。个体通过自我管理能力会对学习生活的管理评价变得更加积极，这样的积极评价会鼓励个体反思学业问题，并以乐观的态度面对学业挫折感，看到挫折背后积极的一面，发现网络成瘾与学业倦怠之间的关系（邓林园、方晓义、万晶晶等，2012），这样的过程会促使个体对学习生活进行反思，并对学业挫折感进行重新审视，发现其中原本被忽略的问题，从而降低学业挫折感。同时，有研究指出，个体有良好的心理品质，才能更好地调整消极的学业情绪，从而有效预防网络成瘾（林媚、庞诗萍、洪泽枫等，2018）。换言之，心理生活质量越高的个体更可能控制自己的网络使用时间，避免网络成瘾。陈新等人的研究结果显示，网络成瘾严重影响大学生的学习（陈新、李凤华、龙斌等，2007）。网络成瘾者在网络中的投入程度远高于学习知识，常常表现为意志消沉、得过且过，丧失学习兴趣，在学业中难以获得成就动机，学业挫折体验明显。所以，网络成瘾能够正向预测学业挫折感。

综上所述，在降低学业挫折感的过程中，除了关注自我管理能力对学业挫折感的影响之外，还要多关注个体心理生活质量的提升以及网络成瘾程度的降低。

总之，大学生自我管理能力与心理生活质量呈显著正相关，与网络成瘾、学业挫折感呈显著负相关；心理生活质量与网络成瘾呈显著负相关，网络成瘾与学业挫折感呈显著正相关。自我管理能力总分和知识管理维度及心理生活质量中的生命质量、心理健康、心理成长、幸福体验均能显著负向预测学业挫折感，心理生活质量中的价值判断维度能显著正向预测学业挫折感；自我管理能力的人际关系管理、知识管理、网络生活管理均能正向预测心理生活质量；自我管理能力总分及网络生活管理显著负向预测网络成瘾，职业生涯管理能够显著正向预测网络成瘾；网络成瘾总分及强迫性上网行为均能正向预测学业挫折感；心理生活质量显著负向预测网络成瘾。大学生心理生活质量和网络成瘾在自我管理能力与学业挫折感的关系中起链式中介作用。

第二节 大学生社会支持对学业挫折感的影响机制

疫情期间，为响应教育部"停课不停学"的号召，全国高校教学常常需要在极短的时间内从"线下教学"切换为"线上教学"（薛成龙、郭瀛霞，2020）。面对全新的教学模式，大学生难免会产生学业挫折感。学业挫折感指部分学生群体在日常学习活动中面临学业困境时，由于无法顺利克服而产生的一种具有弥漫性特征的消极情绪体验（曾伏云，2002）。学业挫折感轻则会降低学生的理想抱负水平、学业自信以及成就动机；重则威胁到心理健康，从而削弱心理免疫力（史小力、杨鑫辉，2004）。因此，探讨学业挫折感的影响因素及作用机制，不仅可以帮助大学生以积极的态度面对学习，还可以更好地维护大学生的心理健康，进而营造和谐的校园文化。

社会支持指个体通过各种途径所获得的物质上的和心理上的支持和接纳系统，包括但不限于父母、亲戚、同伴以及社会（Cai et al.，2016）。研究表明，社会支持在个体遇到挫折情境时会起到缓冲器的作用。也就是说，当遭受某种挫折时，社会支持能够提供充裕的物质和心理资源使个体产生更多的调适行为，从而缓解挫折或压力的冲击（Cohen et al.，1985）。所以，社会支持可能是学业挫折感的重要影响因素。

仅仅探讨变量之间的直接联系是远远不够的，中介变量是社会支持影响学业挫折感的内在和实质性原因，只有引入中介变量才能揭示社会支持是"如何"影响学业挫折感的。挫折感并不是随心所欲的主观心理体验，它取决于个体面对挫折源时其心理是否具有"弹性"。心理弹性指经历困难或者一定的挫折情境时个体所展现出来的心理反弹能力。具体来说就是当经历某种坎坷、压抑、绝望、创伤或其他较严重的威胁时，个体所具有的恢复并保持良好的适应功能的人格特质或能力（马伟娜、桑标、洪灵敏，2008；Masten，1994）。个体心理弹性水平愈高，他们所储存的积极心理能量也愈强大，能够最大限度地发挥其优势以应对压力情境（Richardson，2002）。同理，高心理弹性水平学生能够减轻大多数应激事件对学习活动所产生的负面作用，产生较少的学业倦怠或学业挫折感（尹忠泽、孙明月、梁腾飞，2016）。另外，社会支持作为心理弹性的外部保护性因子，能有效缓和个体对于逆境的强烈反应，增强个体解决问题的信心与能力（Ozbay et al.，2008）。所以，心理弹性很可能是社会支持影响学业挫折感的中介变量，社会支持可能通过提高个体心理弹性进而缓解大学生的学业挫折感。

一、研究方法

（一）研究对象

通过问卷星网络平台调查在校大学生380人，回收有效问卷359份，有效率94.47%。其中男生140人，女生219人；大一175人，大二85人，大三81人，大四18人。年龄为18～24岁（M=20.26，SD=1.37）。

（二）研究工具

1. 大学生社会支持量表

采用叶悦妹、戴晓阳（2008）编制的"大学生社会支持评定量表"，该量表包括主观支持、客观支持和支持利用度3个维度，共17个条目。该量表采用Likert5级计分，从"完全不符合"到"完全符合"，分别计1~5分。总分越高，代表社会支持水平越高。本次测量总分的Cronbach's α系数为0.949，各维度分别为0.903，0.910和0.902。

2. 心理弹性量表

采用于肖楠、张建新（2007）编制的"心理弹性量表"（connor-davidson resilience scale，CD-RISC），该量表包括坚韧、自强、乐观3个维度，共25个条目。该量表采用Likert5级计分（1=从不，2=很少，3=有时，4=经常，5=几乎总是）。总分越高，代表心理弹性水平越高。本次测量总分的Cronbach's α系数为0.949，各维度分别为0.921，0.848和0.709。

3. 大学生学业挫折感问卷

采用付媛妹、张旭东等人（2022）编制的"青年学生学业挫折感问卷"，参见附件1。

（三）统计处理

采用SPSS 23.0进行描述性统计及相关分析，采用Mplus 8.3进行中介效应检验。

二、结果

（一）共同方法偏差检验

由于调查数据全部来自一次性的自我报告，因此有必要对数据进行共同方法偏差检验。采用Harman单因子法考察共同方法偏差，结果显示，未旋转的主成分因素分析总共析出12个特征根大于1的因子，首因子的方差百分比的比值为29.62%，没有超过40%的临界标准，可认为本研究不存在比较明显的共同方法偏差。

（二）各变量的相关分析

研究涉及变量相关矩阵如表7-16所示。总体上看，社会支持与心理弹性都呈显著正相关；学业挫折感与社会支持、心理弹性基本呈显著负相关。

（三）中介效应检验

本研究采用结构方程模型分析变量之间的关系。本研究涉及量表题目数量较多，采用吴艳与温忠麟推荐的题目打包策略对本研究中各个量表进行打包（吴艳、温忠麟，2011）。由于本研究涉及的三个量表都是多维量表，使用内部一致法进行打包，即把同一因子下的题目打包。用极大似然法对整体模型进行估计和检验。根据中介效应的检验程序，首先检验社会支持对学业挫折感的直接效应，然后检验加入中介变量心理弹性后的直接效应和间接效应（温忠麟、刘红云、侯杰泰，2012）。

未加入中介变量的结构方程模型的标准化解见图7-2。模型主要拟合指数为：χ^2/df=4.43，TLI=0.953，CFI=0.966，RMSEA=0.09，SRMR=0.035。其中，除RMSEA超出RMSEA<0.08这个标准外，其他拟合指数均达标。由于本研究的模型较为简单，而RMSEA对参数较少的模型比较敏感（Marsh H. W.，Balla J.，1994），综合考虑其他指标都达标，只有RMSEA稍微超出标准的情况下，认为模型可以接受（温忠麟、侯杰泰、马什赫伯特，2004）。社会支持对学业挫折感的直接效应显著（γ=−0.16，t=−3.08，p<0.01）。

7-16　社会支持、心理弹性和学业挫折感的相关分析表

	1	2	3	4	5	6	7	8	9	10	11	12	13	14
1.主观支持														
2.客观支持	0.688**													
3.支持利用度	0.745**	0.665**												
4.社会支持	0.895**	0.881**	0.905**											
5.坚韧	0.538**	0.542**	0.474**	0.578**										
6.自强	0.522**	0.521**	0.442**	0.551**	0.844**									
7.乐观	0.556**	0.503**	0.428**	0.550**	0.738**	0.778**								
8.心理弹性	0.569**	0.563**	0.486**	0.601**	0.971**	0.938**	0.836**							
9.学业动机挫折感	0.153**	0.020	0-.102	0-.099	0-.275**	0-.263**	0-.198**	0-.277**						
10.学业环境挫折感	0.205**	0.088	0-.087	0-.136**	0-.068	0-.144**	0-.085	0-.100	0.489**					
11.考试挫折感	0.190**	0.069	0-.072	0-.118*	0-.186*	0-.232**	0-.221**	0-.218**	0.728**	0.504**				
12.学业压力挫折感	0.225**	0.133	0-.098	0-.165*	0-.266**	0-.319**	0-.255**	0-.298**	0.683**	0.556**	0.805**			
13.学业适应挫折感	0.255**	0.198**	0-.132*	0-.213**	0-.313**	0-.398**	0-.309**	0-.360**	0.670**	0.540**	0.716**	0.835**		
14.学业自信心挫折感	0.255**	0.153*	0-.135*	0-.197**	0-.354**	0-.339**	0-.326**	0-.367**	0.622**	0.393**	0.697**	0.715**	0.730**	
15.学业挫折感	0.242**	0.114	0-.123*	0-.173**	0-.288**	0-.329**	0-.263**	0-.316**	0.883**	0.696**	0.869**	0.894**	0.876**	.790**

注：*代表$p<0.05$，**代表$p<0.01$。

在社会支持和学业挫折感之间加入心理弹性，模型标准化解见图7-3。
模型主要拟合指数为：χ^2/df=4.30，TLI=0.945，CFI=0.957，RMSEA=0.088，
SRMR=0.038，模型拟合良好。社会支持对心理弹性的效应显著（γ=0.69，
t=22.35，$p<0.001$），心理弹性对学业挫折感的效应显著（γ=−0.33，t=
−4.53，$p<0.001$），社会支持对学业挫折感的直接效应不显著。

表7-17 直接效应和中介效应结构方程模型拟合指数

	χ^2	df	χ^2/df	TLI	CFI	SRMR	RMSEA（90% CI）
社会支持→学业挫折感	115.221	26	4.43	0.953	0.966	0.035	0.090［0.074，0.107］
社会支持→心理弹性→学业挫折感	219.300	51	4.30	0.945	0.957	0.038	0.088［0.076，0.100］

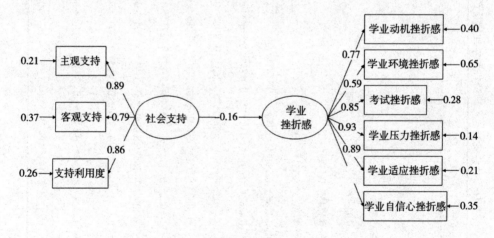

图7-2 社会支持对学业挫折感的结构方程模型

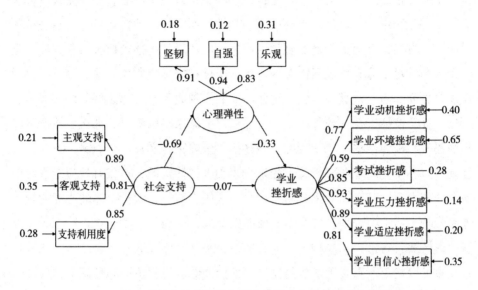

图7-3　心理弹性在社会支持与学业挫折感之间的中介作用模型

三、讨论

　　大学生学业挫折感普遍存在，帮助大学生缓解学业挫折感有助于其维持积极健康的情感体验和身心状态，从而保证良好的学习状态。本研究发现，社会支持会影响大学生的学业挫折感，社会支持水平越高的大学生体验到的学业挫折感越低。因此，高校应当重视社会支持在学业挫折感中的作用，积极引导大学生构建并利用社会支持系统应对和调节负面情绪。肖水源（1994）把社会支持分为三个方面，客观支持（物质上的实质援助和社会网络）、主观支持（个体在社会中被尊重、被理解、被支持的情绪体验和满意程度）和支持利用度（对社会支持资源的利用情况）。客观支持较难改变，但主观支持和支持利用度是可以改变的成分，例如活跃校园文化、丰富人际关系等（丁锦红、王净，2000）。在新冠疫情环境下，线上教育在一定程度上阻碍了师生间和同学间的交流，更需要高校管理者尽可能地提供必要的社会支持，积极关注学生心理健康，排查学习生活重大危机事件，进行必要的心理危机干预。

　　更进一步，本研究发现，心理弹性是社会支持和学业挫折感之间的"黑箱"，在社会支持弱化学业挫折感的过程中起着中介作用。在加入心理弹性这一中介变量后，社会支持对学业挫折感的直接效应不显著，也就是说，社会支持是"完全地"通过提高个体的心理弹性从而降低学业挫折感的。这一结果说明，一方面，社会支持对心理弹性产生正向作用。个体的成长过程本质上是一个不断满足个体心理发展需要的过程，个体在安全、归属、爱、尊重、自我实现等方面的需求贯穿一生，而这些需要的实现离不开父母亲戚、同伴群体、师长、社会群体以及环境等的支持，如果以上需求得以满足，那么个体便可以顺利提升心理弹性水平（桑利杰、陈光旭、朱建军，2016，）。另一方面，心理弹性有利于化解学业挫折感。如果个体心理弹性较低，难以有效应对学习中潜在的压力源，其日积月累容易转化为现实压力事件，消耗个体的心理能量，进而影响个体学习表现，使其学业效能感减弱，从而引发学业挫折情绪（沈永红、姜冬梅、石雷山，2014）。高心理弹性水平个体在面临较大的压力和挫折时大多可以避免严重心理危机的发生，他们能够进行积极的心理调节去处理学业压力和负性学业情绪，从而走出学业困境（张红波，2015）。

总结来说，本研究证实了大学生社会支持对学业挫折感的直接效应，而心理弹性起到了桥梁的作用，解释了社会支持对学业挫折感的影响机制，研究结果对高校管理有一定的启示。

第三节 大学生手机依赖、网络成瘾对学业挫折感的影响机制

本节主要内容如下：（1）探讨大学生手机依赖对学业挫折感的影响，考察自我管理能力和人生意义的链式中介作用（陈晓丹、任晓雪、张旭东等，2022）；（2）探讨大学生网络成瘾对学业挫折感的影响，考察心理生活质量的中介作用（张旭东、马塘生、李清，2023）。

一、大学生手机依赖对学业挫折感的影响机制

学业挫折感影响机制提示我们在手机依赖与学业挫折感之间必然有某种中介机制在起作用。遗憾的是，目前尚未有对大学生学业挫折感、自我管理能力、人生意义与手机依赖四者的关系的研究。因此，本研究拟以大学生为研究

对象，探究自我管理、人生意义在手机依赖与学业挫折感之间的作用机制，为降低学业挫折感，提高学习积极性，提供教育对策。具体文章已刊登在《心理月刊》2022年第14期第70-73页（通讯作者：张旭东），此处仅简要介绍。

（一）研究方法

1.研究对象

本研究采用问卷调查方法，随机发放问卷2 385份，抽取了广东省本科院校大学生作为被试，共收集有效问卷1 731份，有效率为72.58%。其中男生829人，女生902人；贫困生269人，非贫困生1 462人；城镇大学生为799人，乡村大学生为932人；师范生640人，非师范生1 091人；大一学生477人，大二学生666人，大三学生367人，大四学生221人；文科生688人，理科生515人，工科生373人，术科生155人，班级成绩排名在前1/3的有582人，排名在中1/3的有817人，排名在后1/3的有332人。

2.研究工具

（1）青年学生学业挫折感问卷

采用付媛姝、张旭东等人（2022）编制的"青年学生学业挫折感问卷"，参见附件1。

（2）自我管理能力量表

采用韩茝芳（2011）编制的"大学生自我管理能力问卷"，该问卷共38个条目，分为6个因子：知识管理（7项）、人际关系管理（6项）、时间管理（6项）、身心管理（7项）、职业生涯管理（6项）和网络生活管理（6项）。问卷采用5点计分的方法，"1"表示"完全不符合"，以此类推，"5"表示"完全符合"。得分越高，表示自我管理能力越好。其中第2，3，5，19，20，34，35，37，38题为反向计分。该问卷的各分量表的内部一致性系数介于0.85和0.87之间，总量表的α系数为0.89。

（3）手机依赖性量表

采用黄海、牛露颖、周春等人（2014）编制的"手机依赖指数量表"，该量表包含失控性、戒断性、逃避性、低效性4个维度，共17个题目。总量表及4个维度的内部一致性系数分别为0.92，0.86，0.84，0.88，0.79。每个条目采用1（一点也不）~5（总是）5点正向计分，得分越高表示手机依赖程度越重。

（4）人生意义感量表

采用王孟成、戴晓阳（2008）编制的人生意义感量表（中文版），该量表一共有10个题目，包括人生意义体验和人生意义寻求两个分量表，每个条目采取7点计分，两个分量表分别加分，得分越高说明人生意义体验或寻求越高。经检验，问卷总量表的α系数为0.787，各分量表的α系数分别为0.769和0.853。

3. 数据处理

本研究对大学生进行问卷调查收集数据，并使用SPSS22.0统计软件包和Process V3.3宏程序插件进行数据处理与分析。

（二）研究结果

1. 共同方法偏差

收集数据后，使用Harman单因素检验法进行共同方法偏差的检验（周浩、龙立荣，2004），结果显示，共23个因子的特征值大于1，并且首个因子解释率为14.078%（<40%），表明本次研究中不存在严重的共同方法偏差。

2. 主要变量的描述统计和相关分析

手机依赖、学业挫折感、自我管理能力与人生意义的平均数、标准差的相关矩阵如表7-18所示。手机依赖、学业挫折感、自我管理能力与人生意义之间的相关均达到显著水平。

表7-18 各变量描述性统计和相关分析结果

项目	M	SD	1	2	3	4
1.手机依赖	2.71	0.59	1			
2.学业挫折感	2.81	0.58	0.42**	1		
3.自我管理能力	4.76	0.78	−0.23**	−0.29**	1	
4.人生意义	3.04	0.32	−0.10**	−0.17**	0.34**	1

注：* 代表$P < 0.05$，** 代表$P < 0.01$，*** 代表$P < 0.001$。下同。

3. 链式中介效应分析

手机依赖、学业挫折感、自我管理能力以及人生意义两两之间均存在显著相关，这符合进一步对自我管理能力和人生意义进行中介效应分析的统计学要求。其中介模型如图7-4所示。

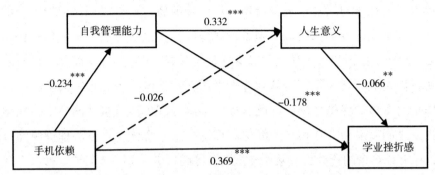

图7-4　自我管理能力与人生意义在手机依赖与学业挫折感间的中介模型

因此，在手机依赖对学业挫折感的关系中，既包括自我管理能力的部分中介效应，也包括自我管理能力和人生意义的部分中介效应。

总之，大学生手机依赖、学业挫折感、自我管理能力和人生意义两两相关显著（$P<0.01$）；手机依赖能够显著负向预测自我管理能力（$\beta=-0.234$，$t=-10.02$，$P<0.001$）；自我管理能力能够显著正向预测人生意义（$\beta=0.332$，$t=14.25$，$P<0.001$）；手机依赖能够显著正向预测学业挫折感（$\beta=0.369$，$t=16.84$，$P<0.001$）；自我管理能力能够显著负向预测学业挫折感（$\beta=-0.178$，$t=-7.68$，$P<0.001$）；人生意义能够显著负向预测学业挫折感（$\beta=-0.066$，$t=-2.93$，$P<0.01$）。

自我管理能力和人生意义在手机依赖对大学生学业挫折感的影响间的链式中介作用成立，大学生手机依赖能通过自我管理能力和人生意义对大学生学业挫折感产生间接影响。

二、大学生网络成瘾对学业挫折感的影响机制

大学生是互联网使用的主体之一，也面临着由网络成瘾带来的各种问题，其中较为突出的是影响其学习活动。网络成瘾对大学生学习的影响主要表现为：高网络成瘾者，其学业自我效能越低（卢志铭，王国强，2010），学习动机水平低下（开治中，2012；陈丽等，2017），低学业成就（陈新等，2007），高学业倦怠（魏萍，2007；高峰等，2017），低学业情绪（林媚等，2018），低学业延迟满足和高学业拖延（甘媛源，2015），可见网络成瘾会

对大学生学习活动产生一定程度的消极影响。这些不良影响都会不同程度地阻碍大学生在学习活动中取得成功，产生挫败感。此外，网络成瘾本身就会导致个体不同程度的情绪调节困难，如抑郁、愤怒等（居文，2019；Hwang et al，2014），不利于大学生调节由学业挫折情境产生的消极情绪。已有研究表明，网络成瘾者在情绪、认知等方面都存在功能受损，可能会削弱心理生活质量对个体的保护作用，因此有理由推测心理生活质量在网络成瘾和学业挫折感之间起着中介作用。资源保存理论指出，个体在恢复心理资源的过程中，原有或剩余的资源也会被用来抵消资源的损失（如个人特质、社会支持、能量资源等），如果个体长时间处在资源损耗中，其心理资源水平会逐渐下降（Hobfoll，1989）。自我调控理论则认为，不合理的资源损耗（如消极情绪、认知功能受损）会对自我调节系统造成负面影响，给个体带来内化或外化的非适应性行为（如情绪调节困难）。网络成瘾者长时间沉迷于网络之中，身心疲惫却难以自拔，长时间的心理资源耗竭，从而可能导致心理生活质量的下降，体验到更强的学业挫折感。截至目前，尚未发现有网络成瘾对学业挫折感影响的相关研究，因此有必要对此进行探讨。

综上所述，本研究试图探讨心理生活质量在网络成瘾对学业挫折感影响过程中的中介作用，以期为有效应对大学生产生学业挫折感提供参考（张旭东、马塘生、李清，2023）。

（一）研究方法

1. 研究对象

采用随机抽样的方法，对全国11所本科院校的800名在校大学生实施问卷调查，回收有效问卷703份，有效回收率为88.88%。其中，男生342人，女生361人；独生子女232人，非独生子女471人；来自城镇的大学生为357人，来自乡村的大学生为346人；大学一年级学生253人，二年级学生209人，三年级学生212人，四年级学生29人；文科生240人，理科生320人，工科生119人，术科生24人；师范生186人，非师范生517人；班级成绩水平在前1/3的有244人，在中1/3的有308人，在后1/3的有151人。

2. 研究工具

（1）青年学生学业挫折感问卷。本研究采用张旭东等人（2020）编制的

"青年学生学业挫折感问卷"，参见附件1。

（2）心理生活质量评价问卷。采用焦岚（2012）编制的"心理生活质量评价问卷"，该问卷共40个条目，包括价值判断、心理健康、生命质量、幸福体验和心理成长等5个因子。其中心理健康因子的11个项目采取反向计分。该问卷的内部一致性α系数为0.91，各因子的内部一致性α系数分别为 0.83，0.90，0.84，0.83，0.85，均在0.80 以上。问卷采用5点计分的方法，得分越高表示心理生活质量越高。

（3）网络成瘾问卷。采用台湾地区学者陈淑惠等人（2003）编制的中文网络成瘾量表修订版（CIAS-R），该问卷共26个项目，包括强迫性上网行为、网络戒断与退瘾反应、网络成瘾耐受性反应、时间管理问题、人际及健康问题等5个因子。该问卷的内部一致性α系数为0.93，各因子的内部一致性α系数介于0.79~0.89之间。问卷采用4点记分的方法，得分越高表示网络成瘾倾向越强。

3. 数据处理

采用统计软件SPSS22.0和AMOS21.0进行数据分析。

（二）研究结果

1. 共同方法偏差检验

由于本研究采用3个不同问卷，以及被试采用自我报告的方式填写问卷，可能会导致共同方法偏差。根据周浩、龙立荣（2004）的建议，在研究过程中主要从程序和统计方面进行了控制。程序方面主要是尽可能多方面选取被试样本、以匿名方式填写问卷、问卷中设置适量的反向题目等。统计方面是采用Harman单因素检验法，对网络成瘾、心理生活质量、学业挫折感3个量表的所有项目（不含每个问卷总分）进行探索性因素分析。结果表明，未旋转和旋转后都得到20个因子特征值大于1，未旋转得到的第一个因子解释的变异量为21%，远小于40%的临界值，因此说明在本研究中共同方法偏差不明显。

2. 大学生网络成瘾、学业挫折感与心理生活质量的关系

（1）各变量的相关分析。对大学生网络成瘾、学业挫折感和心理生活质量三个变量进行相关分析，结果见表7-19。由表7-19可知，大学生网络成瘾与学业挫折感呈显著正相关，与心理生活质量呈显著负相关；学业挫折感与心理

生活质量呈显著负相关。

表7-19 网络成瘾、学业挫折感与心理生活质量的相关分析

	1	2	3
1.网络成瘾	1		
2.学业挫折感	0.48**	1	
3. 心理生活质量	−0.37**	−0.40**	1

注: *$P<0.05$, **$P<0.01$, ***$P<0.001$。下同。

（2）大学生网络成瘾对学业挫折感的影响。将网络成瘾总分作为预测变量，学业挫折感总分作为因变量，进行逐步回归分析，由表7-20可知，网络成瘾可有效解释学业挫折感23%的变异量。网络成瘾对学业挫折感的总效应c显著（$c : \beta=0.48$，$P<0.001$），即对学业挫折感具有预测作用，其标准回归方程：$Y=0.48X$。

表7-20 大学生网络成瘾（X）与学业挫折感（Y）的逐步回归分析

步骤	因变量	预测变量	R	R^2	调整R^2	F	B	β	t
第一步	学业挫折感总分	方程模型	0.48	0.23	0.23	207.67***	59.08		15.58***
		网络成瘾总分					0.94	0.48	14.41***

（3）大学生网络成瘾对心理生活质量的影响。将网络成瘾总分作为预测变量，心理生活质量总分作为因变量，进行逐步回归分析，由表7-21可知，网络成瘾可有效解释心理生活质量13%的变异量。网络成瘾对心理生活质量的效应a显著（$a : \beta=-0.37$，$P<0.001$），即对心理生活质量具有预测作用，其标准回归方程：$M=-0.37X$。

表7-21 大学生网络成瘾（X）与心理生活质量（M）的逐步回归分析

步骤	因变量	预测变量	R	R^2	调整R^2	F	B	β	t
第二步	心理生活质量总分	方程模型	0.37	0.14	0.13	109.28***	173.56		57.16***
		网络成瘾总分					−0.55	−0.37	−10.45***

（4）大学生网络成瘾、心理生活质量对学业挫折感的影响。将网络成

瘾总分、心理生活质量总分作为预测变量，学业挫折感总分作为因变量，进行逐步回归分析，由表7-22可知，网络成瘾和心理生活质量同时进入回归时，可有效解释学业挫折感28%的变异量。心理生活质量对学业挫折感的效应b显著（b：$\beta=-0.26$，$P<0.001$），网络成瘾对学业挫折感的直接效应c'（c'：$\beta=0.38$，$P<0.001$）显著，其标准回归方程：$Y=0.38X-0.26M$。

表7-22 大学生网络成瘾（X）、心理生活质量（M）与学业挫折感（Y）的逐步回归分析

步骤	因变量	预测变量	R	$R2$	调整R^2	F	B	β	t
第三步	学业挫折感总分	方程模型	0.53	0.29	0.28	139.61***	117.78		13.55***
		心理生活质量总分					-0.34	-0.26	-7.45***
		网络成瘾总分					0.76	0.38	11.18***

3.结构建模和中介效应检验

（1）结构建模。本研究涉及的潜变量：网络成瘾、心理生活质量、学业挫折感。网络成瘾对应的观测变量为：强迫性上网行为、网络成瘾戒断反应、网络成瘾耐受性、人际与健康问题、时间管理问题。心理生活质量对应的观测变量为：价值判断、心理健康、生命质量、幸福体验、心理成长。学业挫折感对应的观测变量为：学习动机挫折感、学习环境挫折感、考试挫折感、学习压力挫折感、学习适应挫折感、学习自信心挫折感。本研究提出心理生活质量在网络成瘾对学业挫折感的影响中起中介作用的关系假设。基于该假设，本研究采用统计软件AMOS21.0进行构建结构方程模型（图7-4）。

（2）中介效应检验。采用温忠麟等人（2004）的偏差校正的非参数百分位Bootstrap法（Bias-Corrected Percentile Method）对中介效应进行检验。采用重复随机抽样的方法在原始数据（$n=703$）中抽取1 000个Bootstrap样本，生成1个近似抽样分布，并用百分位数估计95%的中介效应置信区间。由图7-4和表7-23结果可知，直接效应（网络成瘾→学业挫折感）大小为0.37，置信区间 95%CI=［0.28，0.47］；间接效应（网络成瘾→心理生活质量→学业挫折感）大小为0.14，置信区间 95%CI=［0.10，0.20］。综上所述，由于间接效应和直接效应的置信区间不包括0，由此可知心理生活质量、网络成瘾对学业挫折感的影响中起部分中介作用。

表7-23　总效应、直接效应及中介效应分解表（bootstrap=1 000）

	效应值	Bootstrap标准误	Boot CI下限	Boot CI上限
直接效应	0.37	0.05	0.28	0.47
间接效应	0.14	0.03	0.10	0.20
总效应	0.51			

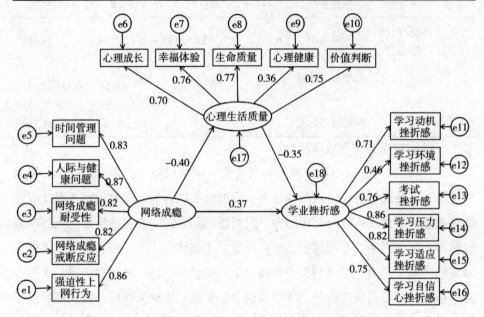

图7-4　心理生活质量在大学生网络成瘾对学业挫折感影响的中介模型

（3）中介模型拟合指数。根据吴明隆（2013）结构方程拟合标准，该中介模型的拟合指数RMSEA为0.08，GFI，NFI，IFI，TLI，CFI等指标均大于0.9，可见模型拟合度较好，可以被接受。结果如表7-24所示。

表7-24　中介模型拟合指数

χ^2/df	AGFI	RMSEA	GFI	NFI	IFI	TLI	CFI
5.08	0.88	0.08	0.91	0.92	0.94	0.92	0.94

（三）讨论

大学生网络成瘾与学业挫折感的关系。研究发现，大学生网络成瘾与学业挫折感之间存在显著的正相关关系。这表明大学生网络成瘾程度越高，其学业挫折感的体验就越强烈。

大学生网络成瘾与心理生活质量的关系。研究发现，大学生网络成瘾与心理生活质量之间存在显著的负相关关系。这表明大学生网络成瘾程度越高，其心理生活质量水平就越低。

大学生心理生活质量与学业挫折感的关系。研究发现，大学生心理生活质量与学业挫折感之间存在显著的负相关关系。这表明大学生心理生活质量越高，其学业挫折感的体验就越低。

心理生活质量在网络成瘾对学业挫折感的影响中起部分中介作用，且中介模型可接受。心理生活质量的中介作用可以从认知、情绪和态度三个方面进行解释。总之，大学生网络成瘾与学业挫折感之间呈显著正相关，心理生活质量与网络成瘾、学业挫折感之间呈显著负相关；大学生网络成瘾正向预测学业挫折感、负向预测心理生活质量，心理生活质量负向预测学业挫折感；心理生活质量在大学生网络成瘾对学业挫折感的影响中起部分中介作用。

参考文献（中文部分）

[1]［美］Jerry M. Burger. 人格心理学［M］. 陈会昌, 等译. 北京: 中国轻工业出版社, 2000.

[2]［美］R. J. 斯滕伯格. 超越IQ——人类智力的三元理论［M］. 上海: 华东师范大学出版社, 2000.

[3]［美］阿兰·卡尔, 积极心理学——关于人类幸福和力量的科学［M］. 郑雪, 等译. 北京: 中国轻工业出版社, 2008.

[4]［美］丹尼尔·戈尔曼, 情感智商. ［M］. 耿文秀, 等译. 上海: 上海科学技术出版社, 1997.

[5]［美］克里斯托弗·彼得森. 积极心理学［M］. 徐红, 译. 北京: 群言出版社, 2010.

[6]［美］罗伯特·西奥迪尼. 影响力［M］. 闾佳, 译. 北京: 万卷出版公司, 2010.

[7]［美］维克多·弗兰克. 追寻生命的意义［M］. 北京: 新华出版社, 2003.

[8]［美］维廉·阿姆斯特朗, 等. 学习的诀窍. ［N］王彦彬, 译. 长春: 吉林文史出版社, 1988.

[9]［日］保坂荣之介. 如何增强记忆力、注意力［M］. 苗琦, 刘兴才, 合译. 银川: 宁夏人民出版社, 1983.

[10]［日］品川嘉也. 科学用脑术［M］. 车小平, 等译. 成都: 四川人民出版社, 1989年版.

[11]［日］桑名一央. 怎样挖掘你的潜在能力［M］. 金凤吉, 王秉硕, 译. 北京: 科学普及出版社, 1985.

[12]［英］彼得斯. 道德发展与道德教育［M］. 邬冬星, 译. 杭州: 浙江教育出版社, 2000: 导言.

[13]［英］怀特海. 教育的目的［M］. 徐汝丹, 译. 北京: 三联书店出版社, 2002.

[14]［英］培根. 培根论人生［M］. 何新, 译. 上海: 上海人民出版社, 1983.

[15]［美］A. H. 马斯洛. 动机与人格［M］. 许金声, 等译. 北京: 华夏出版社, 1987.

[16]［美］G. E. 范伦特. 怎样适应生活——保持心理健康［M］. 颜文伟, 等译. 上海: 华东师范大学出版社, 1996:

[17]［美］戴尔·卡耐基. 人性的弱点［M］. 申文平, 译. 北京: 民主与建设出版社, 2019.

[18]［美］弗兰克·戈布尔. 第三思潮: 马斯洛心理学［M］. 吕明, 等译. 上海: 上海译文出版社, 1987.

[19]柏桦. 信念——重建生命新境界［M］. 北京: 西苑出版社, 1999.

[20]蔡林, 贾绪计. 学业自我效能感与在线学习投入的关系: 学习动机和心流体验的链式中介作用［J］. 心理与行为研究, 2020, 18（6）: 805-811.

[21]蔡清田. 论核心素养的国际趋势与理论依据［J］. 东北师大学报（哲学社会科学版）, 2018（1）: 149-158.

[22]蔡颖, 梁宝勇, 周亚娟. 中学生的升学考试压力、心理弹性与压力困扰的关系［J］. 中国临床心理学杂志, 2010, 18（2）: 180-182+179.

[23]蔡岳建, 谭小宏, 阮昆良. 教师人格研究: 回顾与展望［J］. 西南师范大学学报: 人文社会科学版, 2006 （6）: 15-18.

[24]曹静梅. 对大学生挫折感的调查研究［J］. 心理学探新, 1993（2）: 58-63.

[25]曹瑞. 积极心理品质: 核心素养的DNA［J］. 天津教科院学报, 2017（2）: 25-28.

[26]曾伏云. 学业挫折感对学生的影响及其成因［J］. 湖南第一师范学院学报, 2002（3）: 71-74.

[27]曾伏云. 中小学生学业挫折感的防治对策［J］. 企业家天地下半月刊（理论版）, 2008（3）: 103-104.

[28]曾洁, 李钰. 自我管理视野下大学生学业拖延实证研究［J］. 通化师范学院学报, 2019, （40）: 132-138.

[29]曾淑仪, 谭婉莹, 陈雅琳, 等. 中职生心理弹性对学业挫折感的影响: 核心素养的中介作用［J］. 中国健康心理学杂志, 2020（12）: 1881-1887.

[30] 曾天德. 大学生生命愿景、自我效能感与应对方式的关系 [J]. 心理学探新, 2007, 27 (4): 54-58.

[31] 曾文秀, 吴佩霞, 张旭东. 地方普通院校大学生生命愿景与复原力的关系: 积极心理品质的中介作用 [J]. 中国健康心理学杂志, 2017 (5): 782-788.

[32] 常英华. 大学生学业挫折感的调查与分析——以山西省高校新区为例 [J]. 榆林学院学报, 2016, 26 (4): 59-62+78.

[33] 车文博, 张林, 黄冬梅, 等. 大学生心理压力感基本特点的调查研究 [J]. 应用心理学, 2003 (3): 3-9.

[34] 车文博. 当代西方心理学新词典 [M]. 长春: 吉林人民出版社, 2001, 473-474

[35] 车文博. 西方心理学史 [M]. 杭州: 浙江教育出版社, 1998.4

[36] 车文博. 心理咨询大百科全书 [M]. 杭州: 浙江科学技术出版社, 2001, 9-10.

[37] 车文博. 心理学原理 [M]. 哈尔滨: 黑龙江人民出版社, 1997.

[38] 陈福侠, 樊富珉. 大学新生学校适应、心理弹性与心理健康的关系 [J]. 中国健康心理学杂志, 2014, 22 (12): 1894-1896.

[39] 陈家麟. 学校心理健康教育: 原理与操作 [M]. 北京: 教育科学出版社, 2002.

[40] 陈建文, 王滔. 自尊与自我效能关系的辨析 [J]. 心理科学进展, 2002, 15 (4): 624-630.

[41] 陈乐. 大学生自我管理对学业成就影响的调查研究——基于四所 "985工程" 大学的数据 [J]. 山东高等教育, 2016 (2): 59-74.

[42] 陈丽, 张文娟, 田兰. 大学生网络依赖与自尊、成就动机的关系研究 [J]. 牡丹江师范学院学报 (哲学社会科学版), 2017 (6): 135-139.

[43] 陈琦, 刘儒德. 教育心理学 (第3版) [M]. 北京: 高等教育出版社, 2020.

[44] 陈泉凤, 李馥荫, 张旭东. 大学生手机依赖对学业挫折感的影响: 积极心理品质的中介作用 [J]. 肇庆学院学报, 2020, 41 (3): 87-91+96.

[45] 陈淑慧, 翁俪祯, 苏逸人. 中文网络成瘾量表之编制与心理计量特性研究 [J]. 台湾中华心理学刊, 2003, 45 (3): 279-294.

[46] 陈维, 刘国艳. 农村留守中职生学业自我概念与应对方式的关系: 学业韧性的中介作用 [J]. 中国特殊教育, 2016 (5): 23-27.

[47] 陈维华, 李文静. 成人学习挫折成因及其调控研究 [J]. 职教论坛, 2013 (3):

53-56.

[48]陈潇潇, 万兵. 高职高专学生学习挫折现状与应对方式研究——以T学院为例[J]. 四川省干部函授学院学报, 2017（2）: 101-103+106.

[49]陈晓丹、任晓雪、郑依妍, 等. 大学生手机依赖对学业挫折感的影响: 自我管理能力和人生意义的中介作用[J]. 心理月刊, 2022（14）: 70-73.

[50]陈新, 李凤华, 龙斌, 等. 大学生网络成瘾对学习的影响[J]. 中国健康心理学杂志, 2007, 15（4）: 300-301.

[51]陈旭. 中学生学业压力、应对策略及应对的心理机制研究[D]. 重庆: 西南师范大学, 2004.

[52]陈彦垒, 叶宝娟, 胡竹菁. 青少年学业复原力与学业成绩的关系: 有调节的中介效应模型[J]. 中国临床心理学杂志, 2012（3）: 377-380.

[53]陈子华. 卡耐基人性的优点全集[M]. 北京: 海潮出版社, 2010.

[54]程建伟, 郭凯迪, 颜剑雄. 高等职业院校大学生手机成瘾与学习倦怠的关系研究[J]. 校园心理, 2018, 16（6）: 414-418.

[55]程玲, 张红, 陈元金, 等. 民办高校大学生手机依赖、心理弹性与睡眠质量的关系[J]. 职业与健康, 2020, 36（10）: 1407-1410.

[56]程玲玲. 浅析中职生挫折心理形成原因及调适策略[J]. 卫生职业教育, 2011, 29（3）: 154-155.

[57]程显龙. 每次只追前一名[J]. 教育科学论坛, 2913（6）: 26.

[58]戴斌荣, 阴国恩, 金东贤. 大学生人生价值观的调查研究. 天津市教科院学报（社会科学版）, 1999（5）:

[59]戴晓阳. 常用心理评估量表手册[M]. 北京: 人民军医出版社, 2010.

[60]邓林园, 方晓义, 万晶晶等. 大学生心理需求及其满足与网络成瘾的关系[J]. 心理科学, 2012, 35（1）: 123-128.

[61]邓倩文, 邹国静, 张旭东. 女大学生生命智慧现状及其对挫折感的影响[J]. 岭南师范学院学报, 2015, 36（5）: 162-165.

[62]邓雪薇, 余晓越. 大学生完美主义与学业拖延孤独感的中介作用[J]. 校园心理, 2019, 17（5）: 398-400.

[63]丁锦红, 王净. 在校大学生社会支持状况研究[J]. 首都师范大学学报（社会

科学版), 2000 (1): 114-116.

[64] 董妍, 俞国良, 马丽华. 学业羞愧研究及其对学校教育的启示 [J]. 教育理论
与实践, 2009, 29 (5): 59—62.

[65] 董妍, 俞国良, 周霞. 学业不良青少年与普通青少年学业情绪影响因素的比较
[J]. 中国特殊教育, 2013 (4): 42-47.

[66] 董妍, 俞国良. 青少年学业情绪对学业成就的影响 [J]. 心理科学, 2010 (4):
934-937。

[67] 董妍, 俞国良. 青少年学业情绪问卷的编制及应用 [J]. 心理学报, 2007, 39
(5): 852-860.

[68] 杜新儿, 陈坤龙. 基于核心素养理念下中等职业学生心理健康课程体系的建
构 [J]. 校园心理, 2019, 17 (6): 471-473.

[69] 段锦云, 杨静, 朱月龙. 资源保存理论: 内容、理论比较及研究展望 [J]. 心理
研究, 2020, 13 (1): 49-57.

[70] 方杰, 温忠麟, 梁东梅, 等. 基于多元回归的调节效应分析 [J]. 心理科学,
2015 (3): 715-720.

[71] 冯江平. 挫折心理学 [M]. 太原: 山西教育出版社, 1991.

[72] 冯江平. 国外关于挫折心理理论观点述评 [J]. 河北师范大学学报 (社会科学
版), 1993 (1): 56-60.

[73] 付媛姝, 罗京滨, 庞诗萍, 等. 大学生学业挫折感问卷编制及信效度检验 [J].
中国健康心理学杂志, 2022 (12).

[74] 甘媛源, 杨化刚, 余嘉元. 大学生网络成瘾与学业延迟满足、学业拖延的关系
[J]. 中国卫生事业管理, 2015, 32 (6): 463-465.

[75] 高峰, 杨东峰, 杨春婧, 等. 95后大学生网络成瘾, 人际交往与学业倦怠的关
系 [J]. 牡丹江师范学院学报 (哲学社会科学版), 2017 (1): 129-134.

[76] 高明. 学业情绪在大学适应与学习倦怠间的中介作用 [J]. 中国临床心理学杂
志, 2014, 22 (3): 537-539+536.

[77] 高文斌, 陈祉妍. 网络成瘾病理心理机制及综合心理干预研究 [J]. 心理科学
进展, 2006, 14 (4): 596-603.

[78] 高文斌, 祝卓宏, 陈祉妍, 等. 网络成瘾的心理机制——"发展性失补偿假

说"[A].第十届全国心理学学术大会论文摘要集[C].上海：中国心理学会，2005：277-278.

[79]高晓倩，刘聪，高歌，等.大学生空虚感对手机依赖的影响：自我控制的中介作用[J].中国健康心理学杂志，2020，28（10）：1548-1552.

[80]高园园，陈哲，张欣，等.大学生手机依赖、心理弹性与情绪的关系[J].现代预防医学，2018，45（5）：865-868.

[81]高原.大学生人际关系、自我价值感与生命意义感的关系研究[D].沈阳：沈阳师范大学，2012.

[82]高正亮，童辉杰.积极情绪的作用：拓展-建构理论[J].中国健康心理学杂志，2010（2）：246-249.

[83]葛广昱，余嘉元，安敏，等.中学生心理韧性与学业水平的关系研究[J].赣南师范学院学报，2010（1）：114-118.

[84]葛鲁嘉.关于心理生活基本性质和内涵的理解[J].湖南师范大学教育科学学报，2005，4（5）：100-103.

[85]葛鲁嘉.心理学视野中的心理生活的建构与拓展[J].社会科学战线，2008（1）：44.

[86]葛鲁嘉.新心性心理学宣言：中国本土心理学原创性理论建构[M].北京：人民出版社，2008：252，257.

[87]葛鲁嘉.中国本土传统心理学的内省方式及其现代启示[J].吉林大学社会学学报，1997（6）：25-30.

[88]葛明贵，赵必华，李伟强.中学生386名应付挫折情况调查[J].中国学校卫生，2003（6）：633.

[89]龚婧，卢正天，孟静怡.父母期望越高，子女成绩越好吗——基于CFPS（2016）数据的实证分析[J].上海教育科研，2018（11）：11-16.

[90]龚雪.地方本科院校大学生挫折感结构研究[J].四川文理学院学报，2015，25（5）：2-94.

[91]顾明远，教育该如何立德树人[N].人民网——人民日报，2014-05-22.

[92]桂紫洁，黄列玉，张冉冉，等.大学生依恋与学业拖延：手机依赖的中介作用[J].中国健康心理学杂志，2021，29（3）：432-435.

[93] 郭翰菁, 叶剑萍, 许晓薇, 等. 新生代农民工心理生活质量与抗挫折心理能力的关系 [J]. 肇庆学院学报, 2015, 36 (3): 75-78.

[94] 郭向阳, 马琳. 中职生社会适应心理现状及对策 [J]. 文史月刊, 2012 (S3): 246-247.

[95] 郭英, 陈李笑. 中职生人格特质对其社会适应能力影响的调查研究——自我价值感的中介作用 [J]. 教育学术月刊, 2013 (6): 54-58.

[96] 郭永玉. 关于 "人格" 的界说及有关概念的辨析 [J]. 常州工学院学报 (社科版), 2005 (2): 41-45.

[97] 韩芷芳. 我国大学生自我管理能力培养研究——以重庆市为个案 [D]. 重庆: 西南大学, 2011.

[98] 韩雪荣. 地方高校大学生逃课现象的调查研究 [J]. 邢台学院学报, 2010, 25 (2) 69—71.

[99] 郝建平. 健康决定成功 [M]. 北京: 中国言实出版社, 2004.

[100] 何安明, 包灿灿, 惠秋平. 大学生情绪智力与心理健康的关系: 社会支持的中介作用和手机依赖的调节作用 [J]. 心理发展与教育, 2020, 36 (4): 494-501.

[101] 何安明, 万娇娇, 惠秋平. 青少年手机依赖者的心理健康状况及与生活事件、学业倦怠的关系 [J]. 中国临床心理学杂志, 2019, 27 (2): 410-413.

[102] 何安明, 万娇娇, 马瑞娟, 等. 青少年手机依赖与消极应对方式的关系: 一项交叉滞后研究 [J]. 中国临床心理学杂志, 2021 (2): 366-369.

[103] 何有缘, 刘丽, 王瑞梅. 培养学生自我教育与自我管理能力的教学尝试 [J]. 中国校外教育, 2009 (9): 30.

[104] 贺香沛, 吴兴. 中职女生自信心及其与学业成绩的关系研究 [J]. 教育学术月刊, 2014 (12): 72-77.

[105] 侯宇楠. 高中生学业成绩性别差异研究 [D]. 上海: 上海师范大学, 2012.

[106] 胡君, 常忠武. 浅谈大学生挫折容忍力及对策 [J]. 廊坊师范学院学报, 2006 (3): 113-117.

[107] 胡月, 樊富珉, 戴艳军, 等. 大学生生活事件与自杀意念: 生命价值观的中介与调节作用 [J]. 中国临床心理学杂志, 2016, 24 (1): 149-151+172.

[108]胡月. 大学生生命价值观对自杀意念的影响[D]. 大连：大连理工大学，2015.

[109]黄春丽，张大为. 心理生活质量的基本内涵[J]. 思想政治教育研究，2014（3）：124-126.

[110]黄光扬. SCL—90及MMCS在学业受挫大学生中的应用报告[J]. 中国心理卫生杂志，1997（5）：297-297.

[111]黄光扬. 学业受挫大学生心理健康及成就的心理控制源因素研究[J]. 健康心理学杂志，1997（3）：137-139.

[112]黄海，牛露颖，周春燕，等. 手机依赖指数中文版在大学生中的信效度检验[J]. 中国临床心理学杂志，2014，22（5）：835-838.

[113]黄玲玲，周旭，钱媛媛，等. 上海市某高职大学生手机依赖性与心理健康状况的关系[J]. 职业与健康，2020，36（18）：2563-2566.

[114]黄萍. 大学生心理需求结构、自我管理能力与学业成绩的相关分析[J]. 高校辅导员，2016（2）：76-79.

[115]黄沁舒. 大学生挫折容忍力现状调查与分析[J]. 扬州教育学院学报，2011，29（3）：53-56.

[116]黄琼，周仁来. 中国学生考试焦虑的发展趋势——纵向分析与横向验证[J]. 中国临床心理学杂志，2019（1）：113-118.

[117]黄四林，左璜，莫雷，等. 学生发展核心素养研究的国际分析[J]. 中国教育学刊，2016（6）：8-14.

[118]黄希庭，郑涌. 当代中国青年价值观研究[M]. 北京：人民教育出版社，2005.

[119]黄希庭. 当代中国大学生心理特点与教育[M]. 上海：上海教育出版社，1999.

[120]黄希庭. 心理学导论[M]. 北京：人民教育出版社，1991.

[121]黄雅洁，周洁. 大学生手机使用和学业倦怠关系研究[J]. 石家庄学院学报，2016，18（3）：139-142.

[122]冀嘉嘉，吴燕，田学红. 大学生手机依赖和学业拖延、主观幸福感的关系[J]. 杭州师范大学学报（自然科学版），2014，13（5）：482-487.

[123]佳龙,等.生理节律手册[M].北京:能源出版社,1989.

[124]贾林祥,王保健.大学生乐商和生活满意度的关系:心理韧性的中介作用
[J].心理与行为研究,2018,16(1):88-95.

[125]贾晓波.心理适应的本质与机制[J].天津师范大学学报(社会科学版),
2001(1):19~23.

[126]姜俊红,杨树.将"生命智慧"教育纳入军队院校育人视界[J].南京政治学
院学报,2007(1):115-118.

[127]蒋海飞,刘海骅,苗淼,等.生命意义感对大学新生日常烦心事和心理适应
的影响[J].心理科学,2015,38(01):123-130.

[128]焦岚,郭秀艳.社会关怀提升大学生心理生活质量[J].教育研究,2014,35
(6):117-121.

[129]焦岚.心理生活质量研究——基于大学生心理生活质量的调查分析[D].长
春:吉林大学,2012.

[130]竭婧,傅安国,杜杰.海南省大学生心理压力感现状调查研究[J].重庆医
学,2015(4):502-505.

[131]解亚宁.简易应对方式量表信度和效度的初步研究[J].中国临床心理学杂
志,1998(2):53-54.

[132]金盛华,郑建君,辛志勇.当代中国人价值观的结构与特点[J].心理学报,
2009,41(10):1000-1014.

[133]金雪,熊敏,高敏.中职生学业自我与学业韧性的关系[J].中国健康心理学
杂志,2016,24(9):1389-1392.

[134]景宏华.健全人格素养的内涵、表现及其评价[J].中国职业技术教育,2020
(14):14-18.

[135]景卫丽,晋丹.心理生活解读[J].法制与社会,2009(12):371-372.

[136]居文.大学生网络成瘾者心理健康状态调查及心理预防措施[J].中国健康
心理学杂志,2019,27(2):309-312.

[137]开治中.大学生学习动机与网络使用的现状及关系研究[J].中国健康心理
学杂志,2012,20(10):1561-1563.

[138]邝廷舜.基于心理韧性培养的大学生挫折教育研究[J].吉林省教育学院学

报, 2011, 27（2）: 6-8.

[139] 兰久富. 东亚价值观的自我-群体结构[J]. 北京师范大学学报（社会科学版）, 2006（3）: 89-92.

[140] 黎嘉娅, 叶婷婷, 黄靖海, 等. 大学生学业情绪对"手机依赖"的影响: 积极心理品质的中介作用[J]. 肇庆学院学报, 2016, 37（3）: 86-91.

[141] 李炳全. 文化心理学[M]. 上海: 上海教育出版社, 2007.

[142] 李炳全, 张旭东. 中国学生核心心理素养分析[J]. 东北: 大学拟（哲学社会科学版）, 2022（6）: 159-164.

[143] 李彩娜, 孙翠翠, 徐恩镇, 等. 初中生应对方式、压力对社会适应的影响: 纵向中介模型[J]. 心理发展与教育, 2017（2）: 172-182.

[144] 李彩娜, 周伟. 大学生社会适应与五因素人格间关系的研究[J]. 中国临床心理学杂志, 2009, 17（1）: 78-80.

[145] 李彩娜, 邹泓. 青少年孤独感的特点及其与人格、家庭功能的关系[J]. 陕西师范大学学报（哲学社会科学版）, 2006, 35（1）: 115-121.

[146] 李春玉, 李清, 张旭东. 高职生学业挫折感现状调查研究[J]. 通化师范学院学报, 2020, 41（5）: 104-109.

[147] 李馥荫, 康憧翌, 林宇君, 等. 大学生学业挫折感与抗挫折心理能力的相关研究[J]. 吉林省教育学院学报, 2020, 36（10）: 46-49.

[148] 李馥荫, 倪诺, 张旭东. 大学生人格特质对学业挫折感的影响: 应对方式的中介作用[J]. 中国健康心理学杂志, 2021, 29（5）: 739-747.

[149] 李广, 姜英杰. 中小学生挫折感表现类型及影响因素分析[J]. 现代中小学教育, 1999（1）: 46-47.

[150] 李桂青, 谭光霞. 高中生学业压力与学业成绩的关系: 心理韧性的调节作用[J]. 潍坊工程职业学院学报, 2015, 28（1）: 34-38.

[151] 李海垒, 张文新, 张金宝. 青少年心理韧性量表（HKRA）的修订[J]. 心理与行为研究, 2008, 6（2）: 98-102.

[152] 李海垒, 张文新. 青少年的学业压力与抑郁: 同伴支持的缓冲作用[J]. 中国特殊教育, 2014（10）: 87-91.

[153] 李海垒, 张文新. 心理韧性研究综述[J]. 山东师范大学学报（人文社会科

学版), 2006, 51 (3): 149-152.

[154]李海亮. 自我觉察对大学生心理健康教育的意义及实现途径探析[J]. 课程
教育研究, 2018 (24): 189-190.

[155]李海洲, 边和平. 挫折教育论[M]. 南京: 江苏教育出版社, 1995: 72-76.

[156]李虹, 梅锦荣. 大学生压力量表的编制[J]. 应用心理学, 2002 (1): 27-32.

[157]李虹, 林崇德, 商磊. 生命控制感对内外在控制感与心理健康之间关系的调
节和中介作用[J]. 心理科学, 2007 (3): 519-523.

[158]李虹, 梅锦荣. 大学生压力量表的编制[J]. 应用心理学, 2002 (1): 27-32.

[159]李虹, 梅锦荣. 大学校园压力的类型和特点[J]. 心理科学, 2002 (4): 398-
401.

[160]李虹. 自我超越生命意义对压力和健康关系的调节作用[J]. 心理学报,
2006 (3): 422-427.

[161]李华君. 大学生应对方式及学业情绪研究[J]. 赤峰学院学报 (自然科学
版), 2013 (3): 201-202.

[162]李辉山, 刘建, 侯敏. 城乡家庭环境差异对"90后"大学生人际关系的影响
分析[J]. 教育教学论坛, 2012 (18): 106-107.

[163]李晶. 高中生学习动机、学习策略及学业绩效的相关性研究[D]. 长春: 吉
林大学, 2008.

[164]李君. 自我觉察与统整在情绪调节中的应用[J]. 决策探索 (下半月), 2017
(8): 33-34.

[165]李亮, 宋璐. 大学生群体中价值观、感知环境质量与环境意识的关系研究
[J]. 心理科学, 2014, 37 (2): 363-367.

[166]李平收. 青年战胜挫折能力训练教程[M]. 北京: 知识出版社, 2002.

[167]李清, 黄华, 林思婷, 等. 高中生心理弹性对学业挫折感的影响: 核心素养和
手机依赖的中介作用[J]. 中国健康心理学杂志, 2021, 29 (11): 1707-1712.

[168]李清, 李瑜, 张旭东. 中小学教师工作压力对心理生活质量的影响: 心理弹
性、自尊的中介作用[J]. 中国健康心理学杂志, 2021, 29 (2): 217-230.

[169]李清, 余坤, 高东瑜, 等. 大学生抗挫折心理能力对学业挫折感的影响: 积极
心理品质的中介作用[J]. 中国健康心理学杂志, 2019, 27 (7): 1077-1084.

[170]李清, 余坤, 谢晶怡, 等. 高职生抗挫折心理能力对学业挫折感的影响: 核心素养和应对方式的中介作用[J]. 中国健康心理学杂志, 2020 (6): 918-924.

[171]李小平, 杨晟宇, 李梦遥. 权威人格与权力感对道德思维方式的影响[J]. 心理学报, 2012, 44 (7): 964-971.

[172]李晓峰, 许占权, 张旭东. 大学生挫折情境、挫折感现状解析[J]. 社会科学战线, 2008 (7): 201-205.

[173]李彦章. 父母教养方式影响因素的研究[J]. 健康心理学杂志, 2001 (2): 106-108.

[174]李燕, 张艳艳. 城乡青少年智能手机使用现状调查与分析[J]. 济宁学院学报, 2020, 41 (5): 60-65.

[175]李杨, 贾祥瑞, 吕婧, 等. 医学生手机依赖与学业倦怠的关系研究——学业投入和情绪的中介作用[J]. 中国高等医学教育, 2020 (9): 11-12+17.

[176]李迎娣. 中职生病理性手机网络使用现状调查及对策[J]. 中小学心理健康教育, 2017 (23): 11-13.

[177]李悦. 家庭教养方式与学业成绩的关系: 心理素质、学业行为的中介作用[D]. 重庆: 西南大学, 2016.

[178]李志坚, 李青霖, 李洪, 等. 大学生网络成瘾情况调查及预防干预[J]. 经济研究导刊, 2014 (9): 300-303.

[179]李中原. 新时代提振大学生人生意义感的战略使命与教育实践[J]. 思想政治教育研究, 2020 (6): 128-131.

[180]连榕, 杨丽娴, 吴兰花. 大学生的专业承诺、学习倦怠的关系与量表编制[J]. 心理学报, 2005 (5): 632-636.

[181]连榕, 杨丽娴, 吴兰花. 大学生专业承诺、学习倦怠的状况及其关系[J]. 心理科学, 2006, 29 (1): 47-51.

[182]梁宝勇, 郭倩玉, 杜桂芝等. 应付方式的评定、分类与估价[J]. 中国临床心理学杂志, 1999, 7 (4): 200-203.

[183]梁宝勇. 应对研究的成果、问题与解决办法[J]. 心理学报2002, 34 (6): 643-650.

[184]廖雅琼, 叶宝娟, 金平, 等. 心理韧性对汉区少数民族预科生手机依赖的影

响: 有调节的中介效应[J]. 心理发展与教育, 2017, 33(4): 487-495.

[185] 廖悦诗, 陈泉凤. 浅谈增强注意力的要点与方法[J]. 珠江教育论坛, 2017
    (2): 142-145.

[186] 林崇德, 杨治良, 黄希庭. 心理学大辞典[M]. 上海教育出版社, 2003.

[187] 林崇德. 中国学生发展核心素养: 深入回答"立什么德、树什么人"[J]. 人
    民教育, 2016(19): 14-16.

[188] 林崇德. 21世纪学生发展核心素养研究[J]. 教育科学论坛, 2016(20): 63-
    64.

[189] 林崇德. 21世纪学生发展核心素养研究[M]. 北京: 北京师范大学出版社,
    2016.

[190] 林崇德. 构建中国化的学生发展核心素养[J]. 北京师范大学学报(社会科
    学版), 2017(1): 66-73.

[191] 林崇德. 心理和谐: 心理健康教育的指导思想[J]. 西南大学学报(社会科学
    版), 2012(3): 5-11.

[192] 林崇德. 心理健康教育教程(中学专兼职教师使用)[M]. 北京: 人民教育
    出版社, 2004.

[193] 林崇德. 中国学生核心素养研究[J]. 心理与行为研究, 2017, 15(2): 145-
    154.

[194] 林崇德. 做眼中有教育的人[J]. 中国教育学刊, 2022(6): 卷首语.

[195] 林辉, 潘小娥, 陈新苗. 大学生学校认同、集体自尊与生命愿景关系研究
    [J]. 闽南师范大学学报(自然科学版), 2015(1): 120-125.

[196] 林媚, 庞诗萍, 洪泽枫. 大学生网络成瘾对学业情绪的影响: 积极心理品质
    的中介作用[J]. 中国健康心理学杂志, 2018, 26(8): 1258-1263.

[197] 刘东. 高中核心素养实施的重要性及培养路径分析[C]. 2020年第一期华中
    教师教育论坛资料汇编. 2020: 259-261.

[198] 刘红, 王洪礼. 大学生的手机依赖倾向与孤独感[J]. 中国心理卫生志,
    2012, 26(1): 66-69.

[199] 刘红霞. 高职生手机依赖与心理弹性、自我接纳之间的关系[J]. 浙江工贸
    职业技术学院学报, 2015, 15(4): 9-12.

[200] 刘慧. 生命智慧: 培育民族精神的一个"新视景"[J]. 当代教育论坛, 2005 (3): 39-41.

[201] 刘慧. 陶冶生命智慧: 社会转型时期教育的一种价值追求[M]. 北京: 教育科学出版社, 2008.

[20] 刘杰, 孟会敏. 关于布郎芬布伦纳发展心理学生态系统理论[J]. 中国健康心理学杂志, 2009, 17(2): 250-252.

[201] 刘杰. 大学生自尊与网络关系成瘾的关系: 孤独感与社交焦虑的中介作用[D]. 哈尔滨: 哈尔滨师范大学硕士学位论文, 2015.

[203] 刘利. 积极心理学视域下大学生核心素养培育路径研究[J]. 知识经济, 2019 (25): 113-114.

[204] 刘淼. 大学生健康网络生活方式养成教育研究[D]. 武汉: 华中师范大学硕士学位论文, 2019.

[205] 刘取芝, 吴远. 压弹: 关于个体逆境适应机制的新探索[J]. 湖南师范大学教育科学学报, 2006, 4(2):

[206] 刘维婷. 当代大学生积极品质培养探析—基于积极心理学视角[J]. 赤峰学院学报, 2017, 33(5): 33-35.

[207] 刘翔平. 积极心理学(第2版)[M]. 北京: 中国人民大学出版社, 2018.

[208] 刘雅莉. 大学生抗挫折心理能力对挫折感的影响: 生命智慧的中介作用[C]. 中国心理学会, 2011: 580.

[209] 刘艳, 周少斌. 高职大学新生自尊、社会性问题解决、孤独感与手机依赖的关系[J]. 中国健康心理学杂志, 2019, 27(5): 777-780.

[210] 刘远君, 吴佩霞, 张旭东. 地方普通院校大学生学业挫折感现状解析[J]. 肇庆学院学报, 2019(3): 75-81.

[211] 卢志铭, 王国强. 青少年网瘾倾向与一般自我效能感、归因方式的关系[J]. 皖南医学院学报, 2010, 29(6): 458-461.

[212] 卢志铭, 王国强. 网络成瘾青少年归因方式与非适应性认知述评[J]. 中国健康心理学杂志, 2011(6): 757-759.

[213] 麻昕艳. 团体训练对高中生学业挫折感的作用分析[D]. 呼和浩特: 内蒙古师范大学硕士学位论文, 2011.

[214] 马惠霞, 张泽民. 大学生学业情绪成套问卷编制的理论构想 [J]. 中国临床心理学杂志, 2010(1): 34-36.

[215] 马建青. 大学生心理卫生 [M]. 杭州: 浙江大学出版社, 1992: 91-92.

[216] 马力. 情商提升术 [M]. 北京: 石油工业出版社, 2012.

[217] 马利军, 黎建斌. 大学生核心自我评价、学业倦怠对厌学现象的影响 [J]. 心理发展与教育, 2009, 25(3): 101-106.

[218] 马生全. 目标·信心·方法——学习大学生学习指导课有感 [J]. 高等教育研究(成都), 1997(4): 58-59.

[219] 马伟娜, 桑标, 洪灵敏. 心理弹性及其作用机制的研究述评 [J]. 华东师范大学学报(教育科学版), 2008(1): 89-96.

[220] 马裕文. 加强体育耐久跑, 提高初中生核心素养 [J]. 新课程(下), 2018(11): 229.

[221] 麦迪. 自招失败的101件蠢事 [M]. 北京: 企业管理出版社, 2000.

[222] 麦玉娇, 温忠麟. 探索性结构方程建模(ESEM): EFA和CFA的整合 [J]. 心理科学进展, 2013, 21(5): 934-939.

[223] 梅松丽, 柴晶鑫, 郭金花. 青少年主观幸福感与网络成瘾: 自尊及自我控制的中介作用 [J]. 心理发展与教育, 2015, 31(5): 603-609.

[224] 孟四清、翟艳(2017). 中学生耐挫力及其与家庭状况关系的调查 [J]. 心理与行为研究, 2017(6): 781-785.

[225] 孟万金, 官群. 中国大学生积极心理品质量表编制报告 [J]. 中国特殊教育, 2009(8): 71-77.

[226] 孟万金. 积极心理健康教育为立德树人提供精神支柱 [J]. 中国德育, 2016(4): 10-13.

[227] 孟万金. 论积极心理健康教育 [J]. 教育研究, 2008(5): 41-45.

[228] 苗元江, 余嘉元. 积极心理学: 理念与行动 [J]. 南京师大学报(社会科学版), 2003(2): 81-87.

[229] 苗元江, 余嘉元. 幸福感: 生活质量研究的新视角 [J]. 新视角, 2003(4): 50-52.

[230] 明志君, 陈祉妍. 心理健康素养: 概念、评估、干预与作用 [J]. 心理科学进

展，2020（1）：1-12.

[231] 穆苗苗. 父母教养方式对初中生心理耐挫力的影响研究 [D]. 武汉：华中科技大学，2011.

[232] 倪旭东，唐文佳. 生命意义的缺失与追寻 [J]. 心理学探新，2018，38（6）：497-503.

[233] 牛更枫，孙晓军，周宗奎，等. 网络相关文字刺激和压力对网络成瘾者线索诱发渴求的影响 [J]. 心理发展与教育，2016（4）：495-502.

[234] 彭红雷，姜旭英. 大学生网络成瘾与时间管理倾向关系 [J]. 中国公共卫生，2011，27（6）：764-765.

[235] 彭小英. 中职生挫折应对现状、问题与干预对策研究 [J]. 中国西部科技，2013，12（10）：108+128.

[236] 彭晓波，王贺. 社会转型期大学生负面就业心态的调查与分析 [J]. 高教探索，2012（4）：136-139.

[237] 蒲清平，白凯，高微. 大学生学业受挫心理调查分析 [J]. 学校党建与思想教育，2011（17）：61-63.

[238] 邱致燕，毛惠梨，吴薇，等. 自我认同感对手机成瘾的影响：消极应对方式的中介作用 [J]. 教育生物学杂志，2021，9（1）：6-10.

[239] 裴帅帅，金芳芳，杨阳. 大学生学习倦怠的影响因素及对策 [J]. 宁波教育学院学报，2012，14（6）：23-25+33.

[240] 曲星羽，陆爱桃，宋萍芳，等. 手机成瘾对学习倦怠的影响：以学业拖延为中介 [J]. 应用心理学，2017（1）：49-57.

[241] 任国防，张丽萍，王运彩. 大学生挫折承受力问卷的编制 [J]. 天中学刊，2012，27（2）：19-22.

[242] 任俊，叶浩生. 西方积极心理学运动是一场心理学革命吗？[J]. 心理科学进展，2005（6）：857-860.

[243] 任俊. 积极心理学 [M]. 上海：上海教育出版社，2006.

[244] 任俊. 写给教育者的积极心理学 [M]. 北京：中国轻工业出版社，2010.

[245] 桑雷. 高职学生核心素养培育中的职业价值观教育 [J]. 河北职业教育，2020（4）：82-84.

[246] 桑利杰, 陈光旭, 朱建军. 大学生社会支持与学习适应的关系: 心理韧性的中介作用 [J]. 中国健康心理学杂志, 2016, 24 (2): 248-252.

[247] 申建朝, 张智. 青少年挫折教育研究综述 [J]. 新乡师范高等专科学校学报, 2007 (2): 96-98.

[248] 申鲁军. 心理弹性和核心自我评价对高中生考试焦虑的影响 [J]. 教学与管理, 2016 (33): 30-32.

[249] 沈永江, 姜冬梅, 石雷山. 初中生自我效能对学习投入影响的多层分析研究 [J]. 中国临床心理学杂志, 2014, 22 (2): 334-336+340.

[250] 石进利. 浅谈学生在学习考试中的挫折教育 [J]. 甘肃教育, 2003 (S2): 32.

[251] 史清敏, 王增起. 高校毕业生的择业心态与就业心理指导 [J]. 河北师范大学学报 (教育科学版), 2001 (4): 69-72.

[252] 史小力, 魏汉添. 学业受挫大学生心理健康状况 [J]. 中国学校卫生, 2004 (2): 133-134.

[253] 史小力, 杨鑫辉. 学业受挫大学生心理健康情况调查及大学生学业受挫成因与对策研究 [J]. 心理科学, 2004 (4): 974-976+973.

[254] 宋慧芳. 大学生自我决定动机、学业情绪与学业成绩的关系研究 [D]. 太原: 山西师范大学, 2014.

[255] 宋书文, 孙汝婷, 任平安. 心理学词典 [M]. 南宁: 广西人民出版社, 1984.

[256] 宋宙红, 谢书书. 期望效应对高考的影响以及不同期望源作用的异同性研究 [J]. 高等教育研究, 2013, 34 (2): 74-80.

[257] 苏敏, 福建, 郭晨. 职业院校学生学业状态的调查分析 [J]. 中国职业技术教育, 2017 (21): 33-38.

[258] 孙姣, 钟妮, 毛晋平. 青少年意向性自我调节发展特点的调查 [J]. 心理技术与应用, 2020, 8 (11): 663-670.

[259] 孙丽芝, 张红, 刘庆玲. 大学生课余时间分配及对学业成就影响的实证研究 [J]. 重庆文理学院学报 (社会科学版), 2022, 41 (1): 127-140.

[260] 孙晓军, 赵竞, 周宗奎等. 时间管理倾向与病理性网络使用的关系: 网络自我控制的中介作用 [J]. 心理与行为研究, 2015, 13 (3): 410-413.

[261] 汤英. 大学生积极心理品质培养 [J]. 滨州职业学院学报, 2014 (3): 32-33.

[262]唐芳贵,岑国桢.自我管理研究回顾与前瞻:心理学的视角[J].湖南师范大学社会科学学报,2012(4):141-144.

[263]唐海松.初探高中学生学习挫折的成因[J].当代教育论坛,2005(4):49-50.

[264]唐立.网络成瘾理论研究概述[J].科教导刊(中旬刊),2016(6):152-153.

[265]万晶晶,张锦涛,刘勤学,等.大学生心理需求网络满足问卷的编制[J].心理与行为研究 2010,8(2):118~125.

[266]王安妮,张静平.高三学生心理弹性影响因素:社会支持与学业自我效能感[J].中国健康心理学杂志,2015,23(12):1840-1843.

[267]王帆,方晓义,胡伟,等.家庭环境与高中生发展:自主的中介作用及其性别差异[J].心理发展与教育,2014,30(6):585-593.

[268]王富荣,茅默.理工科大学生心理压力的调查研究[J].应用心理学,2001(1):31-36.

[269]王浩.对中学心理健康教育管理体制的一些思考[J].教学与管理,2001(5):33-34.

[270]王浩.民办高校与普通高校大学生自我概念、成就动机及其心理健康关系的研究[D].西安:陕西师范大学,2001.

[271]王洁艳,张静.中职生手机依赖与心理健康状况的相关性分析[J].社区医学杂志,2017,15(22):23-25.

[272]王敬欣,张阔,付立菲.大学生专业适应性、学习倦怠与学习策略的关系[J].心理与行为研究,2010,8(2):126-132.

[273]王骏,孙志军.重点高中能否提高学生的学业成绩——基于F县普通高中的一个断点回归设计研究[J].北京大学教育评论,2015,13(4):82-109+186.

[274]王丽.中小学生亲社会行为与同伴关系、人际信任、社会期望及自尊的关系研究[D].西安:陕西师范大学,2003.

[275]王莉,王娜.理性与规制:对大学生逃课行为的因子分析[J].黑龙江高教研究,2017(11):123—126.

[276]王龙姣.大学生宿舍人际关系现状及教育干预研究[D].西安:西安工业大学,2017.

227

[277] 王孟成, 戴晓阳. 中文人生意义问卷 (C-MLQ) 在大学生中的适用性 [J]. 中国临床心理学杂志, 2008 (5): 459-461.

[278] 王觅, 钱铭怡, 王文余, 等. 以提升自我调节学习效能感为主的团体干预对学业拖延状况的改善 [J]. 中国心理卫生杂志, 2011 (12): 921-926.

[279] 王萍, 张宽裕. 大学生知识价值观的实证研究 [J]. 心理学探新, 2006 (3): 58-64.

[280] 王睿轲, 马鑫, 李翔, 等. 高中毕业班学生高考压力与心理健康的关系 [J]. 国际病理科学与临床杂志, 2013, 3 (6): 511-514.

[281] 王绍玉. 跨越转折——大学生价值取向报告 [M]. 企业管理出版社, 2002.

[282] 王伟, 辛志勇, 雷雳. 大学生价值观与其应对方式、心理健康的关系 [J]. 中国人民大学教育学刊, 2012 (4): 91-99.

[283] 王晓峰, 李丹, 陈欣银, 等. 新时代青少年价值观的构成特征与适应功能研究 [J]. 心理科学, 2018, 41 (6): 1282-1291.

[284] 王晓焘. 城市青年独生子女与非独生子女的教育获得 [J]. 广西民族大学学报 (哲学社会科学版), 2011, 33 (5): 28-34.

[285] 王新波. 大学生积极心理品质培养研究 [J]. 中国特殊教育, 2010 (11): 40-45.

[286] 王新波. 中国中小学生积极心理品质数据库建设新进展 [J]. 中国特殊教育, 2010 (1): 90—94.

[287] 王艳梅, 汪海龙&刘颖红. 积极情绪的性质和功能 [J]. 首都师范大学学报 (社会科学版), 2006 (1): 119-122.

[288] 王一杰. 大学生人生意义建构特点研究 [J]. 青少年学刊, 2017 (1): 3-10+15.

[289] 王益明, 金瑜. 自我管理研究述评 [J]. 心理科学, 2002, 38 (4): 453-464.

[290] 王玉龙, 姚明, 邹泓. 不同心理弹性青少年在挫折情境下的认知特点 [J]. 心理研究, 2013, 6 (6): 40-44.

[291] 王臻, 孙远刚. 中等职业学校学生心理健康现状及对策探究 [J]. 中小学心理健康教育, 2019 (30): 62-64.

[292] 王振豫, 谢嘉慧, 黄泽媚, 等. 高中生心理弹性对手机依赖的影响: 核心素养

的中介作用［J］.中国健康心理学杂志，2020, 28（2）: 246-253.

[293] 魏华，周宗奎，田媛，等. 网络游戏成瘾: 沉浸的影响及其作用机制［J］.心理发展与教育，2012（6）: 651-657.

[294] 魏华，周宗奎，田媛，等. 网络游戏成瘾:竞争合作体验与沉醉感的影响［J］.心理与行为研究，2016, 14（2）: 264-269.

[295] 魏萍，唐海波，宋宝萍. 大学生应对方式、情感体验与学业倦怠的关系［J］.中国临床心理学杂志，2008（5）: 549-550.

[296] 魏萍，杨爽，于海滨. 大学生网络成瘾与学习倦怠的关系［J］.中国临床心理学杂志，2007, 15（6）: 650-651.

[297] 魏萍，等. 大学生应对方式、情感体验与学业倦怠的关系［J］.中国临床心理学杂志，2008, 16（5）: 549.

[298] 魏真. 心理韧性——大学生教育的重要维度［J］.河南社会科学，2011, 19（4）: 161-163.

[299] 温忠麟，侯杰泰，马什赫伯特. 结构方程模型检验:拟合指数与卡方准则［J］.心理学报，2004（2）: 186-194.

[300] 温忠麟，刘红云，侯杰泰. 调节效应和中介效应分析［M］.北京:教育科学出版社，2012.

[301] 温忠麟，叶宝娟. 中介效应分析:方法和模型发展［J］.心理科学进展，2014, 22（5）: 731-745.

[302] 温忠麟，叶宝娟. 有调节的中介模型检验方法:竞争还是替补?［J］.心理科学报，2014, 46（5）: 714-726.

[303] 温忠麟，张雷，侯杰泰，等. 中介效应检验程序及其应用［J］.心理学报，2004（5）: 614-620.

[304] 吴超. 青少年学生人际关系调查研究［J］.中国校外教育，2009（S5）: 364.

[305] 吴甘霖. 生命智慧——活出自己的阳光［M］.北京:中国工人出版社，2003.

[306] 吴敏茹，曾淑仪，杨嫔嫔，等. 理工科大学生核心素养对学业挫折感的影响［J］.中国健康心理学杂志，2021（11）: 1718-1727.

[307] 吴艳，戴晓阳，温忠麟，等. 青少年学习倦怠量表的编制［J］.中国临床心理学杂志，2010, 18（2）: 152-154.

[308] 吴艳, 温忠麟. 结构方程建模中的题目打包策略[J]. 心理科学进展, 2011, 19(12): 1859-1867.

[309] 奚晓岚, 张曼如, 程灶火, 等. 大学生网络成瘾的相关心理社会因素研究 [J]. 中国临床心理学杂志, 2014(5): 799-783.

[310] 席居哲, 桑标, 左志宏. 心理弹性(Resilience)研究的回顾与展望[J]. 心理 科学, 2008(4): 995-998.

[311] 夏茂香. 大学生挫折心理类型及矫正方法[J]. 教育与职业, 2012(26): 90- 91.

[312] 肖方方. 小学中高年级学生学业坚毅、学业情绪与成绩的关系及教育对策研 究[D]. 福州: 福建师范大学, 2021.

[313] 肖计划, 向孟泽, 朱昌明. 587名青少年学生应付方式行为研究—年龄、性别 与应付方式[J]. 中国心理卫生杂志, 1995(3): 100-102

[314] 肖水源. 社会支持评定量表的理论基础与研究应用[J]. 临床精神医学杂 志, 1994, 4(2): 98-100.

[315] 肖雪, 刘丽莎, 徐良苑, 等. 父母冲突、亲子关系与青少年抑郁的关系: 独生 与非独生的调节作用[J]. 心理发展与教育, 2017, 33(4): 468-476.

[316] 谢玲平, 邹维兴, 张翔. 留守初中生应对方式在自我效能感与社会适应间的 中介作用[J]. 中国学校卫生, 2014, 35(10): 1458-1461.

[317] 谢铃莉, 季雨楠, 李晨阳, 等. 大学生"低头族"现状及与社会适应关系[J]. 中国健康心理学杂志, 2019, 27(2): 256-260.

[318] 谢维和. 卷首语[J]. 中国教育学刊, 2016(5).

[319] 谢伟瑜, 梅祖宜, 黄华. 女大学生学业挫折感现状调查研究[J]. 绥化学院 学报, 2020, 40(8): 118-121.

[320] 谢伟瑜, 叶颖, 周金水, 等. 大学生手机依赖与学业挫折感的相关研究[J]. 赤峰学院学报(自然科学版), 2020, 36(4): 43-45.

[321] 谢笑春. 自我觉察对大学生社交网站自我表露的影响[D]. 武汉: 华中师范 大学硕士学位论文, 2014.

[322] 辛涛, 姜宇, 林崇德, 等. 论学生发展核心素养的内涵特征及框架定位[J]. 中国教育学刊, 2016(6): 3-7.

[323]邢秀颖,刘晶,周振,等.生命价值观、完美主义水平与大学生自杀意念的相关性分析[J].国际精神病学杂志,2017,44(6):1045-1047.

[324]邢艳春,陈卓,高腾飞.关于核心素养的文献计量分析[J].长春教育学院学报,2018(2):5-7.

[325]熊红星,刘凯文,张璟.师生关系对留守儿童学校适应的影响:心理健康和学习投入的链式中介作用[J].心理技术与应用,2020,8(1):1-8.

[326]徐凯.性别角色冲突对高中生心理压力的影响:社会支持的调节作用[J].中国健康心理学杂志,2015,23(4):555-559.

[327]徐文彬,肖连群.论社会情绪学习的基本特征及其教育价值[J].教育理论与实践,2015,35(13):55-58.

[328]徐先彩,龚少英.大学生学业情绪问卷的编制[J].中国临床心理学杂志,2011(2):175-177.

[329]徐远超,杨裕萍,吴大兴.冲动性在负性情绪与大学生网络过度使用间的中介作用[J].中国临床心理学杂志,2013,21(6):942-945.

[330]许磊,张晴晴,牛更枫,等.社会排斥对手机依赖的影响:社会自我效能感和社交焦虑的中介作用[J].中国临床心理学杂志,2021(2):323-327.

[331]许渭生.心理弹性结构及其要素分析[J].陕西师范大学学报(哲学社会科学版),2000(4):136-141.

[332]薛成龙,郭瀛霞.高校线上教学改革转向及应对策略[J].华东师范大学学报(教育科学版),2020,38(07):65-74.

[333]薛晓敏.论一年级大学生不适应性及其对策[J].内蒙古民族师范学院学报(哲学社会科学版),1998(2):74-76.

[334]闫青.大学生自我管理能力培养研究[D].太原:山西大学,2015.

[335]闫淑楠,边和平.大学新生学习挫折分析及其引导策略[J].江苏经贸职业技术学院学报,2016(1):60-64.

[336]闫志明,郭喜莲,胡玫君,等.手机依赖对中职学生学业自我效能感影响研究[J].中国特殊教育,2018(11):58-63.

[337]严鹏展,程思傲,孙芳萍.初中生学业情绪的现状、问题及对策研究[J].宁波大学学报(教育科学版),2011(2):78-82.

[338]阳毅, 欧阳娜. 国外关于复原力的研究综述[J]. 中国临床心理学杂志,
2006, 14 (5): 539-541.

[339]杨波, 秦启文. 成瘾的生物心理社会模型[J]. 心理科学, 2005 (1): 32-
35+31.

[340]杨芙蓉. 大学生自我同一性、时间管理倾向和网络成瘾的相关关系研究
[J]. 中国健康心理学杂志, 2012, 20 (2): 284-286.

[341]杨威, 李馥荫, 李炳全. 大学生抗挫折心理能力、核心素养、应对方式对学
业挫折感的影响[J]. 高教探索, 2021 (3): 124-128.

[342]杨欣, 陈旭. 从进化心理学的角度解读心理韧性[J]. 心理学探新, 2009, 29
(5): 18-21.

[343]杨秀君, 杨晓丽. 大学生学习挫折量表的编制及信效度分析[J]. 中国学校
卫生, 2012 (3): 298-299.

[344]杨秀君. 大学生学习挫折的现状调查与对策分析[J]. 高教探索, 2013 (1):
125-128.

[345]姚虎雄. 从知识至上到素养为重[J]. 人民教育, 2014 (6): 56-59.

[346]姚虎雄. 回到常识: 再谈"素养为重"[J]. 人民教育, 2014 (14): 67-69.

[347]姚利民, 等. 大学生"逃课"的调查与分析[J]. 高教探索, 2017 (3): 78—85.

[348]姚利民, 等. 大学生到课率的调研与分析[J]. 江苏高教, 2015 (3): 67—70.

[349]姚伟民. 大学生手机依赖对学业成就的影响及应对策略[J]. 高教论坛,
2020 (10): 64-67.

[350]叶宝娟, 郑清. 压力对大学生网络成瘾的影响机制[J]. 心理科学 2016, 39
(3): 621-627

[351]叶宁. 大学生自我管理能力影响机制评价[M]. 北京: 知识产权出版社,
2014.

[352]叶悦妹, 戴晓阳. 大学生社会支持评定量表的编制[J]. 中国临床心理学杂
志, 2008 (5): 456-458.

[353]易芳, 郭雅洁, 俞宗火, 等. 中小学生学业成绩主要影响因素的元分析[J].
心理学探新, 2017, 37 (2): 140-148.

[354]尹贺睿. 论高中生物理学习挫折心理成因[J]. 现代商贸工业, 2016, 37

（26）：195.

[355] 尹星, 谷广彬, 赵小军. 高三学生生活事件、应对方式与主观幸福感的关系 [J]. 中国健康心理学杂志, 2010（9）：1113-1115.

[356] 尹贞姬. 教育公平视域下的城乡教育差异及对策 [J]. 教育探索, 2013（6）：11-12.

[357] 尹忠泽, 孙明月, 梁腾飞. 应激事件对临考大学生学习投入的影响：心理弹性的缓冲作用 [J]. 中国健康心理学杂志, 2016, 24（4）：618-621.

[358] 游洁. 价值观与大学生寻求社会支持的关系研究 [J]. 心理科学, 2005（3）：713-717.

[359] 于纪, 王凌燕. 中职生智能手机依赖对健康的影响及与自我控制的相关性研究 [J]. 卫生职业教育, 2016, 34（7）：107-108.

[360] 于肖楠, 张建新. 韧性（resilience）：在压力下复原和成长的心理机制 [J]. 心理科学进展, 2005（5）：658-665.

[361] 于肖楠, 张建新. 自我韧性量表与Connor_Davidson韧性量表的应用比较 [J]. 心理科学, 2007, 30（5）：1169-1171.

[362] 于宣峰. 高二学生学习心理特点及对策 [J]. 华夏教师, 2012（7）：88.

[363] 余翠军. 论当代大学生生命质量及其提升 [J]. 思想政治教育研究, 201（6）：109-112.

[364] 俞国良, 董妍. 学业情绪研究及其对学生发展的意义 [J]. 教育研究, 2005（10）：69-73.

[365] 俞国良, 宋振韶. 现代教师心理健康教育 [M]. 北京：教育科学出版社, 2008：94-96.

[366] 俞国良, 王浩. 大学生心理健康教育喜忧参半 [N]. 光明网——光明日报, 2018-12-15, 09版.

[367] 喻承甫, 张卫, 曾毅茵, 等青少年感恩、基本心理需要与病理性网络使用的关系 [J]. 心理发展与教育, 2012（1）：83-90.

[368] 苑青. 普通高中生学习挫折水平及应对方式研究 [D]. 南充市：西华师范大学, 2017.

[369] 臧运洪, 伍麟. 人际信任和心理复原力在贫困大学生积极心理品质与挫折心

理间的中介作用[J].中国学校卫生, 2016, 37（3）: 387-390.

[370]詹海都, 陈浩华, 王彦娜. 大学生手机依赖状况及与积极心理品质的关系研究[J]. 卫生职业教育, 2020, 38（15）: 157-159.

[371]张春兴. 教育心理学[M]. 杭州: 浙江教育出版社, 2002.

[372]张光珍, 王娟娟, 梁宗保, 等. 初中生心理弹性与学校适应的关系[J]. 心理发展与教育, 2017, 33（1）: 11-20.

[373]张红坡. 大学生生活事件对应对方式的影响: 心理弹性的中介作用[J]. 中国健康心理学杂志, 2015, 23（10）: 1582-1585.

[374]张将星, 王佩佩. 大学生网络成瘾典型心理治疗法的实证比较[J]. 心理学探新, 2015, 35（6）: 557-560.

[375]张锦涛, 陈超, 王玲娇等. 大学新生网络使用时间与网络成瘾的关系: 有中介的调节模型[J]. 心理学报, 2014, 46（10）: 1521-1533.

[376]张阔, 付立菲, 王敬欣. 心理资本、学习策略与大学生学业成绩的关系[J]. 心理学探新, 2011, 31（1）: 47-53.

[377]张林, 车文博, 黎兵. 大学生心理压力感量表编制理论及其信、效度研究[J]. 心理学探新, 2003（4）: 47-51.

[378]张麟. 上海大学生价值观与心理健康的相关研究[D]. 上海: 华东师范大学, 2001.

[379]张梅, 黄四林, 孙铃等. 公正世界信念对大学生学习成绩的影响: 时间管理的解释[J]. 心理发展与教育, 2018, 34（3）: 330-337.

[380]张娜. DeSeCo项目关于核心素养的研究及启示[J]. 教育科学研究, 2013（10）: 39-45.

[381]张芹, 马晓燕. 国外人生意义感研究综述[J]. 新西部（下旬·理论版）, 2011（7）: 246-247+243.

[382]张荣伟, 李丹. 如何过上有意义的生活?——基于生命意义理论模型的整合[J]. 心理科学进展, 2018, 26（4）: 744-760.

[383]张锐, 李婷婷, 葛玲, 等. 团体心理训练对高中生的手机依赖及其自尊的影响[J]. 中国健康心理学杂志, 2016（9）: 1356-1358.

[384]张诗晨, 万宇辉, 陶舒曼, 等. 中国青少年互动性健康素养问卷的信度和结

构效度评价[J].中国学校卫生,2014,35(3):332-336.

[385]张诗晨,杨蓉,李丹琳,等.中学生健康素养和手机依赖行为的交互作用与意外伤害的关联[J].中华流行病学杂志,2018,39(12):1549-1554.

[386]张烁.立德树人是根本[N].人民网——人民日报,2012-11-30.

[387]张朔.中职生挫折感的干预研究[D].沈阳:沈阳师范大学,2019.

[388]张愫怡.医科大学生职业认同、学业情绪的状况及关系研究[J].福州:福建师范大学硕士学位论文,2009.

[389]张欣.中职生心理健康研究现状及展望[J].中小学心理健康教育,2020(31):34-37.

[390]张秀阁,秦婕,黄文玉.大学生生命意义感与手机成瘾倾向的关系:自我控制的中介作用[J].心理与行为研究,2019,17(4):536-545.

[391]张旭东,蔡慧思,刘远君.大学生积极心理品质状况调查报告[M].武汉:武汉大学出版社,2017.

[392]张旭东,车文博.大学生挫折的成因分析与教育对策[J].内蒙古社会科学(汉文版),2001(6):101-104.

[393]张旭东,车文博.挫折应对与大学生心理健康[M].北京:科学出版社,2005.

[394]张旭东,陈少珍,李志玲,等.大学生生命智慧与应付方式的关系探讨[J].心理科学,2008(3):725-728.

[395]张旭东,何宏俭.中小学教师挫折感的预防与调适[J].中国教育学刊,2007(8):76-78.

[396]张旭东,黄亚寿.中职生心理弹性与应对方式的关系研究[J].内蒙古师范大学学报(教育科学版),2012,25(12):30-32.

[397]张旭东,黄泽娇.大学生生命智慧与自杀意念关系探讨[J].内蒙古民族大学学报,2012,18(4):117-118.

[398]张旭东,缴润凯,肖冬玲.高职生应对方式与挫折感的关系:抗挫折心理能力的中介作用[J].东北师大学报(哲学社会科学版),2013(6):219-223.

[399]张旭东,李炳全,郑剑虹.心理学概论(第三版)[M].北京:科学出版社,2020.

[400] 张旭东, 刘卫川, 曹卉. 高中生心理弹性与应对方式相关研究 [J]. 现代中小学教育, 2013 (1): 79-82.

[401] 张旭东, 马塘生, 李清. 大学生网络成瘾对学业挫折感的影响: 心理生活质量的中介作用 [J]. 心理学探新, 2023 (1).

[402] 张旭东, 庞诗萍. 中小幼教师职业倦怠对心理生活质量的影响: 主观幸福感与人生意义的中介作用 [J]. 心理学探新, 2020, 40 (1): 90-95.

[403] 张旭东, 荀黎明. 大学生心理健康教育实施的五大取向 [J]. 中国青年研究, 2001 (6): 54-56.

[404] 张旭东, 张布和, 孙林. 大学生生命智慧与抗挫素质的相关研究 [J]. 内蒙古民族大学学报, 2008 (2): 69-70.

[405] 张旭东, 张世晶, 肖冬玲. 广东高职生挫折应对方式现状调查研究 [J]. 高教探索, 2012 (6): 125-129.

[406] 张旭东. 对大学生实施抗挫折教育的思考 [J]. 内蒙古民族大学学报 (社会科学版), 2004 (1): 106-112.

[407] 张旭东. 大学生抗挫折心理能力的内涵与指标体系研究. [J]. 肇庆学院报, 2014, 35 (01): 61-66.

[408] 张旭东. 大学生抗挫折心理能力状况调查报告 [M]. 武汉: 武汉大学出版社, 2013.

[409] 张旭东. 大学生生命教育模式研究 [M]. 北京: 中国科学技术出版社, 2008.

[410] 张旭东. 大学生学业挫折感状况调查报告 [M]. 北京: 中国书籍出版社, 2020.

[411] 张旭东. 大学生应付方式解析 [J]. 教育研究, 2008 (1): 60-63.

[412] 张旭东. 当代大学生心理挫折及调适 [M]. 北京: 中国科学技术出版社, 2002.

[413] 张旭东. 对大学生挫折形成原因及应对策略的研究 [J]. 内蒙古师范大学学报 (哲学社会科学版), 2004 (2): 13-18.

[414] 张旭东. 高中生心理弹性状况调查报告 [M]. 武汉: 武汉大学出版社, 2014.

[415] 张尧. 国内外学业情绪研究现状分析 [J]. 黑龙江教育 (理论与实践), 2014 (5): 47-48。

[416] 张晔, 刘勤学, 隆舟等. 大学生特质焦虑与网络成瘾的关系: 一个有调剂的中介模型 [J]. 心理发展与教育, 2016, 32 (6): 745-752.

[417] 张烨君. 积极心理学视域下的心理韧性研究 [J]. 智库时代, 2019 (46): 281-282.

[418] 张玉佳, 李云, 冯佳荷, 等. 宗教信仰与灵性应对、人生意义、心理一致感的关系 [J]. 中国健康心理学杂志, 2019, 27 (6): 936-939.

[419] 张振新, 叶靖春. 大学生挫折感自评量表的编制 [J]. 中国健康心理学杂志, 2011 (8): 956-959.

[420] 章智明. 怎样使别人喜欢你 [M]. 广西人民出版社, 1987.

[421] 赵丹. 中职生成就动机与学业成绩的管理: 自我管理能力的中介作用 [D]. 锦州: 渤海大学硕士学位论文, 2019.

[422] 赵凤青, 俞国良. 日常性学业弹性: 日常学习压力下的积极适应机制 [J]. 心理科学进展 2018, 26 (6): 1054-1062.

[423] 赵静, 严保平. 高中生独生与非独生子女父母教养方式、成就动机的差异 [J]. 中国健康心理学杂志, 2018, 26 (10): 1598-1600.

[424] 赵淑娟, 王卫平, 刘名萍, 等. 团体心理辅导对医学生一般自我效能感影响效果的研究 [J]. 中国健康心理学杂志, 2010, 18 (1): 110~111.

[425] 郑雪. 积极心理学 [M]. 北京: 北京师范大学出版社, 2014.

[426] 钟道汉, 肖文. 压力性生活事件对青少年学业成就的影响: 自我同情和心理弹性的中介作用 [J]. 心理研究, 2020, 13 (1): 82-88.

[427] 周芳. 初中生英语学习挫折的来源分析及对策 [J]. 海外英语, 2018 (8): 27-29.

[428] 周国韬, 盖笑松. 积极心理学与教师心理调适 [M]. 北京: 中国轻工业出版社, 2012.

[429] 周国韬, 戚立夫. 人类行为的控制与调节——班杜拉的自我效能感理论述评 [J]. 现代中小学教育, 1988 (12): 38~44.

[430] 周浩, 龙立荣. 共同方法偏差的统计检验与控制方法 [J]. 心理科学进展, 2004, 12 (6): 942-942+950.

[431] 周天一. 本科层次职业教育学生核心素养培育研究 [J]. 教育与职业, 2022

（5）：80-85.

[432]周妍, 蔡明. 高校大学生积极情绪、心理弹性与挫折承受力的关系[J]. 学术
探索, 2013（7）：149-152.

[433]朱苓苓. 初中生手机依赖、自我控制与学业成绩的关系[D]. 济南：济南大
学硕士学位论文, 2019.

[434]朱美芬. 论大学生学习挫折心理[J]. 南京林业大学学报（人文社会科学
版）, 2002（1）：82-85.

[435]朱其志, 宫佳, 刘传俊, 等. 江苏省513名大学生短信交往行为与焦虑状况相
关研究[J]. 中国健康心理学杂志, 2009（3）：319-322.

[436]朱永新. 朱永新教育文集[M]. 北京：人民教育出版社, 2004.

[437]朱政光, 张大均, 吴佳禾, 等. 心理素质与学业倦怠的关系：自尊的中介作用
[J]. 西南大学学报（自然科学版）, 2018, 40（10）：58-64.

[438]祖静, 张向葵, 左恩玲, 等. 大学生自尊与手机依赖的关系：应对方式的多重
中介作用[J]. 中国特殊教育, 2016（10）：85-90

[439]祖静. 手机依赖大学生抑制控制和情绪加工特点及其干预研究[D]. 长春：
东北师范大学, 2017.

参考文献（英文部分）

［1］A Ellis. Humanistic psychotherapy. The institute for ration living, Inc, 1973.

［2］Abdollahi A, Noltemeyer A. Academic hardiness: Mediator between sense of belonging to school and academic achievement?［J］. The Journal of Educational Research, 2018, 111（3）: 345-351.

［3］AkIn, A. The relationships between Internet addiction, subjective vitality, and subjective happiness［J］. Cyberpsychology, Behavior, and Social Networking, 2012, 15（8）: 404-410.

［4］Antonovsky A. Health, Stress, and Coping［J］. New Perspectives on Mental & Physical Well Being, 1979.

［5］Block, J, & Kremen, A M . Iq and ego-resiliency: conceptual and empirical connections and separateness. Journal of Personality & Social Psychology, 1996, 70（2）: 349-361.

［6］Boer D, Fischer R. How and when do personal values guide our attitudes and sociality? Explaining cross-cultural variability in attitude–value linkages［J］. Psychological bulletin, 2013, 139（5）: 1113.

［7］Bradshaw, C P. , O' Brennan, L. M. , & McNeely, C. A. Core competencies and the prevention of school failure and early school leaving. In N. G. Guerra & C. P. Bradshaw（Eds. ）, Core competencies to prevent problem behaviors and promote positive youth development: New Directions for Child and Adolescent Development, 2008, 122: 19–32.

［8］Cai J, Qin H, Sun H. W. Stress, social support and mental health of clinical nurses［J］. China Journal of Health Psychology, 2016, 24:189-193.

[9] Cazan A M. Learning motivation, engagement and burnout among university students [J]. Procedia-Social and Behavioral Sciences, 2015, 187: 413-417.

[10] Clifford, M. M. , A. Kim, and B. A. McDonald. "Responses to Failure as Influenced by Task Attribution, Outcome Attribution, and Failure Tolerance," *Journal of Experimental Education, 1989*, 12: 19–37.

[11] Cohen S, Wills T. A. Stress, social support and the buffering hypothesis [J]. Personality and Social Psychology Bulletin, 1985, 98: 310-357.

[12] Feldman D B, Snyder C R. Hope and the meaningful life: Theoretical and empirical associations between goal–directed thinking and life meaning [J]. Journal of Social and clinical Psychology, 2005, 24 (3): 401-421.

[13] Frankl, V. E. Man's Search for Meaning. New York: Washington Square Press, 1963.

[14] Fredrickson, & B. , L. . The broaden-and-build theory of positive emotions [J]. Philosophical Transactions of The Royal Society B Biological ences, 2004, 359: 1367-1378.

[15] Fredriekson Barbara L. What Good Are Positive Emotions? [J]. Review of General Psychology, 1998, 2 (3): 1300-319.

[16] Garmezy N, Masten A S, Tellenge A. The study of stress and competence in children: a building block for developmentpsychology [J]. Child Development, 1984, 55 (1): 97-111.

[17] Guerra N G , Bradshaw C P. Linking the prevention of problem behaviors and positive youth development: Core competencies for positive youth development and risk prevention. New Directions for Child & Adolescent Development, 2008, 122: 1-17.

[18] Harrington N. Dimensions of frustration intolerance and their relationship to self-control problems [J]. Journal of rational-emotive and cognitive-behavior therapy, 2005, 23 (1): 1-20.

[19] Harrower M. The Stress Tolerance Test. J Pers Assess, 1986, 50 (3): 417-427.

[20] Haugan G. Meaning-in-life in nursing-home patients: A correlate with

physical and emotional symptoms [J]. Journal of Clinical Nursing, 2014, 23 (7-8): 1030-1043.

[21] Hayes, A. F. PROCESS: A versatile computational tool for observed variable mediation, moderation, and conditional process modeling. *Retrieved from http://www. afhayes. com/public/ proces*, 2012.

[22] Hobfoll S E. Conservation of Resources: A New Attempt at Conceptualizing Stress [J]. American Psychologist, 1989, 44 (3): 513—524.

[23] Hoi Kwan Ning, Kevin Downing. The reciprocal relationship between motivation and self-regulation: A longitudinal study on academic performance [J]. Learning and Indi- vidual Differences, 2010, 20 (6): 682-686.

[24] Hwang, J. , Choi, J. S. , Gwak, A. , Jung, D. , Choi, S. W. , & Lee, J. , et al. Shared psychological characteristics that are linked to aggression between patients with internet addiction and those with alcohol dependence [J]. Annals of General Psychiatry, 2014, 13 (1): 6.

[25] Kuhl J. Volitional aspects of achievement motivation and learned helplessness: Toward amodesty [J]. J Soc Clin Psychol, 1984 (5): 628-634.

[26] Kumpfer, K. L. Factors and processes contributing to resilience:The resilience framework. In M. D. Glantz & J. L. Johnson （Eds. ）, Resiliency and development: Positive life adaptations. New York: Kluwer Academic, 1999: 179-224.

[27] Lazarus, R. S. Coping theory and research: past, present, and future. *Psychosomatic Medicine*, 1998 55 (3): 234-247.

[28] Le, H. Motivational and skills, Social, and Self-Management Predictors of College Outcomes: Construciting the Student Readiness Inventory [J]. Educational and Psychological Measurement, 2005, 65 (3): 482-508.

[29] Lin Jing, T Wuei. Relationship among Copying Styles, Perceived Social Support and Positive Psychological Quality of College Students [J]. China Journal of Health Psychology. 2015, 23 (2): 225-228.

[30] Mai Y, Hu J, Yan Z, et al. Structure and function of maladaptive cognitions

in Pathological Internet Use among Chinese adolescents [J]. Computers in Human Behavior, 2012, 28 (6): 2376-2386.

[31] Mandeep Kaur, Gurpinder Kaur. Academic stress in relation to emotional stability of adolescent students [J]. International Journal in Management & Social Science, 2016, 4 (5).

[32] Mandleco, B. L, & Peery, J. C. An organizational framework for conceptualizing resilience in children. Journal of Child and Adolescent Psychiatric Nursing, 2000, 13: 99-111.

[33] Marsh H. W., Balla J. Goodness-of-fit indices in confirmatory factor analysis: The effect of sample size and model parsimony [J]. Quality & Quantity, 1994, 28 (2): 185-217.

[34] Marsh, H. W., Muthén, B., Asparouhov, T., Lüdtke, O., Robitzsch, A., Morin, A. J. S., & Trautwein, U. Exploratory structural equation modeling, integrating CFA and EFA: Application to Students' Evaluations of University Teaching [J]. Structural Equation Modeling, 2009, 16: 439-476.

[35] Marsh, H. W., Morin, A. J., Parker, P. D., & Kaur, G. Exploratory structural equation modeling: An integration of the best features of exploratory and confirmatory factor analysis [J]. Annual Review of Clinical Psychology, 2014, 10: 85-110.

[36] Masten, A. S. Resilience in Individual development: successful adaptation despite risk and adversity [J]. Educational Resilience in Inner-city American, 1994 (8): 231-242.

[37] Matud, M. P. Gender differences in stress and coping styles. *Personality and Individual Differences*, 2004, 37 (7): 1401-1415.

[38] Melton A M A, Schulenberg S E. On the relationship between meaning in life and boredom proneness: Examining a logotherapy postulate [J]. Psychological reports, 2007, 101 (3): 1016-1022.

[39] Neff K D, Hsieh Y P, Dejitterat K. Self-compassion, achievement goals, and coping with academic failure [J]. Self and identity, 2005, 4 (3): 263-287.

[40] Owens G P, Steger M F, Whitesell A A, et al. Posttraumatic stress disorder, guilt, depression, and meaning in life among military veterans [J]. Journal of Traumatic Stress, 2009, 22 (6): 654-657.

[41] Ozbay F, Fitterling H, Charney D, et al. Social support and resilience to stress across the life span: aneurobiologic framework [J]. Current Psychiatry Report, 2008, 10 (4): 304-310.

[42] Park L E, Crocker J, Kiefer A K. Contingencies of Self-Worth, Academic Failure, and Goal Pursuit [J]. Personality and Social Psychology Bulletin, 2007, 33 (11): 1503-1517.

[43] Park N, Peterson C, Seligman MEP Park H, Choi E. Smartphone Addiction and Depression: The Mediating Effects of Self-esteem and Resilience among Middle School Students [J]. Journal of Korean Academy of Community Health Nursing, 2017, 28 (3).

[44] Peddycord-Liu, Z. , Pataranutaporn, V. , Ocumpaugh, J. , & Baker, R. . Sequences of Frustration and Confusion, and Learning. *International Conference on Educational Data Mining*, 2013.

[45] Pekrun R, et al. Academic Emotions in Students' Self-Regulated Learning and Achievement: A Program of Qualitative and Quantitative Research. Educational Psychologist, 2002, 37 (2): 91-105.

[46] Perrewe P L, Hochwarter W A, Kiewitz C. Value attainment: An explanation for the negative effects of work–family conflict on job and life satisfaction [J]. Journal of occupational health psychology, 1999, 4 (4): 318.

[47] Perry, R. P. , Hladkyj, S. , Pekrun, R. H. , Clifton, R. A. , & Chipperfield, J. G. . Perceived academic control and failure in college students: a three-year study of scholastic attainment. *Research in Higher Education*, 2005, 46 (5): 535-569.

[48] Petersen I, Louw J, Dumont K. Adjustment to university and academic performance among disadvantaged students in South Africa [J]. Educational psychology, 2009, 29 (1): 99-115.

［49］Podsakoff, P. M. , Mackenzie, S. B. , Lee, J. Y. , & Podsakoff, N. P. . Common method biases in behavioral research: a critical review of the literature and recommended remedies. J Appl Psychol, 2003, 88 (5): 879-903.

［50］Richardson G. E. The metatheory of resilience and resiliency［J］. Journal of Clinical Psychology, 2002, 58 (3): 307-321.

［51］Schmeer K K, Teachman J. Changing Sibship Size and Educational Progress during Childhood: Evidence from the Philippines［J］. Journal of Marriage and Family, 2009, 71 (3): 787–801.

［52］Sin, N. L. , & Lyubomirsky, S. （2009）. Enhancing well-being and alleviating depressive symptoms with positive psychology interventions: A practice-friendly meta-analysis. Journal of Clinical Psychology, 65 (5), 467–487.

［53］Sk Rahed Razzak. A study of frustration and its effect on academic achievement of senior secondary students of Aligarh district［J］. International Journal of Research in Social Sciences, 2018, 8 (11).

［54］Smahel, David, Brown, B. Bradford, Blinka, Lukas. Associations between online friendship and Internet addiction among adolescents and emerging adults［J］. Developmental Psychology, 2012, 48 (2): 381-388.

［55］Snyder, Charles R. , and Shane J. Lopez, eds. Handbook of positive psychology［M］. Oxford university press, 2001: 679–687.

［56］Stoeber J, Childs J H, Hayward J A, et al. Passion and motivation for studying: predicting academic engagement and burnout in university students ［J］. Educational Psychology, 2011, 31 (4): 513-528.

［57］Tangney J P, Baumeister R F, Boone A L . High self-control predicts good adjustment, less pathology, better grades and interpersonal success［J］. Journal of Personality, 2004, 70 (2): 271-234.

［58］Tugade, M. M. , & Fredrickson, B. L . Resilient individuals use positive emotionsto bounce back from negative emotional experiences［J］. Journalof

Personality andSocial Psychology, 2004, 86（2）: 320-333.

[59] Walsh, F. Strengthening family resilience [M]. New York: Guilford Press, 1998.

[60] Wang M. T. & Degol J. L. School climate: A review of the construct, measurement, and impact on student outcomes [J]. Educational Psychology Review, 2016, 28（2）: 315—352.

[61] Yen C, Tang T, Yen J, et al. Symptoms of problematic cellular phone use, functional impairment and its association with depression among adolescents in Southern Taiwan [J]. Journal of Adolescence, 2009, 32（4）: 863-873.

附件　自编问卷调查表

附件1　青年学生学业挫折感问卷

本研究采用付媛姝、张旭东等人（2022）编制的"青年学生学业挫折感问卷"作为调查工具，该问卷共有41道题目，包含六个维度，分别是学习动机挫折感维度（13个条目）、学习环境挫折感维度（7个条目）、考试挫折感维度（5个条目）、学习压力挫折感维度（6个条目）、学习适应挫折感维度（6个条目）、学习自信心挫折感维度（4个条目）。该问卷的内部一致性信度为0.854~0.946之间，克隆巴赫α系数为0.970，重测信度为0.778。问卷采用Likert式5点记分的方法，"1"表示完全不符合，抗挫折心理能力很弱，以此类推，"5"表示完全符合，得分越高，说明学业挫折感越强。

　　指导语：您好。这是一份关于大学生学习状态的调查问卷。下面是一些描述学习活动中可能有的项目，请您对照每一个项目，在最符合自己实际情况的项目上打"√"。本次调查旨在为教师提高教学效果、大学生减少学业挫折感提供参考，请您如实填写，认真作答。非常感谢您的支持与帮助！

　　　　　　①完全不符合；②不太符合；③不肯定；④比较符合；⑤完全符合

1. 因缺乏学习的主动性而焦虑。　　　　　　　　　①—②—③—④—⑤
2. 因无节制地荒废时光而焦虑。　　　　　　　　　①—②—③—④—⑤
3. 为没有主动地预习、听课与复习的动力而苦恼。　①—②—③—④—⑤
4. 对学习缺乏积极学习情绪而苦恼。　　　　　　　①—②—③—④—⑤
5. 为学习时总不能集中注意而焦虑。　　　　　　　①—②—③—④—⑤
6. 为总不能专注于学习而苦恼。　　　　　　　　　①—②—③—④—⑤
7. 因难以静下心学习感到焦虑。　　　　　　　　　①—②—③—④—⑤
8. 为对待作业常常应付了事而担忧。　　　　　　　①—②—③—④—⑤

9. 因没有明确的时间观念、导致拖延症而苦恼。　①—②—③—④—⑤

10. 因在学习时容易心浮气躁而焦虑。　①—②—③—④—⑤

11. 一学习就容易走神而心烦。　①—②—③—④—⑤

12. 学习时间没有保障、没能坚持不懈地学习感到懊悔。　①—②—③—④—⑤

13. 为上了大学不努力学习、自由散漫而焦虑。　①—②—③—④—⑤

14. 为教学手段落后而无奈。　①—②—③—④—⑤

15. 因教学方法呆板导致学生无表现机会而焦虑。　①—②—③—④—⑤

16. 因学校的设备不够完善影响学习感到焦虑。　①—②—③—④—⑤

17. 因师生关系不良影响学习而无奈。　①—②—③—④—⑤

18. 因教室环境不好影响学习感到忧虑。　①—②—③—④—⑤

19. 学校学习氛围差难以致力于学习而苦恼。　①—②—③—④—⑤

20. 学校不够重视学习感到无奈。　①—②—③—④—⑤

21. 因死记硬背导致临考束手无措感到焦虑。　①—②—③—④—⑤

22. 因临时抱佛脚导致考试失利而懊悔。　①—②—③—④—⑤

23. 过多考虑考试结果而苦恼。　①—②—③—④—⑤

24. 考试成绩低于自己的期望值感到苦恼。　①—②—③—④—⑤

25. 为自己的学习成绩担忧。　①—②—③—④—⑤

26. 为学习时经常头昏脑涨而感到焦虑。　①—②—③—④—⑤

27. 学习任务重让人心烦。　①—②—③—④—⑤

28. 总觉得学习是件难事感到焦虑。　①—②—③—④—⑤

29. 学习对我来说是负担而焦虑。　①—②—③—④—⑤

30. 运气不好，会的全没考、不会的都考了而无奈。　①—②—③—④—⑤

31. 因学习压力大而感到紧张焦虑。　①—②—③—④—⑤

32. 因抗拒学习而自责。　①—②—③—④—⑤

33. 没有适应大学的学习方法导致成绩落后感到苦恼。　①—②—③—④—⑤

34. 不适应大学学习环境而感到焦虑。　①—②—③—④—⑤

35. 因为理解困难影响学业成绩而感到苦恼。　①—②—③—④—⑤

36. 因不适应大学教学、考试模式感到焦虑。　①—②—③—④—⑤

37. 学习使我苦恼。　①—②—③—④—⑤

38.就业形势严峻导致学习压力大感到焦虑。 ①—②—③—④—⑤

39.有时我会因为学习成绩不好很痛苦。 ①—②—③—④—⑤

40.因对未来没有信心而苦恼。 ①—②—③—④—⑤

41.因怕学不如人而焦虑。 ①—②—③—④—⑤

附件2 青年学生核心素养问卷

采用张旭东等人（待发表）根据林崇德《构建中国化的学生发展核心素养》一文（林崇德，2017）的理论构想编制的"青年学生核心素养问卷"，共有43个条目、9个维度，分别是人文积淀、审美情趣、理性思维、乐学善学、勤于反思、自我管理、国家认同、国家理解以及问题解决。经过检验，该问卷的内部一致性较高，克隆巴赫α系数为0.925，重测信度为0.757。记分方式为Likert式5点记分，"1"表示"很不符合"，"5"表示"很符合"，从"1"到"5"项目与被试的相符程度依次增强，即得分越高，核心素养越好。

指导语：请您认真阅读每一项，选择与您平时实际情况最符合或接近的答案，画上"√"。希望您能反映自己的真实想法，不要放过每一项，可以吗？非常感谢您的支持与帮助！

①很不符合；②较不符合；③不确定；④较符合；⑤很符合

1.我能理解和掌握人文思想中所蕴含的认识方法和实践方法。

①—②—③—④—⑤

2.我具有国家意识，了解国情历史。 ①—②—③—④—⑤

3.我具有一定的古今中外人文领域的基本知识积累。 ①—②—③—④—⑤

4.我拥有艺术知识、技能与方法的积累。 ①—②—③—④—⑤

5.我具有发现、感知、欣赏、评价美的意识和基本能力。①—②—③—④—⑤

6.我拥有艺术表达和创意表现的兴趣和意识。 ①—②—③—④—⑤

7.我能在生活中拓展和升华美。 ①—②—③—④—⑤

8.我具有好奇心和想象力。 ①—②—③—④—⑤

9.我有实证意识和严谨的求知态度、逻辑清晰。 ①—②—③—④—⑤

10.我能运用科学的思维方式认识事物、解决问题、指导行为。

①—②—③—④—⑤

11.我具有基于证据和逻辑推理的思维方式。　　　①—②—③—④—⑤

12.我认为应该以证据意识和逻辑能力为着力点。　①—②—③—④—⑤

13.我认为一个结论是否是真理只能拿证据和逻辑说话。①—②—③—④—⑤

14.我有问题意识。　　　　　　　　　　　　　　①—②—③—④—⑤

15.不管是在课堂上或是自学，我都喜爱学习新事物。①—②—③—④—⑤

16.我喜爱上学、阅读、参观博物馆和任何有学习机会的地方。

①—②—③—④—⑤

17.我认同"行成于思毁于随"这句话。　　　　　①—②—③—④—⑤

18.我认同"真知灼见首先来自多思善疑"这句话。①—②—③—④—⑤

19.我认为，思考是人类最大的乐趣之一。　　　　①—②—③—④—⑤

20.我认为，把时间用在思考上是最能节省时间的事情。①—②—③—④—⑤

21.我已养成良好的学习习惯。　　　　　　　　　①—②—③—④—⑤

22.我已掌握了适合自身的学习方法。　　　　　　①—②—③—④—⑤

23.我已养成健康文明的行为习惯和生活方式。　　①—②—③—④—⑤

24.我能够合理分配和使用时间与精力。　　　　　①—②—③—④—⑤

25.我具有达成目标的持续行动力。　　　　　　　①—②—③—④—⑤

26.我是个自律的人，自觉地规范自己的感觉与行为。①—②—③—④—⑤

27.我已养成良好的劳动习惯。　　　　　　　　　①—②—③—④—⑤

28.我热心公益和志愿服务、敬业奉献。　　　　　①—②—③—④—⑤

29.我能传播弘扬中华优秀传统文化和社会主义先进文化。

①—②—③—④—⑤

30.我始终拥有热爱党、拥护党的意识和行动。　　①—②—③—④—⑤

31.我能够理解、接受并自觉践行社会主义核心价值观。①—②—③—④—⑤

32.我坚定中国特色社会主义共同理想。　　　　　①—②—③—④—⑤

33.我拥有为实现"中国梦"而不懈奋斗的信念和行动。①—②—③—④—⑤

34.我了解人类文明进程和世界发展动态。　　　　①—②—③—④—⑤

35.我能够积极参与跨文化交流。　　　　　　　　①—②—③—④—⑤

36.我始终关注人类面临的全球性挑战。　　①—②—③—④—⑤

37.我理解人类命运共同体的内涵与价值。　　①—②—③—④—⑤

38.我能够理解技术与人类文明的有机联系。　①—②—③—④—⑤

39.我会将体力与脑力劳动融合，实现社会与个人发展的统一。

　　　　　　　　　　　　　　　　　　　　①—②—③—④—⑤

40.我善于发现和提出问题，有解决问题的兴趣和热情。①—②—③—④—⑤

41.我能依据特定情境并选择制订合理的解决方案。①—②—③—④—⑤

42.我拥有在复杂环境中行动的能力。　　　　①—②—③—④—⑤

43.在分析问题的基础上，我会提出解决该问题的假设。①—②—③—④—⑤

附件3　大学生抗挫折心理能力问卷

　　本研究采用张旭东等人编制（待发表）的"抗挫折心理能力问卷"：该问卷共48道题，包括10个维度，分别为挫折容忍力、挫折复原力、挫折经验、生涯规划能力、信心、人际交往能力、挫折认知水平、意志品质、心理准备、归因能力。问卷内在的一致性信度Cronbach's α系数在0.427～0.945之间，复测相关系数在0.447～0.724之间，说明该问卷具有较好的信度；以"自杀意念自评量表"（SIOSS）作为效标，得出"抗挫折心理能力与自杀意念之间呈非常显著的负相关"的结论，即抗挫折心理能力越强则自杀意念越弱，相反亦如此，说明该问卷具有较好的效度。问卷采用Likert式5点计分的方法，1表示"很不符合"，抗挫折心理能力很弱，以此类推，5表示"很符合"，抗挫折心理能力很强；得分越高，表明抗挫折心理能力越强。

　　指导语：请您认真阅读每一项，选择与您平时实际情况最符合或接近的答案，画上"√"。本问卷以不记名方式填写，您所填写的内容将得到严格保密，请不要有所顾虑。希望您能反映自己的真实情况，不要放过每一道题，可以吗？非常感谢您的支持与帮助！

①很不符合；②较不符合；③不确定；④较符合；⑤很符合

1. 我能够承受更多次失败和挫折的打击。　　　　　　　①—②—③—④—⑤

2. 即便多次失败，我也不放弃再尝试的机会。　　　　　①—②—③—④—⑤

3. 我遭遇过很多次大大小小的挫折。　　　　　　　　　①—②—③—④—⑤

4. 我已为自己设计了未来五年的具体计划。　　　　　　①—②—③—④—⑤

5. 我已为自己余下的大学时光做了较好的安排。　　　　①—②—③—④—⑤

6. 我认为自己一定会成为对家庭有用的人。　　　　　　①—②—③—④—⑤

7. 我认为自己一定会成为对社会有用的人。　　　　　　①—②—③—④—⑤

8. 在挫折面前我不会过分紧张，没有强烈的情绪困扰。　①—②—③—④—⑤

9. 即使在遭受较大失败时，我依旧乐观。　　　　　　　①—②—③—④—⑤

10. 我喜欢做一些别人不敢做的事情。　　　　　　　　①—②—③—④—⑤

11. 我不易心灰意冷。　　　　　　　　　　　　　　　①—②—③—④—⑤

12. 在日常生活中，我会做到依据自己的信念而生活。　①—②—③—④—⑤

13. 遇到挫折能够冷静对待，对待挫折能够保持一颗平常心。

　　　　　　　　　　　　　　　　　　　　　　　①—②—③—④—⑤

14. 我生活在快乐和温暖的班集体里。　　　　　　　　①—②—③—④—⑤

15. 当我遇到烦恼时，我会求助家人、亲友或组织。　　①—②—③—④—⑤

16. 我至少有三个关系密切的朋友。　　　　　　　　　①—②—③—④—⑤

17. 大多数同学都很关心我。　　　　　　　　　　　　①—②—③—④—⑤

18. 我一直能得到家里人的支持。　　　　　　　　　　①—②—③—④—⑤

19. 我知道"失败乃成功之母"。　　　　　　　　　　①—②—③—④—⑤

20. 我深知："不经历风雨，怎能见彩虹？"　　　　　①—②—③—④—⑤

21. 每个人都会遭遇许多挫折。　　　　　　　　　　　①—②—③—④—⑤

22. 我算是个阅历丰富，有过成败、苦乐等生活体验的人。

　　　　　　　　　　　　　　　　　　　　　　　①—②—③—④—⑤

23. 我富有摆脱烦恼的经验和方法。　　　　　　　　　①—②—③—④—⑤

24. 我知道如何应对挫折。　　　　　　　　　　　　　①—②—③—④—⑤

25. 偶尔做个败北者，我也能坦然接受。　　　　　　　①—②—③—④—⑤

26. 我有"从哪里跌倒就从哪里爬起来"的信念。　　　①—②—③—④—⑤

27. 我不会因一时受挫折而自暴自弃。　　①—②—③—④—⑤

28. 大部分时间我对未来都充满信心。　　①—②—③—④—⑤

29. 即使在困难时，我还是相信困难终将过去。　①—②—③—④—⑤

30. 只要我继续努力，我一定会得到应有的报偿。　①—②—③—④—⑤

31. 良好的人际关系使我增强战胜挫折的信心。　①—②—③—④—⑤

32. 在遇到危急的时刻，我会很镇静。　　①—②—③—④—⑤

33. 对于新规定的颁布，我认为很自然。　　①—②—③—④—⑤

34. 如果遇到劫匪，我会坦然处之。　　①—②—③—④—⑤

35. 每当我心情好的时候，我就容易成功。　　①—②—③—④—⑤

36. 我一直在努力，所以我能获得成功。　　①—②—③—④—⑤

37. 每当我勤奋学习的时候，成绩也随之而提高。　①—②—③—④—⑤

38. 我认为：谋事在人，成事也在人。　　①—②—③—④—⑤

39. 我会放下思想包袱，做一些娱乐活动。　　①—②—③—④—⑤

40. 我常告诫自己"退一步海阔天空"。　　①—②—③—④—⑤

41. 我会调整心情，尽快摆脱失败的阴影。　　①—②—③—④—⑤

42. 我会努力改变心态，促使情况向好转变。　①—②—③—④—⑤

43. 我会尽快排解自己的不良情绪。　　①—②—③—④—⑤

44. 我相信自己有战胜困难的能力。　　①—②—③—④—⑤

45. 我相信明天会更美好。　　①—②—③—④—⑤

46. 我会换一种新的姿态，再重新开始。　　①—②—③—④—⑤

47. 我会多向好的方面想，看开些。　　①—②—③—④—⑤

48. 我会改变自己原来的一些不实际的想法或做法。　①—②—③—④—⑤

附件4　大学生应对方式问卷

　　该问卷由张旭东等人编制（待发表），共71道题，包括13个因子，分成三个维度。调整心态、调节情绪、调整心态和总结经验4个因子构成了积极的应付方式即"心理调节机制"的维度，主要反映了大学生在遭遇挫折感时所采用的积极主动的自我心理调节措施。压抑、推诿、否认、合理化、幻想、退缩6个因子则构成了消极的应对方式即"自我防御机制"的维度，主要反映了大学生在面对压力时产生的一种自我保护性适应方式。转移、宣泄、倾诉求助3个因子构成了中间型应付方式即"外部疏导机制"的维度，是大学生在面对心理压力时通过将注意力转向外部，借助外部手段减少压力的行为方式的反映。问卷各维度题目的Cronbach's α系数在0.61～0.91之间，复测信度系数在0.469～0.729之间；以大学生的心理症状总分作为应对方式效果的预测指标，考察应对方式与心理症状自评总分的关系，结果显示，大学生应对方式与心理症状自评总分之间有密切的关系，说明该问卷有较好的预测效度。问卷采用Likert式5点记分的方法。

指导语：下列条目是人们在日常生活或学习中遇到挫折与失败时，可能采取的态度和做出的反应。请判断下列陈述是否符合您的情况，在相应的选项位置打"√"（对号）。

"当您在学习与生活中遇到了失败或挫折，您会……"

①从不如此；②很少如此；③有时如此；④经常如此；⑤总是如此

1. 给亲人打电话诉说。　　　　　　　　　　①—②—③—④—⑤

2. 跟要好的朋友谈心。　　　　　　　　　　①—②—③—④—⑤

3. 从家人那里寻求安慰。　　　　　　　　　①—②—③—④—⑤

4. 与关系密切的同学交谈。　　　　　　　　①—②—③—④—⑤

5. 找老师或有经验的人帮自己想办法。　　　①—②—③—④—⑤

6. 与有相同经历的人共同探讨。　　　　　　①—②—③—④—⑤

7. 给远方的好朋友写信。　　　　　　　　　①—②—③—④—⑤

8. 到网上找朋友倾诉。　　　　　　　　　　①—②—③—④—⑤

9. 相信某种宗教，祈求神灵保佑。　　　　　①—②—③—④—⑤

10.用酒精麻醉自己，借酒消愁。　　　　　　①—②—③—④—⑤

11.逛街、买东西或大吃一顿来发泄。　　　　①—②—③—④—⑤

12.泡网吧聊天或找人打游戏以摆脱这些事。　①—②—③—④—⑤

13.躲在无人处独自伤感，默默流泪。　　　　①—②—③—④—⑤

14.放下思想包袱，做一些娱乐活动。　　　　①—②—③—④—⑤

15.把注意力转移到一些轻松的事情上。 ①—②—③—④—⑤

16.看场轻松的电影或录像来放松自己。 ①—②—③—④—⑤

17.给自己放假，暂时把问题（烦恼）抛开。 ①—②—③—④—⑤

18.旅游、登山或参加文体活动，找些开心的事来做。 ①—②—③—④—⑤

19.总能为自己的失败找到合适的理由。 ①—②—③—④—⑤

20.不太相信自己遭受了失败。 ①—②—③—④—⑤

21.不去想自己已经失败了。 ①—②—③—④—⑤

22.事情陷入僵局时，常常拒绝承认失败。 ①—②—③—④—⑤

23.把失败的原因归结于他人。 ①—②—③—④—⑤

24.认为挫折的原因在于外界，与自己无关。 ①—②—③—④—⑤

25.认为挫折是命运造成的，自身无能为力。 ①—②—③—④—⑤

26.失败后总是埋怨别人，不愿从自身找原因。 ①—②—③—④—⑤

27.遭受挫折后，常对人表现出敌对情绪。 ①—②—③—④—⑤

28.向别人出气，把火气发到他人身上。 ①—②—③—④—⑤

29.失去对自我的控制力，大喊大叫。 ①—②—③—④—⑤

30.不允许他人谈及是自己做错了。 ①—②—③—④—⑤

31.常希望失败的不是自己该多好。 ①—②—③—④—⑤

32.常希望自己已经解决了难题该多好。 ①—②—③—④—⑤

33.常想兴许会发生某种奇迹改变现状。 ①—②—③—④—⑤

34.总觉得自己是对的，自己不会错。 ①—②—③—④—⑤

35.往往采取沉默的态度。 ①—②—③—④—⑤

36.尽量压抑自己的情绪而不表现出来。 ①—②—③—④—⑤

37.不轻易向人透露遭受的失败。 ①—②—③—④—⑤

38.常认为没有必要那么费力去争取成败。 ①—②—③—④—⑤

39.认为"人生经历就是磨难构成的"。 ①—②—③—④—⑤

40.告诉自己失败有时在所难免。 ①—②—③—④—⑤

41.不求有功，但求无过。 ①—②—③—④—⑤

42.常告诫自己"退后一步自然宽"。 ①—②—③—④—⑤

43.自我安慰，"吃不着葡萄说葡萄酸"。 ①—②—③—④—⑤

44.一切顺其自然，听天由命。 ①—②—③—④—⑤

45.尽量乐观地面对失败，保持良好的情绪。 ①—②—③—④—⑤

46.调节自己的情绪达到最佳状态。 ①—②—③—④—⑤

47.调整心情，尽快摆脱失败的阴影。 ①—②—③—④—⑤

48.努力改变自己的心态，使情况向好的方面发展。 ①—②—③—④—⑤

49.尽快排解自己的不良情绪。 ①—②—③—④—⑤

50.认真总结经验，避免以后再犯类似的错误。 ①—②—③—④—⑤

51.借鉴别人处理类似问题的经验。 ①—②—③—④—⑤

52.事后仔细分析失败的各种原因。 ①—②—③—④—⑤

53.取人之长，补己之短。 ①—②—③—④—⑤

54.能从失败和挫折中吸取教训。 ①—②—③—④—⑤

55.回顾过去的优秀成绩，为自己鼓劲儿。 ①—②—③—④—⑤

56.相信自己有战胜困难的能力。 ①—②—③—④—⑤

57.对自己说没什么大不了的。 ①—②—③—④—⑤

58.相信自己的路应该自己来走。 ①—②—③—④—⑤

59.相信明天会更美好。 ①—②—③—④—⑤

60.鼓励自己"失败乃成功之母"。 ①—②—③—④—⑤

61.正视失败，从哪里跌倒就从哪里爬起来。 ①—②—③—④—⑤

62.走自己的路让别人说去吧。 ①—②—③—④—⑤

63.冷静面对，挑战失败。 ①—②—③—④—⑤

64.相信挫折只是一种锻炼。 ①—②—③—④—⑤

65.想象最坏的结果后，再做打算。 ①—②—③—④—⑤

66.换一种新的姿态，再重新开始。 ①—②—③—④—⑤

67.强迫自己尽量将过去的不愉快忘掉。 ①—②—③—④—⑤

68.多向好的方面想，看开些。 ①—②—③—④—⑤

69.改变自己原来的一些不实际的想法或做法。 ①—②—③—④—⑤

70.降低自己不切实际的期望。 ①—②—③—④—⑤

71.常能看到坏事中也有好的一方面。 ①—②—③—④—⑤

附件5　大学生积极心理品质问卷

依据Martin E.P.Seligman等人的相关理论，张旭东等人编制了（待发表）"积极心理品质问卷"。该问卷共有52个条目，包括六大维度和17个积极品质：（1）智慧维度（创造力、好奇心、洞察力，9个条目）；（2）勇气维度（真诚、勇敢、坚持，10个条目）；（3）人性维度（社会智商、爱、善良，8个条目）；（4）公正维度（合作力、领导力，9个条目）；（5）节制维度（持重、谦虚、宽容，7个条目）；（6）超越维度（幽默、感恩、审美，9个条目）。量表内部一致性信度在0.656~0.922之间，采用Likert式5点正向计分的方法，"1"表示"很不符合"，"5"表示"很符合"，得分越高，表示积极心理品质越好。

指导语：请您认真阅读每一项，选择与您平时实际情况最符合或接近的答案，画上"√"。希望您能反映自己的真实情况，不要放过每一项，可以吗？非常感谢您的支持与帮助！

①很不符合；②较不符合；③不确定；④较符合；⑤很符合

1. 我常有新的主意和想法。　　　　　　　　　　①—②—③—④—⑤

2. 我喜欢创造新异的东西。　　　　　　　　　　①—②—③—④—⑤

3. 我认为自己很有创造力。　　　　　　　　　　①—②—③—④—⑤

4. 我知道什么事情是重要的。　　　　　　　　　①—②—③—④—⑤

5. 我一般都了解自己的感受和这种感受产生的原因。①—②—③—④—⑤

6. 我很少做出错误的选择。　　　　　　　　　　①—②—③—④—⑤

7. 我对事情的来龙去脉感到好奇。　　　　　　　①—②—③—④—⑤

8. 我对许多事情，总是有许多的疑问。　　　　　①—②—③—④—⑤

9. 我对不熟悉的人、地方或事物总是感到好奇。　①—②—③—④—⑤

10. 我不会为了摆脱麻烦而说谎。　　　　　　　①—②—③—④—⑤

11. 即使会惹上麻烦，我也要说实话。　　　　　①—②—③—④—⑤

12. 我会实事求是地说话，不会经常找借口。　　①—②—③—④—⑤

13. 别人都相信我说的是真话。　　　　　　　　　①—②—③—④—⑤

14. 当有人欺负别人时，我会告诉这个人这样做是不对的。

　　　　　　　　　　　　　　　　　　　　　　①—②—③—④—⑤

15. 当看到有人被欺负时，我会伸出援手。　　　　①—②—③—④—⑤

16. 我敢于对付那些欺负别人的人。　　　　　　　①—②—③—④—⑤

17. 我会坚持做功课，直到做完为止。　　　　　　①—②—③—④—⑤

18. 如果任务太困难，我也不会放弃。　　　　　　①—②—③—④—⑤

19. 即使我不想完成，该完成的工作我还是会完成。①—②—③—④—⑤

20. 我知道应该怎么做才能避免与别人发生矛盾。　①—②—③—④—⑤

21. 我不用问也能知道别人需要什么。　　　　　　①—②—③—④—⑤

22. 对那些伤害过我的人，我也不愿意看到他们过得不好。

　　　　　　　　　　　　　　　　　　　　　　①—②—③—④—⑤

23. 我会与朋友或家人分享自己的感受。　　　　　①—②—③—④—⑤

24. 我经常对我的朋友和家人说我爱他们。　　　　①—②—③—④—⑤

25. 当知道有人生病或遭遇困境时，我会为他们担心。①—②—③—④—⑤

26. 即使很忙，我也不会停止帮助那些需要帮助的人。①—②—③—④—⑤

27. 有人遇到困难时，我会尽最大的努力去帮助。　①—②—③—④—⑤

28. 我认为每个人的意见都同样重要。　　　　　　①—②—③—④—⑤

29. 做决定时，我会听取其他成员的意见。　　　　①—②—③—④—⑤

30. 如果团队没采纳我的想法，我也仍能和团队继续合作。

　　　　　　　　　　　　　　　　　　　　　　①—②—③—④—⑤

31. 即使我的团队要失败了，我仍会以积极的态度坚持比赛。

　　　　　　　　　　　　　　　　　　　　　　①—②—③—④—⑤

32. 我愿意加入团队且发挥作用。　　　　　　　　①—②—③—④—⑤

33. 如果有益处，我总是愿意为自己的团队多做点事儿。①—②—③—④—⑤

34. 在做集体项目的时候，其他人总是希望我来负责。①—②—③—④—⑤

35. 当我和其他人一起玩耍时，他们总让我当头儿。①—②—③—④—⑤

36. 我负责的时候，我善于让我小组的成员照我说的去做。

　　　　　　　　　　　　　　　　　　　　　　①—②—③—④—⑤

37. 我一般不会连续两次犯同样的错误。　　　　①—②—③—④—⑤

38. 我不会做自己稍后可能后悔的事。　　　　　①—②—③—④—⑤

39. 如果有钱，我通常会有计划地花销。　　　　①—②—③—④—⑤

40. 别人跟我道歉了，我就会再给他们一次做朋友的机会。

　　　　　　　　　　　　　　　　　　　　　①—②—③—④—⑤

41. 我会公平地对待对我不好的人。　　　　　　①—②—③—④—⑤

42. 如果我做了件好事，我自己一般不会说。　　①—②—③—④—⑤

43. 即使我做得很好，我也不会表现出比别人好的样子。

　　　　　　　　　　　　　　　　　　　　　①—②—③—④—⑤

44. 别人说我很搞笑。　　　　　　　　　　　　①—②—③—④—⑤

45. 我喜欢说笑话或讲有趣的故事。　　　　　　①—②—③—④—⑤

46. 我善于打破沉闷，使气氛变得很有趣。　　　①—②—③—④—⑤

47. 有好事发生在我身上时，我会想起帮助过我的人。①—②—③—④—⑤

48. 经常在心里感激我的父母和家人。　　　　　①—②—③—④—⑤

49. 我经常因生命中所拥有的而感到幸运。　　　①—②—③—④—⑤

50. 我喜爱艺术、音乐、舞蹈和戏剧。　　　　　①—②—③—④—⑤

51. 观看艺术作品或话剧时，我感到津津有味。　①—②—③—④—⑤

52. 观看艺术品或聆听音乐时，我总是会忘记时间。①—②—③—④—⑤

附件6　大学生生命智慧问卷

　　采用张旭东等人（待发表）编制的"大学生生命智慧问卷"，该问卷共50个条目，包括11个维度，分别是生命非认知智慧、生命认知智慧、择业因素、交往因素、家庭因素、学习因素、学校因素、技能因素、适应因素、生理健康因素、恋爱因素。该问卷的Cronbach's α系数为 0.928。问卷采用Likert式5点记分的方法，"1"表示"很不符合"，说明生命智慧水平很低，以此类推，"5"表示"很符合"，得分越高，说明生命智慧水平越高。

　　指导语：下列条目描述了大学生在平时是如何对待生活的。请您认真阅读每一项，选择与您平时实际情况最符合或接近的答案，画上"√"。希望您能反映自己的真实情况，非常感谢您的支持与帮助！

①很不符合；②较不符合；③不确定；④较符合；⑤很符合

1. 我热爱生，但绝不畏死。　　　　　　　　　　　①—②—③—④—⑤

2. 机会看似遥不可及，可角度一换就近在咫尺。　　①—②—③—④—⑤

3. 即使是一副坏牌，也要把它打好。　　　　　　　①—②—③—④—⑤

4. 大学生应该拥有"如何生存的智慧"。　　　　　①—②—③—④—⑤

5. 我会从失败中体会丰富的人生。　　　　　　　　①—②—③—④—⑤

6. 我知道无论成败对人都有积极意义。　　　　　　①—②—③—④—⑤

7. 我觉得能够坦然面对失败，是真正获得了生命的意义。

　　　　　　　　　　　　　　　　　　　　　　　①—②—③—④—⑤

8. 我能从失败中奋起，从哪里跌倒就从哪里爬起来。①—②—③—④—⑤

9. 我总是胜不骄、败不馁，生活应变能力强。　　　①—②—③—④—⑤

10. 我觉得：爱拼才会赢，敢唱才可能红。　　　　　①—②—③—④—⑤

11. 我觉得只有当知识转化为能力时，知识才是力量。①—②—③—④—⑤

12. 我总是以学为先，我已经养成了良好的学习习惯。①—②—③—④—⑤

13. 我已经"学会阅读，善做笔记"。　　　　　　　①—②—③—④—⑤

14. 我以我的学校而自豪。　　　　　　　　　　　　①—②—③—④—⑤

15. 我想无论在什么样的学校，成才关键靠我自己怎样做。

　　　　　　　　　　　　　　　　　　　　　　　①—②—③—④—⑤

16. 大学是我成长、成材的摇篮。　　　　　　　　　①—②—③—④—⑤

17. 在我看来，大学不是休闲、度假的圣地。　　　　①—②—③—④—⑤

18. 尽管大学里也有不尽如人意之处，我仍会坦然处之。

　　　　　　　　　　　　　　　　　　　　　　　①—②—③—④—⑤

19. 考试分数并不是衡量一个人能力的最重要的标准。①—②—③—④—⑤

20. 我热情而不轻浮，乐观而不盲目。　　　　　　　①—②—③—④—⑤

21. 我已经养成乐天开朗的性格。　　　　　　　　　①—②—③—④—⑤

22. 每当悲伤的时候，我常向着光明的一面看。　　　①—②—③—④—⑤

23. 每当我受到讽刺时，我都能不畏不缩。　　　　　①—②—③—④—⑤

24. 我社交广泛又能忍受孤独。　　　　　①—②—③—④—⑤

25. 我忠于友情又能宽容待人。　　　　　①—②—③—④—⑤

26. 我总是助人为乐，从不幸灾乐祸。　　①—②—③—④—⑤

27. 我做事通情达理又能明辨是非。　　　①—②—③—④—⑤

28. 我喜欢多参加实践活动来锻炼自己，为就业做好准备。

　　　　　　　　　　　　　　　　　　①—②—③—④—⑤

29. 为适应未来的职业生活，我会调整知识结构。①—②—③—④—⑤

30. 我已树立了弹性的就业心态。　　　　①—②—③—④—⑤

31. 我将选择合理的自荐方式，沉着面对应聘面试。①—②—③—④—⑤

32. 我并不以为择业也要听天由命。　　　①—②—③—④—⑤

33. 如果友谊自然发展为爱情，也不要拒之门外。①—②—③—④—⑤

34. 我期盼着恋爱成功，但我也不惧以失败告终。①—②—③—④—⑤

35. 我懂得如何控制情感的阀门。　　　　①—②—③—④—⑤

36. 我觉得生命会因健康而美丽。　　　　①—②—③—④—⑤

37. 我认为"起居饮食要合理，吃比穿更重要"。①—②—③—④—⑤

38. 再忙我也要正常吃每日三餐。　　　　①—②—③—④—⑤

39. 我深爱着我的家庭和父母。　　　　　①—②—③—④—⑤

40. 父母的榜样作用使我受益匪浅。　　　①—②—③—④—⑤

41. 父母对我的家庭教育是民主型的。　　①—②—③—④—⑤

42. 若父母干涉自己的婚恋，我就主动与父母沟通。①—②—③—④—⑤

43. 每到一个新环境，我都会主动与别人接近。①—②—③—④—⑤

44. 在决定成败的关键时刻，我能使自己很快镇定下来。①—②—③—④—⑤

45. 我对生活要求不高，到哪儿都能过得很愉快。①—②—③—④—⑤

46. 即使在人多的地方我也不会紧张。　　①—②—③—④—⑤

47. 我不会被一些小事所缠绕。　　　　　①—②—③—④—⑤

48. 我认为我在大学里的各个方面表现得都不错。①—②—③—④—⑤

49. 我知道自己的优点，清楚喜欢做而且别人做得好的事情。

　　　　　　　　　　　　　　　　　　①—②—③—④—⑤

50. 我对自己很有把握，能很好地照顾自己。①—②—③—④—⑤